全国革命老区县发展史丛书·广东卷

兴宁市革命老区发展史

兴宁市革命老区发展史编委会 编

SPM 南方出版传媒 广东人民出版社
·广州·

图书在版编目（CIP）数据

兴宁市革命老区发展史／兴宁市革命老区发展史编委会编. —广州：广东人民出版社，2021.4

（全国革命老区县发展史丛书·广东卷）

ISBN 978-7-218-14619-5

Ⅰ．①兴… Ⅱ．①兴… Ⅲ．①兴宁—地方史 Ⅳ．①K296.53

中国版本图书馆 CIP 数据核字（2020）第 231072 号

XINGNING SHI GEMING LAOQU FAZHANSHI

兴宁市革命老区发展史

兴宁市革命老区发展史编委会　编　　　

出 版 人：肖风华

责任编辑：吴丽平
责任校对：窦兵兵
装帧设计：张力平等
责任技编：吴彦斌　周星奎

出版发行：广东人民出版社
地　　址：广州市海珠区新港西路 204 号 2 号楼（邮政编码：510300）
电　　话：(020) 85716809（总编室）
传　　真：(020) 85716872
网　　址：http://www.gdpph.com
印　　刷：广州市浩诚印刷有限公司
开　　本：715mm×995mm　1/16
印　　张：22.5　插　页：14　字　数：300 千
版　　次：2021 年 4 月第 1 版
印　　次：2021 年 4 月第 1 次印刷
定　　价：72.00 元

如发现印装质量问题，影响阅读，请与出版社（020 - 85716808）联系调换。
售书热线：(020) 85716826

广东省编纂《革命老区县发展史》丛书
指导小组

组　长：陈开枝（广东省老区建设促进会会长）

副组长：林华景（广东省老区建设促进会常务副会长）

　　　　宋宗约（广东省农业农村厅二级巡视员、广东省老
　　　　　　　　区建设促进会副会长）

　　　　刘文炎（广东省老区建设促进会副会长）

　　　　郑木胜（广东省老区建设促进会副会长）

　　　　姚泽源（广东省老区建设促进会副会长兼秘书长）

　　　　谭世勋（广东省老区建设促进会副会长）

　　　　廖纪坤（广东省农业农村厅总经济师）

办公室

主　任：姚泽源（兼）

副主任：韦　浩（广东省农业农村厅扶贫协作与老区建设处
　　　　　　　　处长）

　　　　柯绍华（广东省老区建设促进会副秘书长）

　　　　伍依丽（广东省老区建设促进会副秘书长）

《兴宁市革命老区发展史》编纂委员会

顾　问：黄华华　黄　浩　肖耀堂　曾　洪

编纂委员会

主　任：余其豹

执行主任：丘孝东（2017 年 10 月—2019 年 7 月）
　　　　　洪国华（2019 年 8 月—2021 年 4 月）

副主任：何志平　赖伟强　何小娟

编　委：曾洪标　黄勇华　陈韩光　谢振国
　　　　黄佑鹏　李伟东　秦建浩　范益民

编委会办公室

主　任：曾洪标

副主任：陈辉文　张群洁　曾庆华

编辑部

主　编：张群洁

编　辑：陈作新　刘思中　林巧赟　曾远红
　　　　郑桂元　曾庆华

在举国欢庆新中国成立 70 周年前夕，中国老区建设促进会王健会长请我为《全国革命老区县发展史》丛书作序，作为一名在老区战斗过并得到老区人民生死相助的老兵，回首往事，心潮澎湃，感慨万千，深感义不容辞，欣然应允。

中国革命老区，是以毛泽东为代表的中国共产党人在领导人民推翻帝国主义、封建主义和官僚资本主义三座大山，争取民族独立和人民解放伟大斗争中建立的革命根据地，在这片红色的土地上，诞生了无数可歌可泣的革命英雄儿女，为后人树起了一座不朽的丰碑，她是新中国的摇篮，是党和军队的根。

在艰苦卓绝的战争年代，老区人民把自己的命运与中华民族的命运紧紧地联系在一起，与中国共产党和人民军队的命运紧紧地联系在一起，他们生死相依，患难与共。我曾亲历过战争年代，并得到过老区红哥红嫂的救助，切身感受到发生在身边的一幕幕撼天动地的革命故事，在那极其艰难的条件下，老区人民倾其所有、破家支前，不怕艰难困苦，不怕流血牺牲。"最后一碗米送去做军粮，最后一尺布送去做军装，最后一件老棉袄盖在担架上，最后一个亲骨肉送去上战场"，这是当时伟大的老区人民为建立新中国做出巨大牺牲的真实写照，它将永远镌刻在中国共产党、中国人民解放军、中华人民共和国的历史丰碑上。他们的光辉业绩永载史册，他们的革命精神必将影响一代又一代的革命新人，造就一代又一代的民族脊梁。

在社会主义革命和建设时期，革命老区和老区人民响应党的号召，面对落后的面貌、脆弱的经济、恶劣的生态环境，他们本色不变，精神不丢，自力更生，艰苦奋斗，干一行爱一行。始终坚持"革命理想高于天"，自觉做共产主义远大理想的坚定信仰者和忠实实践者，勇于向恶劣的自然环境和贫穷落后宣战，他们在各条战线上为国建功立业，用平凡的双手创造了一个又一个不平凡的奇迹，彰显了老区人的崇高精神和人格力量。

在改革开放的伟大进程中，老区人民解放思想，勇于创新，发奋图强，攻坚克难，老区的经济社会建设取得了辉煌成就。特别是在改变中国的面貌、中华民族的面貌、中国人民的面貌、中国共产党的面貌的伟大实践中发挥了至关重要的作用。老区人民既是改革开放的参与者，也是改革开放的推动者。

艰苦练意志，危难见精神。老区人民在近百年的革命战争、社会主义建设和改革开放的伟大实践中，孕育形成了伟大的老区精神：爱党信党、坚定不移的理想信念；舍生忘死、无私奉献的博大胸怀；不屈不挠、敢于胜利的英雄气概；自强不息、艰苦奋斗的顽强斗志；求真务实、开拓创新的科学态度；鱼水情深、生死相依的光荣传统。这是党和人民宝贵的精神财富、丰厚的政治资源，是凝心聚力、振奋民族精神的重要法宝，也是社会主义核心价值观的重要内容。

中国老区建设促进会怀着强烈的政治责任感和历史使命感，组织全国各地老促会人员克服困难，尽心竭力编纂《全国革命老区县发展史》丛书，记录老区的光辉历史和辉煌成就，传承红色基因，弘扬老区精神，是功在当代、利及千秋的一件大事。手捧这部丛书的部分书稿，读着书中的故事，倍感亲切，深感这部丛书具有资政、育人、存史的社会功能，有着重要的时代和历史价值。它是不忘初心、牢记使命的源头活水，是赞颂共产党、讴歌老区人民的一部精品力作，是弘扬老区精神、传承红色记忆的丰厚载体，是一项继承优秀传统文化、弘扬革命文化、发展社会主义先进文化，坚定"四个自信"的宏大文化工程。它必将成为一种文化品牌，为各界人士了解老区宣传老区支持老区提供一部有价值的研究史料。希望读者朋友们能从中了解并牢记这些为党和民族的利益不断奉献的老区人民，从中得到教益，汲取人生奋斗的精神动力。

新时代赋予新使命，新起点开启新征程。让我们更加紧密地团结在以习近平同志为核心的党中央周围，坚持以习近平新时代中国特色社会主义思想为指导，增强"四个意识"，坚定"四个自信"，做到"两个维护"，弘扬老区精神，铭记苦难辉煌。为实现"两个一百年"奋斗目标，实现中华民族伟大复兴的中国梦作出新的更大的贡献！

2019 年 4 月 11 日

2017 年 6 月，中国老区建设促进会组织全国各地老促会启动编纂《全国革命老区县发展史》丛书，按照"建立中国共产党、成立中华人民共和国、推进改革开放和中国特色社会主义事业"三大里程碑的历史脉络，系统书写革命老区百年历史，深入挖掘革命老区红色文化资源，这对于充实丰富中国革命史籍宝库、在新时代传承红色基因、弘扬革命精神、强固根本，对于激励人们在新的历史条件下夺取中国特色社会主义伟大胜利，实现中华民族伟大复兴的中国梦具有重要意义。

丛书编纂以习近平新时代中国特色社会主义思想为指导，以《中国共产党历史》《中国共产党的九十年》等重要文献为基本依据，以党的领导为核心，以老区人民为主体，以老区发展为主线，体现历史进程特征，突出时代发展特色，坚持辩证唯物主义和历史唯物主义相统一、历史真实性与内容可读性相统一的原则，书写革命老区从站起来、富起来到强起来的光辉革命史、不懈奋斗史、辉煌成就史，把老区人民的伟大贡献、伟大创造、伟大成就、伟大精神充分展示出来，形成一部具有厚重历史特征和鲜明时代特色的精品力作。这是一部培根铸魂、守正创新，既为历史立言，又为时代服务，字里行间流淌着红色血脉、催生着革命激情的传世之作。丛书的编纂出版将成为讴歌党讴歌人民讴歌时代、传播红色文化、为革命老区和老区人民树碑立传的重要载体。

丛书按照编年体与纪事本末体相结合、以编年体为主的编写体例确定框架结构；运用时经事纬、点面结合的方式记述史实；坚持人事结合、以事带人的原则处理人与事的关系；采取夹叙夹议、叙论结合以叙为主的方法展开内容。做到了史料与史论、历史与现实、政治与学术统一，文献性、学术性、知识性相兼容。

为编纂好《全国革命老区县发展史》丛书，打造红色文化品牌，中国老区建设促进会认真组织积极协调，提出政治立场鲜明、史料真实准确、思想论述深刻、历史维度厚重、时代特色突出、编写体例规范、篇目布局合理、审读把关严格、出版制作精良的编纂出版总要求，力求达到革命史籍精品的精神高度、思想深度、知识广度、语言力度，增强丛书的权威性和社会影响力。各省（区、市）、市（州、盟）、县（市、区、旗）老促会的同志，以强烈的使命感、责任感和紧迫感，勇于担当，积极作为，认真实施，组织由老促会成员、专家学者等参加的十余万人编纂队伍。编纂工作主体责任在县，省、市组织协调、有力指导、审读把关。各方面人员以高度负责的精神和科学严谨的态度，满腔热情地投入工作，为丛书编纂出版做出了重要贡献。丛书编纂工作还得到了党和国家有关部委、地方各级党委政府及有关部门的大力支持和积极参与，社会各界也给予了热情帮助。中共中央政治局原委员、中央军委原副主席、原国务委员兼国防部长迟浩田上将，对老区人民怀有深厚感情，对革命老区建设发展十分关注，欣然为《全国革命老区县发展史》丛书作总序。

丛书由总册和1599部分册（每个革命老区县编纂1部分册）组成，共1600册。鉴于丛书所记述的史实内容多、时间跨度长和编纂时间紧，不妥之处，敬请批评指正。

中国老区建设促进会

● **历史留影** ●

1925 年 3 月 30 日，驻兴宁东征军及兴宁各界人士在兴城大坝里举行追悼孙中山及东征军阵亡将士大会。蒋介石、周恩来、何应钦参加了大会

1925 年 10 月 31 日，兴宁各界人士欢迎东征军进兴城

1926 年春，兴宁县农民代表曾观连等 18 人参加彭湃在汕头召开的东江农民代表大会。图为全体代表合影

1949 年 10 月 22 日，闽粤赣边纵队第一支队第六团评功大会参加人员合影

1949 年 10 月 19 日，兴宁各界人士庆祝中华人民共和国成立和兴宁解放

1950 年冬，宁新群众庆祝土地改革胜利大会

1950年冬，兴宁开展抗
美援朝捐献飞机、大炮
劳动日活动

1951年8月，中央慰问团
抵兴宁县罗浮大信老根据
地时，群众迎接的情形

1951 年 8 月，中央慰问团与各界人民群众在公祭革命先烈时的庄严肃穆场景

1951 年 8 月，在公祭革命先烈时，发言代表讲述革命先烈们的英勇斗争事迹

1956 年春，兴宁人民庆祝社会主义改造伟大胜利

1951 年 8 月，罗浮人民代表大会开幕前，中央慰问团的同志与群众一起举行隆重的公祭烈士仪式

1951 年 8 月，中央慰问团的同志与群众一起祭祀革命烈士

● 历史遗存 ●

兴宁城北门古城墙，建于明成化三年（1467年）冬

1984年3月27日，新圩镇出土的春秋时期的编钟

兴宁文峰塔位于宁新街道文星村长陂岭，建于清嘉庆十九年（1814年）

● **革命遗址** ●

罗屏汉故居

兴宁县农民运动筹备委员
会旧址——两海会馆

刘光夏革命烈士纪念馆

● 民俗·文化 ●

客家嫁女

舞龙闹元宵

传统舞蹈艺术杯花舞

径南火把节

赏灯接花灯

● 客家围龙屋 ●

刁坊镇棣华围（又称刁萃丰）

宁新街道李和美

福兴街道黄畿村大王屋

宁新街道长兴围

● 老区新貌——水利建设 ●

兴宁合水水库

1952 年春，兴宁人民开挖城东总排水沟

1969 年，兴宁开始宁江河裁弯取直水利工程建设

● 老区新貌——重大活动 ●

1994 年 12 月 8 日，兴宁举行撤县设市庆祝大会

2004 年 12 月 8 日，兴宁市举行世界兴宁同乡第四次恳亲大会

1994 年 10 月 28 日，广东省人民政府在兴宁举行广梅汕铁路客运至兴宁通车典礼

1983 年 9 月，旅港嘉应商会永远名誉会长罗焕昌先生捐资建设的宁中中学焕昌楼举行落成典礼

● 老区新貌——交通公路 ●

梅河高速兴宁段

兴宁大道

● 老区新貌——"三高"农业 ●

黄蜂窝茶叶种植基地

石马镇沙田柚基地

罗浮镇油茶基地

华南双季超级稻年亩产三千斤全程机械化绿色高效模式攻关项目示范基地

● 老区新貌——工业企业 ●

鸿源机电生产车间

南丰电器生产的高科技产品——水电站电气自动化装置

兴宁工业园

广东云山汽车生产的新能
源汽车

明珠球阀厂数控车间

● 老区新貌——教育·卫生 ●

兴宁一中

兴宁市兴民中学

兴宁第一小学

兴宁市沐彬中学

兴宁市齐昌中学

兴宁市技工学校

兴宁市人民医院

兴宁市妇幼保健院

● 老区新貌——商贸发展 ●

东岳宫市场

兴宁商业城

兴宁毅德城

● 老区新貌——文化活动 ●

1990 年 10 月 2 日，"梅州市 90'山歌节合水歌会"在合水水库举行

2002 年 9 月，兴宁市举行首届文化艺术节

● 老区新貌——旅游景点 ●

神光山国家森林公园

国家 AAAA 级旅游景区——熙和湾

● 老区新貌——美丽乡村 ●

龙田镇美丽乡村示范
点——龙盘村

2018 年中国美丽休闲乡
村——径南镇东升村

福兴街道五里村文化
公园

● 老区新貌——精准扶贫 ●

广州市天河区商务金融局帮扶兴宁市永和镇新寨村兴办的蔬菜基地

广州珠江实业集团有限公司帮扶龙田镇洋岭村兴办的养鸽场

广东电网公司帮扶叶塘镇发展的光伏扶贫发电项目

广州市商务委帮扶贫困户养殖蜜蜂

● 老区新貌——城市建设 ●

明珠文化广场

人民公园

微信扫描二维码
您立即开展本书的
延伸阅读。

序　言 / 001

第一章　千年客邑　革命老区 / 001

第一节　基本情况 / 002

第二节　建置沿革 / 007

第三节　自然资源 / 009

第四节　风土人情 / 012

第五节　革命老区镇村简况 / 016

第二章　农工运动　高潮迭起 / 019

第一节　五四运动对兴宁的影响 / 020

第二节　农工运动的初步兴起 / 023

第三节　两次东征在兴宁的胜利 / 026

第四节　周恩来在兴宁的革命活动 / 031

第五节　建立党团组织推动群众运动 / 035

第六节　反对国民党右派的斗争 / 040

第三章　土地革命　暴风骤雨 / 047

第一节　举行暴动　建立工农武装 / 048

第二节　建立县区党组织　开辟革命据点 / 056

第三节　第十二团解散与党组织的壮大 / 060

第四节　建立革命根据地　开展武装斗争 / 066

　　　　一、水口革命根据地的创建与斗争 / 066

　　　　二、大坪与大塘肚革命根据地的创建与发展 / 068

　　　　三、大信革命根据地的创建与斗争 / 072

　　　　四、新村革命根据地的创建与斗争 / 078

第五节　革命根据地的土地革命 / 080

第六节　五兴龙苏区的建立与发展 / 084

第七节　粤东北、闽粤赣苏区的形成 / 090

　　　　一、五兴龙苏区的发展与粤东北苏区的形成 / 090

　　　　二、闽粤赣苏区的形成 / 092

第八节　闽粤赣、五兴龙苏区的历史贡献 / 095

第九节　坚持斗争的兴龙苏区 / 100

第十节　"左"倾错误路线的严重危害 / 105

第四章　抗日救亡　风起云涌 / 109

第一节　抗日救亡运动的兴起和发展 / 110

　　　　一、全面抗战爆发后的形势及其对兴宁的影响 / 112

　　　　二、各种抗日救亡团体的建立 / 113

　　　　三、创办《岭东日报》和出版《救亡文摘》 / 115

　　　　四、妇女识字运动的兴起和工人夜校的建立 / 116

第二节　抗日民族统一战线的建立与统战工作的开展 / 118

　　　　一、广泛宣传党的抗日民族统一战线政策 / 118

二、做好上层人物的统战工作 / 119

三、从军事上做好抵抗日军侵略的准备工作 / 121

第三节　中共兴宁组织的重建和发展 / 122

一、重建中共兴宁支部 / 122

二、党组织迅速发展壮大 / 123

三、中共兴宁县工作委员会的建立 / 126

第四节　反击国民党反共逆流与坚持隐蔽斗争 / 128

第五节　"南委事件"的影响及兴宁党组织的恢复 / 131

一、"南委事件"的发生和应变措施 / 131

二、党组织遭到破坏，党员被迫转移 / 132

三、抗战后期的形势 / 134

四、中共兴宁组织的恢复 / 135

第五章　积极斗争　谋求解放 / 139

第一节　争取和平民主反对内战 / 140

第二节　恢复和发展党的组织 / 145

一、中共梅兴丰华边县（工）委员会成立 / 147

二、中共梅兴平蕉边县（工）委员会成立 / 148

三、中共梅兴平边县（工）委员会成立 / 148

四、中共丰华兴边县（工）委员会成立 / 149

第三节　大力支持游击区的斗争 / 150

一、建立秘密交通线　大力支持游击区 / 150

二、扩大游击区　开展武装斗争 / 152

第四节　广泛开展统战工作 / 160

一、广泛宣传发动反对国民党独裁统治 / 160

二、组建革命群众组织 / 161

三、成立地工团和新工团 / 162

四、开展统战工作，分化瓦解敌人 / 164

第五节 策反起义 兴宁解放 / 167

一、粤东起义 / 167

二、县自卫大队起义和整编 / 172

第六节 接管旧政权 建立人民政权 / 174

一、兴宁县临工委和军管会的成立 / 174

二、中共兴宁县委和兴宁县人民民主政府的成立 / 177

三、边三团和边六团的组建 / 179

第七节 抗击胡琏、谢海筹残军窜扰 保卫胜利果实 / 181

第六章 翻身作主 探索发展 / 187

第一节 恢复发展经济 / 188

一、工农业初步发展 / 188

二、大力兴修水利 / 189

第二节 巩固新政权的斗争 / 192

一、开展清匪反霸 / 192

二、推行土地改革 / 194

三、支援抗美援朝 / 195

四、中央慰问团来兴宁 / 196

第三节 农业、工商业的社会主义改造 / 198

一、农业合作化与人民公社化运动 / 198

二、对私营工商业的改造 / 201

第七章 改革开放 迸发活力 / 203

第一节 经济体制全面改革探索发展 / 204

　　　　　一、实行家庭联产承包责任制 / 204

　　　　　二、推动工业调整改制 / 206

　　　　　三、搞活商贸流通行业 / 208

　　第二节　推动教科文事业发展 / 210

　　　　　一、科教文全面发展 / 210

　　　　　二、旅外乡贤助力家乡建设 / 213

　　第三节　撤县设市加快发展 / 216

　　第四节　扎实推进精神文明建设 / 219

第八章　砥砺奋进　再谱新篇 / 223

　　第一节　经济实力 / 224

　　第二节　基础设施 / 226

　　第三节　城市建设 / 230

　　第四节　园区建设 / 232

　　第五节　农业发展 / 234

　　第六节　生态建设 / 236

　　　　　一、林业生态方面 / 236

　　　　　二、水生态方面 / 236

　　　　　三、环境治理方面 / 237

　　第七节　"创文"活动 / 239

　　　　　一、全面谋划部署 / 239

　　　　　二、加强组织领导 / 240

　　　　　三、广泛宣传发动 / 240

　　　　　四、整治城乡环境 / 241

　　　　　五、加强文化建设 / 242

　　第八节　教育强市 / 244

第九节　文化旅游 / 246

第十节　扶贫开发 / 249

第十一节　乡村振兴 / 251

第十二节　健康兴宁 / 253

第十三节　党的建设 / 256

第十四节　苏区振兴 / 258

第十五节　民生民利 / 260

第十六节　平安兴宁 / 263

第十七节　砥砺前行　齐心筑梦 / 266

　　一、坚持高质量发展，建设生态富民强市 / 266

　　二、创新驱动引领，做大做强实体经济 / 267

　　三、坚守环保底线，加快美丽城乡建设 / 269

　　四、完善基础设施，优化经济发展环境 / 270

　　五、持续改善民生，提升共享发展水平 / 271

附　录 / 273

附录一　革命先烈 / 274

附录二　革命遗址 / 286

附录三　档案文献 / 296

附录四　革命歌谣 / 317

附录五　大事记 / 323

后　记 / 333

兴宁，古称齐昌，是具有悠久历史文化、深厚人文底蕴的千年客邑，更是具有光荣革命历史传统的红色土地。大革命初期，中国共产党在此率领广大人民群众开展工农运动；1925年，周恩来率东征军讨伐陈炯明驻兴叛军，取得"兴宁大捷"；1926年春，中共兴宁小组成立；1927年"九三"武装暴动成功，成立兴宁县苏维埃政权……在漫长的革命斗争征程中，英勇的兴宁人民在中国共产党的领导下，开展了长期艰苦卓绝的斗争，蓝胜青、刘光夏、陈锦华、罗屏汉、蔡梅祥等455位革命先烈前仆后继，为巩固中央苏区，为民族的解放、新中国的建立，作出了重大牺牲和不可磨灭的贡献，正是无数革命先烈用他们的血肉之躯才换来了今天的幸福和安宁，他们将永远活在人民心中！

2011年8月，兴宁被中央党史研究室确认为原中央苏区县。这不仅体现了兴宁在土地革命时期的历史地位，告慰了先烈，激励了后人，更成为推动兴宁人民艰苦奋斗、建设老区、发展老区的强大精神动力。

中华人民共和国成立以后，兴宁人民在党和政府的领导下，继承先烈遗志，发扬苏区精神，自力更生，艰苦奋斗，迅速改变了老区面貌。改革开放以来，特别是党的十八大以来，兴宁市委、市政府坚持以习近平新时代中国特色社会主义思想为指导，团结带领全市广大干部群众，开拓进取、艰苦创业，全力打造梅州副中心城市、粤东北工贸重镇，经济实力显著增强，城乡面貌日新月异，生态环境不断优化，民生民利持续改善，群众的获得感和幸福感正日益增强。

苏区精神是中国共产党和中华民族的宝贵精神财富，也是构建社会主义核心价值体系的重要精神内涵。习近平总书记指出："革命老区是党和人民军队的根，我们永远不能忘记自己是从哪里走来的，永远都要从革命的历史中汲取智慧和力量，老区和老区人民，为我们党领导的中国革命作出了重大牺牲和贡献。这些牺牲和贡献永远镌刻在中国共产党、中国人民解放军、中华人民共和国的历史丰碑上。"中国老区建设促进会按照习近平总书记的指示精神，决定组织全国1599个革命老区县（市、区、旗）编辑出版《全国革命老区县发展史》丛书，以弘扬苏区精神，推动老区发展。兴宁市按照国家和广东省老促会的部署和要求，专门成立《兴宁市革命老区发展史》编纂委员会，由市委、市政府主要领导担任编委会主任、执行主任，亲自抓编辑出版工作，并组织专业人员进行编写。经过一年多的努力，《兴宁市革命老区发展史》终于问世，这是一件值得庆贺的好事。

《兴宁市革命老区发展史》以时间为经，事件为纬，翔实再现了兴宁五四运动以来的革命斗争史和发展史，讴歌了革命先烈的丰功伟绩和兴宁现代化建设取得的辉煌成就，将为各级党政机关、大专院校、科研单位和社会各界了解兴宁、宣传兴宁、支持兴宁提供一部有价值的学习和研究史料。《兴宁市革命老区发展史》的出版，既是献给建党100周年的一份礼物，也是献给老区人民的一份礼物，对发掘红色文化资源，传承老区革命精神，弘扬优良革命传统，进一步增强"四个意识"，坚定"四个自信"，促进老区脱贫攻坚，全面建成小康社会，具有重大的历史和现实意义。

"云帆风正足，豪唱起新航。"站在新的历史起点上，兴宁各级党员干部和广大群众将秉承先烈遗志，传承革命精神，不忘初心，牢记使命，以更加饱满的热情，更加昂扬的斗志，更加务实的作风，着力构建"一城一廊一带"新格局，为决胜全面建成小康社会、夺取新时代中国特色社会主义伟大胜利，再谱苏区发展新华章！

谨此为序。

《兴宁市革命老区发展史》编纂委员会
2021 年 1 月

1

第一章

千年客邑　革命老区

第一节 基本情况

兴宁区域在秦、汉属南海郡龙川县。东晋咸和六年（331年），析龙川县置兴宁县，以古兴宁江（今称为岐岭河）得名，含有兴旺安宁之义。1994年，撤销兴宁县，设立兴宁市（县级市）。

兴宁市位于广东省东北部，东江、韩江上游。地跨东经115°30′~116°，北纬23°50′~24°37′。北部与江西省寻乌县相连；东部与广东省平远县、梅县区相接；南部与丰顺县相连；西部与龙川县、五华县接壤。兴宁市城区距广州市区377千米，至深圳市区347千米，至汕头市区185千米，至梅州市区57千米，至韶关市区407千米，至江西寻乌县城128千米，至福建龙岩市区282千米。

2018年末，兴宁市户籍人口为118.31万人，其中城镇常住人口39.96万人。辖区人口以汉族为主。是广东著名侨乡，现有50多万兴宁籍华侨和港澳台同胞，华侨主要分布于东南亚，欧洲、美洲、澳大利亚等地亦有一定数量。

2018年兴宁全市实现生产总值171.94亿元，其中第一产业增加值43.58亿元，第二产业增加值33.68亿元，第三产业增加值94.68亿元，三大产业结构比重为25.3∶19.6∶55.1。全年完成固定资产投资53.26亿元，实现社会消费品零售总额116.13亿元，全年贸易出口总额完成8431万美元。全年旅游接待总人数

502.6 万人次，全年实现旅游收入 42.68 亿元。公共财政预算收入 10.10 亿元，公共财政预算支出 62.03 亿元。全市常住居民年人均可支配收入 21519 元，其中城镇常住居民可支配收入 26377 元，农村常住居民可支配收入 17441 元。

兴宁有 300 多平方千米的盆地，形成了久远灿烂的客家农耕文化。中华人民共和国成立后，开展了大规模的水利综合治理，开挖排灌渠道 300 多千米，兴建合水水库等 1400 多座水库山塘，兴宁的水利建设成绩丰硕，成功经验推广至全国各地。1985 年，获"全国飞机播种造林先进县"称号；2007 年和 2011 年，两次获得"全国粮食生产先进县"称号。是"全国重点产茶县""中国油茶之乡""全国生猪调出大县"，是 3 个省级水利建设示范县之一，15 个全省首批"农业机械化示范县"建设单位之一。2018 年实现农业总产值 70 亿元，农业增加值 43.99 亿元。全年粮食种植面积 4.3 万公顷，粮食总产 29.41 万吨，其中稻谷总产 27.29 万吨；蔬菜产量 70.13 万吨；水果产量 15.66 万吨，其中金柚产量 4.4 万吨。全年肉类总产量 5.89 万吨，其中全年肉猪出栏 53.66 万头，产出猪肉 4 万吨；出栏家禽 1760 万羽，水产品产量 1.70 万吨。全市林业用地面积 13.45 万公顷，森林覆盖率 66.8%，林地绿化率 98.74%，活立木蓄积量 780 万立方米。有 66.66 公顷（1000 亩）以上油茶基地 25 个，其中 666.66 公顷（1 万亩）油茶基地 5 个，油茶种植总面积 1.7 万公顷。有各级农业龙头企业 101 家，各类农民专业合作社 716 家。共有无公害农产品认证企业 17 家，绿色食品认证企业 2 家，有机产品认证企业 1 家。有 14 家企业产品荣获"广东省名牌产品"称号，14 家企业农产品荣获"广东省名特优新"荣誉称号。拥有 16 个省级"菜篮子"基地，11 个富硒农业生产基地。

兴宁工业有悠久的历史。明清时期，兴宁有四大小手工业：

织布、制扇、制笔、制墨，是有名的"纺织之乡"，出产的家机布远销湖南、江西等地，清末时，小手工业者和经商贩运者占全县人口四分之一。中华人民共和国成立后，兴宁成为广东省八大工业生产基地之一，主要门类有五金、机电、化工、轻工、食品等。2018年，全市完成工业总产值96.08亿元，完成工业增加值25.21亿元。其中规模以上工业产值45.48亿元，增加值12.22亿元。建有东莞石碣（兴宁）产业转移工业园，有进园企业78家，计划投资总额125亿元，其中投资亿元以上项目30家，规上企业29家，已建成投（试）产企业72家。2018年园区实现工业总产值28.39亿元，工业增加值7.66亿元，税收2.33亿元。市域南部水口镇的广东梅兴华丰产业集聚带水口工业园正在筹建中。

兴宁是粤东陆路交通枢纽，具有特殊的交通区位优势。唐宋时期，兴宁古驿道是连接广东与福建的交通干道。现有广梅汕铁路经过，设有兴宁客运站。规划建设中的有双龙高铁、广梅铁路。高速公路有G25长深高速、G35济广高速、G78汕昆高速、兴华高速。国道有G205山深线、G206烟汕线。至2018年末，全市公路通车里程2866千米，每百平方千米公路密度为138.1千米。

兴宁市区位于宁江河畔，是粤东北的重要商品集散地，梅州市次中心城市。明成化三年（1467年），兴宁县始筑砖城，城内有8街2巷，清代发展为11街9里13巷。民国时期开通现代公路，兴田路一带成繁华区域，至1949年，城区面积1.07平方千米。改革开放后，城市面貌日新月异。1994年撤县设市，城市建设进入快车道，形成了以官汕路为中心的商贸组团区域，以兴田路、团结路为中心的商业街区，以人民公园、明珠文化广场、明星公园、明珠体育公园为中心的商住区。2012年，兴宁市推进南部新城建设，编撰了《兴宁市南部新城控制性详细规划》，谋划建设新中心城区，并与老城区联动发展，打造50万人口规模的中

等城市。兴宁城市规划面积 36 平方千米，数年间，征收 266.66
公顷新城区域土地，引进了欧尚购物中心、毅德商贸物流城、碧
桂园高档住宅小区等项目，开发建设神光山森林公园、熙和湾客
乡文化旅游产业园等新型文化产业体。

兴宁市有 9 家国家高新技术企业，认定高新技术产品 22 项。
拥有 4 家省级工程技术研究开发中心、2 家省级农技创新中心、5
家梅州市级工程技术研究开发中心。有 7 个省级专业镇、4 个梅
州市级专业镇。有梅州地区首个院士工作站——广东鸿源机电有
限公司中国工程院饶芳权院士工作站。

兴宁历来崇文重教，人才辈出，素有"文化之乡"称誉。北
宋有罗孟郊高中探花，清代有在列强索赔巨款事项中为朝廷节省
3000 万两白银的外交部主事饶宝书，显微镜制造专家李任重，有
"一腹四知县""一门三及第"等科举佳话。1903 年，创办嘉应
州最早的新学——丘逢甲担任首任监督的兴民学堂，从此现代教
育迅速发展。中华人民共和国成立以后，1965 年《南方日报》头
版以《山区飞出金凤凰》为题报道了罗岗中学高考成绩优异的事
迹，《人民日报》(1966 年 6 月 9 日第一版)刊发关于兴民中学的
专题报道，国家教育部派员到兴民中学总结经验。近现代以来，
兴宁涌现了大学校长百人，教授 1000 多人，将军百名，著名画家
不胜枚举。特别是改革开放以来，兴宁教育攀登了一个又一个高
坡，构建了学前教育、九年义务教育、高中阶段教育和成人、职
业、特殊教育等相配套的教育体系。历年被录取的大学新生人数，
均名列山区县市前茅。2013 年 2 月，被广东省教育厅授予"广东
省教育强市"称号。2014 年底，实现了所有义务教育学校被确认
为"标准化学校"，所有镇(街道)建成"广东省教育强镇(街
道)"。

2018 年，兴宁有各级各类学校 403 所，其中有普通高中 11

所，职中 4 所，初级中学 21 所，小学 206 所，九年一贯制学校 8 所，特殊教育学校 1 所，电大、党校各 1 所，民办职业技术学校 3 所，技工学校 1 所。有全日制学生 15 万人，其中普通高中学生 1.6 万人，中职学生 0.3 万人，初中学生 2.6 万人，小学生 7.1 万人。在园幼儿 3.1 万人。教职工 1 万人。全市学校占地面积 451.85 万平方米，校舍建筑面积 160.03 万平方米。拥有国家级示范性高中 1 所，国家级重点职业技术学校 1 所，广东省一级学校 4 所（含幼儿园），广东省义务教育标准化学校 221 所。

第
二
节

建置沿革

兴宁于东晋咸和六年（331 年）建县，县境跨古兴宁江、右别溪（今五华琴江）和左别溪（今兴宁宁江）流域，境域包括今兴宁市、五华县全境及龙川县的东部、紫金县东北部地区。南朝齐永明元年（483 年），划兴宁县为兴宁、齐昌两县，齐昌县境含今兴宁市，兴宁县境含今五华河和琴江两河流域。自南朝至五代南汉时期，数次析兴宁县置齐昌县，南汉曾设置齐昌府。北宋熙宁四年（1071 年），从兴宁划出西南部地域设置长乐县（今五华县），此后兴宁县境基本保持不变。

东晋、南北朝时，兴宁县隶属于东官郡。隋、唐时隶属循州、龙川郡。五代南汉时隶属齐昌府。宋、元时期，隶属循州。明代及清初，属惠州府。清雍正十一年（1733 年），改属嘉应州。民国时期，先后隶属于广东省潮循道、潮梅镇守使和粤东区绥靖专员公署、第六行政区、第九行政区。中华人民共和国成立后，先后隶属于兴梅专区、粤东行政区、汕头专区、梅县专区、梅县地区，1988 年隶属于梅州市。1994 年 6 月，撤销兴宁县，设立兴宁市（县级市），由梅州市代管。

东晋建县时，兴宁县治设在今五华县华城镇的雷公墩。南朝期间，县治设于兴宁城北洪塘坪（今兴田街道鹅湖村）。唐代至宋初，兴宁县治曾设于今龙川县佗城、龙川县丫下圩和五华县雷公墩等地，南汉齐昌府治设于洪塘坪。北宋中期，兴宁县治设于今兴宁城北洪塘坪；明成化三年（1467 年），始于今址筑砖城。

明代以县城为中心，兴宁县分东、南、西、北 4 厢，171 个村。清朝，仍分东、南、西、北厢，村改为堡，全县有 154 个堡。1922 年，全县划为 16 个区；1933 年，为 15 个区；1937 年，合并为 6 个区；1941 年，原 6 个区下设 50 个乡，559 个保，5846 个甲；1946 年，原乡保调整为 29 个乡镇、520 个保。1949 年 5 月 18 日兴宁解放后，废除保甲制，全县复设 16 个区；1952 年，区（镇）改称人民政府，1957 年 1 月，撤区并乡，全县建立 26 个大乡和 1 个城镇，下设 183 个小乡（含镇、街道办事处）。1958 年，实行"政社合一"的人民公社建置，全县建立 15 个人民公社和城镇公社。1978 年，全县由 27 个公社分设为 43 个公社，下辖大队 539 个。1983 年 11 月，改变"政社合一"体制，撤销 43 个公社，改设 29 个区（镇）。1987 年，设 22 个镇 7 个乡，下辖村民委员会 466 个。1989 年，村民委员会改称管理区办事处。1993 年 9 月，设 29 个镇。1994 年 6 月，撤县设市，下辖 29 个镇。1999 年 3 月，撤销农村管理区 470 个，设立行政村 470 个。2004 年 11 月，全市由 29 个镇合并改设为 17 个镇和 3 个街道。分别是：罗浮镇、罗岗镇、黄陂镇、黄槐镇、合水镇、龙田镇、石马镇、径南镇、永和镇、宁中镇、坭陂镇、新圩镇、水口镇、刁坊镇、新陂镇、叶塘镇、大坪镇和兴田街道、宁新街道、福兴街道。

2018 年末，全市辖 17 个镇、3 个街道、455 个行政村和 36 个社区。

自然资源

　　兴宁市境四面环山，中为盆地，形似扁舟。宁江自北向南穿越盆地中央，南北两端重峦叠嶂，东西两侧山丘绵延，正如明代文学家汤显祖所描述的："天作高山，宁昌是环。划然中开，沃野夷原。"北起阳天嶂，南止铁牛牯峰，南北长 100 千米；西起筠竹，东抵径心，东西最大宽度 36 千米。宜林果山丘地约 14.2 万公顷，占总面积的 67%；耕地 4.0 万公顷，占总面积的 19%；园地 0.41 万公顷，占总面积的 1.95%；水面 0.64 万公顷，占总面积的 3.04%。境内最高峰阳天嶂，海拔 1017 米；最低处水口圩镇，海拔 100 米。

　　兴宁境内地貌主要分为平原、阶地、台地、丘陵、山地 5 类。平原和阶地在海拔 150 米以下，地势平坦；台地海拔 150 至 200 米，相对高度 50 米以下，顶面面积较大，起伏和缓；丘陵海拔 200 至 400 米，相对高度 50 至 200 米，起伏较大；山地多属低山，海拔 400 至 1000 米，相对高度一般在 200 米以上，起伏颇大。全市土壤分黄壤、红壤、赤红壤、紫色土、草园土、潮沙土、水稻土 7 个土类，12 个亚类，29 个土属，75 个土种。

　　兴宁市属亚热带季风气候，其特点是季风明显，日照充足，无霜期较长，夏季盛行东南风，冬季以西北风为主。一年四季中，春季阴雨天气明显，夏季炎热多雨，秋季干燥凉爽，冬季较为寒冷。年平均气温 21.1℃，年平均降雨量 1540.3 毫米，年平均日照时数 2009.8 小时，无霜期年平均 356 天。主要气象灾害有暴雨、台风、高温、干旱、寒潮、低温阴雨、冰雹、雷雨大风。

兴宁市境内河道属韩江、东江两大流域。其中韩江流域面积达 1831.8 平方千米，占 87%；东江流域面积 273 平方千米，占 13%；韩江流域主要河道有一级河梅江，兴宁境内长 14.7 千米，二级河宁江河，全长 107 千米，三级河 44 条，总长 502.44 千米。东江流域主要河道有一级河东江，兴宁境内长 24.8 千米，二级河 9 条，总长 90.36 千米。河流总长度 739.3 千米，河网密度 0.35 千米/平方千米，年平均径流总量 13.48 亿立方米。

兴宁地层岩性种类丰富，地质构造运动相对频繁，褶皱、断裂比较常见，成矿条件良好。据普查勘探，境内有 33 种矿产，230 多处矿点。其中以煤、铁、石灰石、石膏、萤石、稀土、钴土矿等较为丰富。矿产资源多集中在市境北部的黄陂、黄槐、罗岗、大坪、罗浮、叶塘等地。煤总储量 1.47 亿吨，占梅州市总储量的 52.6%，曾是广东省的煤炭主产区。铁山嶂磁铁矿区面积 5.2 平方千米，总储量 2100 万吨。霞岚钒钛磁铁矿区，矿体长 300 至 1750 米，厚 5 至 30 米，延深 500 米以上，总储量平衡表内口级 1.3 亿吨、平衡表外储量 2.2 亿吨，品位高、易开采，因而兴宁有"广东的攀枝花"之称。此外，黄铜矿、铀矿、铅锌矿、钨矿、耐火黏土、泥炭土、地下热矿水等，也有一定的储量和开采价值。水力资源丰富，年蕴藏量 4.75 万千瓦，可开发利用 2.7 万千瓦。

兴宁市拥有林地 12.69 万公顷，主要动物有 100 多种。属一、二类保护动物有华南虎、金钱豹、云豹、苏门羚、水鹿、穿山甲、蟒蛇、虎纹蛙、水獭、大灵猫、小灵猫等。植物资源丰富，种类繁多，计 600 余种。其中乔木、灌木类 53 科 206 种。主要中草药 157 种，另外野生中草药 300 多种。兴宁是"中国油茶之乡"，现有油茶树种植面积 1.7 万公顷，茶果产量 3.8 万吨。兴宁还是龙眼、荔枝、柑橙、沙田柚等岭南佳果及茶叶的主要产地。

第四节 风土人情

赏灯是兴宁别具特色的民俗。从正月初九至正月十八，每天都有赏灯盛会（各村各姓赏灯日皆不相同）。旧时一般有灯会，由各村各姓灯会的首事（地方称谓，为首的办事人、负责人）负责办理赏灯事务。提前组织族众到圩镇"请花灯"，沿途大放鞭炮，舞龙舞狮、打锣鼓，把花灯迎接回去。赏灯日当晚，办席宴客，族众亲朋欢聚一堂，燃放炮仗、烧烟火、放孔明灯，舞龙舞狮，一直欢庆到深夜。此外，又有祖师下山、关帝出行等民俗活动。

兴宁客家山歌源远流长，清乾隆二十五年（1760年）已经出现山歌集《程楷七山歌》。1928年成立有客家歌谣研究会，建立有山歌组织忠义堂。兴宁山歌发展有14种唱腔，较为出名的是水口山歌、石马山歌、罗岗山歌、罗浮山歌。1990年，梅州山歌节在兴宁合水水库举行，兴宁有4人被评为梅州市山歌大师，6人被评为梅州市山歌师。兴宁山歌手植根群众，歌声传四方，多人曾获省际山歌大赛金奖。

至2018年，兴宁民间曲艺兴宁竹板歌（又称五句板）、传统舞蹈杯花舞、民俗上灯、民间技艺大坪布骆包子豆腐、罗家通书推算法被列为省级非物质文化遗产保护项目，兴宁版画、兴宁客家山歌、兴宁赏灯、马灯舞、李家教拳等项目，以及兴宁老酒酿造、大坪布骆包子豆腐、罗岗高山茶油、兴宁花灯、墨烟张墨条、兴宁黄粄等制作技艺，被列为梅州市级非物质文化遗产。

兴宁是客家人第三次大迁徙中的主要居住地，是客家围龙屋兴盛时期的成熟地。2009年调查统计，兴宁现存古民居有4287座，其中围龙屋有2400多座。在客家地区中，兴宁围龙屋数量较多，历史较悠久，类型较全面，构造较典型，面积较广大。2012年11月，兴宁被评为"中国围龙屋之乡"。围龙屋的设计与建筑融科学性、实用性、观赏性于一体。核心部分是府第式的堂横屋，一般是三堂两横以上。三堂指沿中轴线进大门后的下堂、中堂和上堂，又叫三进或三串。围龙是指横屋后面半月形的围屋。围屋与堂横屋之间的半月形斜坡地面称"花头脑"，也叫"化胎"。大门前还有长方形的禾坪（或叫晒坪），禾坪前有半月形的池塘（或叫月池、泮池）。围龙屋的建设，十分注重选择地址。一般建在青山绵延的山脚，背靠大山，面对宽阔的田畴，旁边溪流潺潺，屋后绿树环抱，自然和谐。围龙屋外观宏伟，大堂宽阔，青砖地板、石柱、石阶，浑厚大气中尽显刚柔相济的古色古香，成为客家文化的象征。2009年，兴宁市政府开展古民居调查评选活动，评选出"十大古民居"10座，"特色古民居"135座，由市政府授匾保护。其中，磐安围、棣华围、善述围、李和美、玉成围5座围龙屋被评定为省级文物保护单位，罗岗镇柿子坪村、石马镇刁田村、叶塘镇河西村、新陂镇上长岭村、刁坊镇周兴村、径南镇星耀村、龙田镇鸡公桥村、龙田镇龙盘村被评定为"中国传统村落"。

兴宁有着灿烂的历史文化，文物众多，古迹遍布。共发现有新石器时代遗址35处，存有明万历"墨池"碑、明祝枝山书"母节子孝"匾、孙中山书"寿"字中堂等碑刻牌匾。兴宁博物馆收藏的文物有1865件，馆藏的文物有石器、陶器、青铜器、瓷器、石碑、墓葬陶器等，1984年在新圩镇大村出土6枚完整的春秋战国时期编钟，被评定为国家一级文物。第三次全国文物普查时，全市共调查登记不可移动文物459处，现省级文物保护单位有兴宁学宫、两海会馆、文峰塔、古城墙等9个，梅州市级文物保护单位8个，县级文物保护单位30个。兴宁学宫，位于兴城司前街兴民中学校园内，始建于宋代，重建于明代，是粤东北地区保存较完好、结构较全、建筑面积较大的学宫，现存的古建筑有大成殿、东西庑、泮池和棂星门、戟门等，殿前月台团龙浮雕工艺精美，至今完好无损，殿内存有清康熙二十五年（1686年）的"万世师表"匾一块。两海会馆，建于清嘉庆十一年（1806年），为在兴宁经商的潮汕商人所建，占地面积约1000平方米，是具有潮州风格、秀丽玲珑的艺术精品。两海会馆又是具有纪念意义的革命遗址，1925年3月，东征军政治部主任周恩来曾在此接见兴宁农民运动领导人。

兴宁的风景名胜景区主要有神光山、和山岩、合水水库旅游区。神光山位于兴宁市福兴街道神光村，据传宋代探花罗孟郊在山下读书，有五彩祥光笼罩而得名，主要景点有神光寺、祖师殿、石古大王庙、墨池寺、胡曦石刻、千年古榕，是国家AAAA级旅游景区，以自然景观为主，宗教文化为特色，集历史文化、客家文化和观光游览、登山健身、休闲娱乐为一体，为历代文人墨客畅游之地。和山岩旅游度假区位于市东北10千米处，两峰相抱，一峰背耸，状若旋螺，有和山寺、文昌祠、祝王游院、和山岩水库等景点和古石洞等宗教文物古迹。明正德十二年（1517年），兴宁县令祝枝山常到和山岩游览，叹为"流觞胜境"，曾题有"灵岩"碑文。合水水库旅游区，位于兴城北面14千米处，是1957年建成的大型水库，总库容为1.1亿立方米，库内景点错落有致，主要景点有花塔、湖心亭、国泰岩，是粤东有名的旅游风景区，被列入《中国名胜风光大辞典》，胡耀邦、叶剑英、贺龙、聂荣臻等多位党和国家领导人曾到合水水库游览参观。

　　兴宁物华天宝、人杰地灵，素有百员将军出齐昌、千名教授同故乡之说，流传有一桌两院士、一门三及第、一腹四知县、一屋五将军、一县六国脚等佳话。纵览古今，人才辈出，代有名人。宋代有忠贞报国的探花罗孟郊；明代有方志学家张天赋、爱民御史王天与；清代有考据学家胡曦、外交部主事饶宝书；近现代有民主革命先驱何天炯，黄花岗烈士张学龄，革命家罗屏汉、黄文杰、邓逸凡，爱国民主人士罗翼群，马克思主义理论学家张如心，史学家罗香林，"左联"诗人冯宪章，地震学家李善邦，科学家王佛松，教育家罗雄才、王越等。据 2005 年不完全统计，自宋代至清代，兴宁有进士、举人 285 人，民国时期将军 90 人，在当代有省部级领导 31 人，解放军将军 5 人，大学校长（含党委书记）60 多人，博士 200 多人，教授 1000 多人，各类高级职称人员2000 多人。同时还有长征干部 5 人，抗日战争时期在延安工作学习的革命前辈 21 人，两院院士 5 人，中华著名烈士 5 人，毛泽东的秘书、警卫员各 1 人。有 2 人的名字载入《辞海》。

革命老区镇村简况

1957 年 4 月 17 日，根据广东省人民委员会《关于评划革命老根据地标准的通知》精神，梅州市范围评划出革命老根据地自然村庄 1242 个。其中兴宁有 17 个村，分别为罗浮乡（今罗浮镇）上下畲、石南、中和、象湖、蕉坑、小佑、瑶兴、罗栋、岩前、水口乡（今水口镇）盐米沙、下畲、茂兴、宋声、坪畲、黄陂乡新村、黄溪、白沙溪（黄陂乡新村、黄溪、白沙溪今属黄槐镇）。

1988 年 11 月 12 日，广东省人民政府办公厅根据国务院批准民政部、财政部有关文件规定精神，梅州全市补评划老区村庄 102 个，其中兴宁 3 个，分别为永和镇的湖尾、新寨，大坪镇的双头山。

1991 年 10 月 21 日，梅州市根据广东省民政厅《关于开展评划解放战争游击根据地和确定老区乡镇、老区县工作方案》通知精神，评划出解放战争老区村庄 624 个，其中兴宁 137 个，分别为罗浮镇的练优、岭南、浮东、浮南、澄联、塘社、浮西、勤光；永和镇的七层、夜明、铁马、板子、新明、三枫、大平、崇新；大坪镇的白云、新春、屏汉、佛坳、上大塘、下大塘；宋声镇（今属水口镇）的森丰、璜江、双成；黄槐镇的槐西、西埔一、宝丰、上宝龙、双下、下宝龙、西埔二、槐东、双龙；罗岗镇的五五、白水、白群、柿子坪、蕉坑、罗中、元潘、霞岚、红星、红旗、联兴、官庄、高陂、源清、溪联、溪庄、溪东、溪一、溪群、蕉一；合水镇的双溪、富和、岩背；坪洋镇（今属大坪镇）的潭坑、友联、大东、金坑、长坑；叶南镇（今属叶塘镇）的鸭池、麻岭、富祝、上径、陂下、长丰、西山、筠竹、下径；叶塘镇的田心、胜青、下洋、三变、三口塘、乌池、彭陂、龙坪、岳桥、教礼；黄陂镇的三佳、粒坑、大一、大二、中心、浊水坑；径南镇的星耀、坪埔、珊田、浊水、先锋、石龙塘、禾仓石甲；宁塘镇（今属宁中镇）的邹陶、石岭、大莹、和山、和新；径心镇（今属径南镇）的李连、半径、宝兴、坪宫、官塘、章峰；龙北镇（今属合水镇）的上官、罗英、明星、中官；下堡镇（今属水口镇）的光夏、河口、黎光、布头、博溪、群兴、先锋、前锋、教美、松陂；龙田镇的曲塘；石马镇的新田、三社、虎石、小水、新石、郑塘、刁田、秀水、下庄、宫前、石岌、马石、上庄、马下、马上、米渡、大觉。

至 1994 年，兴宁县有 29 个镇，474 个管理区，5891 个村委会。全县总人口 105.3 万人，其中非农业人口 15.8 万人，农业人口 89.5 万人，全市老区分布在 19 个镇，158 个管理区。老区村庄 157 个，其中：管理区 130 个，自然村 27 个；老区人口 26.3 万人，占全市农业人口 29.4%；老区耕地面积 9200 公顷，人均 0.035 公顷，老区山地面积 6.91 万公顷，人均 0.26 公顷（以上数据俱为 1994 年编印《梅州市老区基本情况》时统计的）。

以革命烈士名字命名的村有 4 个：今叶塘镇胜青村，于 1952 年 6 月 18 日村由广东省人民政府批准，将革命烈士蓝胜青家乡叶西乡命名为胜青村；今大坪镇屏汉村，1952 年 7 月 28 日由兴梅专署批准，将革命烈士罗屏汉家乡白云乡命名为屏汉村；今福兴街道锦华村，1952 年，为纪念革命烈士陈锦华，经兴梅专署批准，将其家乡福兴矮岗乡命名为锦华村；今水口镇光夏村，为纪念革命烈士刘光夏，1952 年由广东省人民政府批准，将其家乡水口柏树下村命名为光夏村。

第二章

农工运动　高潮迭起

五四运动对兴宁的影响

1919年5月4日爆发的中国人民反对帝国主义和封建主义的伟大革命运动——五四运动，是中国新民主主义革命的开端。五四运动的消息传到兴宁，各界人士特别是广大师生热烈响应，迅速投入反帝爱国的洪流。5月5日，县立中学、兴民中学及附城的大部分学生纷纷集会，示威游行，提出"打倒帝国主义""坚决抵制日货""打倒军阀"等口号，并组织宣传队，向城镇居民和郊区农民进行宣传，各区乡的学生也纷纷举行示威游行。如福塘乡的宗文、文献、德善等校学生数百人，在福兴乡文献小学教师马少虎的带领下进行示威游行，提高了农民的思想觉悟，激发了人民的爱国热情。接着，组织了仇货（指英、日两国的商品）检查队，分赴西郊永泰关、南郊大南关、南济桥及城外"鸡嬷颈"等水陆交通要道，查缉所有进入县城的货物，他们把拦截的英、日两国商品，送往城内统一处理，给奸商买办以沉重打击。与此同时，他们还上街逐店搜查英、日货，并把查获的商品集中到县城大坝里放火烧毁。1922年春，县立中学学生到大新街广德兴洋杂货店，责令老板封存日货，不准出售。不料，该店老板拒绝，并改换商标，继续出售，学生强烈不满，便派了数十位学生进店搜查，并把该店招牌砸烂，于是发生了冲突，学生数人受伤，后由老板出钱医治，赔礼道歉，写悔过书。不久，县立中学学生获悉下盐铺街刘俊盛风记店出售日本纱、布，即派20多人去搜查，老板关闭店门，并指使店员从楼上抛下花盆和竹篙，击伤学生罗赞唐、罗焕青（大坪人）、罗宣谷（东门外人）的头、颈和肩部，为此，店老板被处罚百余元，并写悔过书在城内张贴。上述事件，震动了城乡人民，推动了学生运动的发展。

五四运动既是一场爱国运动，又是一场文化运动。如车之两轮，相辅而行，文化运动为爱国运动做了思想准备，爱国运动又推进了新文化运动的发展。其"新"主要是指无产阶级新文化，即社会主义和马克思主义在中国的传播并逐步在思想领域内占据着主导地位。五四运动前，兴宁的新文化运动比较沉寂。五四运动期间，革命思想的传播主要是以兴宁籍外出求学的学生为媒介，通过书信及邮寄进步刊物给在兴宁的进步学生进行传播。如在北京就读的进步学生罗志甫等经常写信给在兴宁的同学罗衍芳等，向他们宣传外地新文化运动的情况，并介绍或邮寄《新青年》《新潮》《少年中国》等20多种进步书刊；罗易乾给兴民中学寄来中国最早的《共产党宣言》单行本，启发他们革命的思想，使他们在思想上受到马克思列宁主义的影响。1925年初，全县学生成立了学生联合会，由县立中学学生杨晶华和兴民中学学生陈瑾谕（后改名陈伟霖）为主要负责人。学联会成立后，扩充了县图书馆书刊，馆址仍设在中山公园内文昌祠楼上，增订了不少报纸、杂志，新购许多名著，同时加宽了阅览室，为广大学生、群众提供了较好的学习场所。1925年冬，由蓝胜青、冯宪章、廖仕达等人组织的旅梅同学剧社、县立中学剧社、兴民中学剧社，在县城大坝里共同组织公演晚会。演出大型多幕话剧《山河泪》《青春的悲哀》《苛政猛于虎》《打城隍》《一字误》等剧目，很好地宣传了反帝反封建剥削、反迷信愚昧、争取婚姻自由等新思想。在五四运动的推动下，新文化运动提倡改良教育、反对旧道德、提倡新道德和民主、重视妇女问题、主张男女平等新思潮在兴宁不断涌动。1926 年 9 月，兴宁县立中学成立青年革命先锋团。该组织是由该校政治训育主任、共产党员彭秋帆组织领导的一支以共青团员为核心、有进步青年参加、公开活动的革命团体。伍晋南任该组织墙报编辑，成员有刘起亚、马少援、陈瑞权、赖汉衍、刘通玉、李戈伦等三四十人。以反帝反封建为宗旨，积极开展反对奴化教育的择师择长运动。县立中学学生在革命思想的熏陶下，学习氛围浓，思想活跃。张伯吴任校长时，部分学生反对 3 位落后教师。刘起亚（刘苏华）是该校革命活动的骨干分子之一，也是择师运动的闯将。他挥笔起草了《择师运动歌》，歌词是："打倒饭桶，打倒饭桶，除走狗，除走狗，择师运动成功，择师运动成功，齐欢唱，齐欢唱。"全校人人皆知，个个会唱。由于广大学生的思想日益觉醒，择师运动形成高潮。教师张赞庭平日对进步学生诸多刁难，青年革命先锋团便在墙报上发表《择师宣言》，并召开择师演讲会。此时，有的人企图扭转运动方向，把矛头指向校长张伯吴，掀起"倒张"学潮，历时数月，在青年革命先锋团的正义呼声下，校长张伯吴保职，张赞庭、朱卓桓等 3 人被解聘，斗争取得了胜利。青年革命先锋团还积极开展生动活泼的宣传活动。在五四运动的影响下，兴宁青年知识分子如饥似渴地学习革命书刊。其中主要有马克思、恩格斯的《共产党宣言》；列宁的《社会主义民主党在民主革命中的两种策略》《共产主义运动中的"左派"幼稚病》；布哈林和普列奥布拉任斯基的《共产主义 ABC》；中共出版的刊物《新青年》《向导》；郭沫若的《叛逆者》《女神》；蒋光赤的《少年飘泊者》《鸭绿江上》《短裤党》等。阅读革命书刊，青年学生转变了思想和开阔了视野，吸取了政治营养，懂得了革命道理，从此踏上了革命的征途，其中涌现出一批革命的宣传者和组织者。

农工运动的初步兴起

第一次国共合作后，农民运动、工人运动获得了公开合法的地位，上级党组织抓住这个有利时机，派了一批优秀干部帮助各地开展农运、工运。1924 年至 1925 年间，中国共产党在兴宁大地播下了革命火种。上级党组织派遣一批共产党员回兴组织工农运动，如被彭湃委任为潮梅农运特派员的赖颂祺、广州农民运动讲习所毕业后被委任为兴宁农民运动特派员的卢惊涛、省政治特派员陈锦华、汕头岭东总工会特派员曾不凡等。

大革命时期，彭湃领导的海陆丰农民运动声势浩大，震撼全国。1923 年 1 月成立中国第一个县农会——海丰总农会。4 月，彭湃至陆丰推动农民运动，协助成立了陆丰县农会筹备会。6 月23 日，陆丰县总农会成立。1923 年 11 月，彭湃在汕头发起组织了惠潮梅农会，农民运动扩展到五华等 10 个县，声势浩大。国共合作后，彭湃担任中共广东区委委员、区委农委负责人和国民党中央农委部秘书、广东省党部农民部长。他在广州举办农民运动讲习所，担任第一届和第五届农讲所主任，为广东乃至全国培养农民运动骨干。

彭湃领导的海陆丰农民运动蓬勃发展，其势如暴风骤雨迅猛异常，席卷东江以及全省。兴宁与海陆丰毗邻，因此，海陆丰的农民运动对兴宁产生巨大的影响。1923 年，驻防海陆丰的粤军总司令陈炯明部军医赖颂祺（兴宁福兴人）思想受到很大影响，放弃了在陈军中的优厚待遇，毅然投身于伟大的农民革命运动。在彭湃的培养下，赖颂祺于 1924 年加入了中国共产党。

1924 年 10 月初，彭湃委派赖颂祺为潮梅农运特派员回兴宁领导农民运动。他与原被国民党中央党部农民部委派的兴宁农运特派员卢惊涛一起，首先在刁坊黄岗村宣传发动群众，组织成立了黄岗乡农民协会，不久，又在永和成立了永和区农民协会，并组织了农会会员大游行。年底，在兴城西河背两海会馆成立了兴宁县农民运动筹备委员会。至此，兴宁的农民运动在附城各区已粗具规模。次年 2 月，赖颂祺、卢惊涛又到小洋乡大竹围屋侧角的学堂琼林书舍召开农民大会，宣传海陆丰农运经验，发动大家加入农会。村里的牛角塘、鹤子茔、花灯围、林沙屋群众都纷纷报名加入农会。在德新小学正式成立的小洋乡农民协会，共有会员 400 多人，大会选举曾焕康、曾炳秀、曾广用、曾灶生、曾进兰、曾观莲、曾玉华、曾上安、曾宪珠为执行委员，农会主席为曾焕康，副主席为曾观莲。其后，又成立了双岗、横江、郑岗、虾蟆垄、集贤、神光等农民协会，会员 1000 多人。

彭湃对兴宁的农运给予极大的关注。1925 年 3 月间，彭湃在汕头获悉兴宁农运兴起的消息，甚为高兴，特委托在五华搞农运的特派员曾汉屏到兴宁协助工作。在曾汉屏的帮助下，由卢惊涛主持在观音堂（河背）刁屋坝召开兴宁农民代表大会，并成立了兴宁农民协会，会议选举卢惊涛为县农民协会主席，委员赖颂祺（兼秘书）、曾汉屏、曾笃民、曾铎君、赖怀秋（赖志尧）。会址设在兴宁县政府侧文昌祠（今政协大院）楼上（后迁至潘家祠）。

在农民运动兴起的同时，工人运动也迅速发展。1925 年 9 月，在曾不凡等共产党人领导下，兴宁的工会组织逐步建立起来，先后在糕饼业、染布业、纺织业、理发业、裁缝业、民船、码头、打石等行业中组织了工会，正式改组了兴宁县总工会，会址设在东街陈家祠，选举曾不凡为总工会主席。在县总工会领导下，工人运动不断发展，组织了 20 多人的工人纠察队，开办了工人夜校，向工人宣传革命道理，提高了工人的政治觉悟。

第三节 两次东征在兴宁的胜利

1924 年冬，盘踞在东江地区的军阀原粤军总司令陈炯明背叛革命，趁孙中山北上之机，自称"救粤军总司令"，以 7 个军约 6 万兵力集中于河源、惠州、兴梅、潮汕等地，阴谋进取广州。

1925 年 1 月，为了消除这个隐患，广东革命政府决定出师征讨。由黄埔军校学生军两个教导团、滇军、桂军和建国军组成联军，粤军总司令许崇智为总指挥，东征讨伐陈炯明。中共广东区委为此发表了《中国共产党檄告广东工农群众，保卫革命，打倒陈炯明书》，揭露军阀陈炯明的罪行，号召工农群众起来保卫革命，打倒帝国主义和封建军阀。

第一次东征的作战部署是："粤军第二师师长张民达为右翼指挥，偕参谋长叶剑英、苏联顾问罗加诺夫等，率粤军二、四师，沿广九铁路之东向平山、淡水攻击；滇军杨希闵为左翼指挥，由增城、博罗向河源及老隆进发；桂军刘震寰为中路指挥，攻击惠州并策应两翼。"但滇桂两路军心怀鬼胎，按兵不动。黄埔军校校长蒋介石、黄埔军校政治部主任周恩来和顾问加仑将军率黄埔军校教导一、二团随后增援右翼。

2 月 2 日，东征军出发，右翼部队势如破竹，进展神速，于 15 日攻克淡水，21 日攻克惠阳平山，27 日深夜先头部队攻克海丰，旋即向腹地追击。陈炯明闻悉由汕尾逃往香港。

3 月 13 日，右翼联军占领河田，歼灭敌第四独立旅，当日继续向河婆前进。在揭阳县与普宁县交界的棉湖地区，黄埔军校教导第一团、第二团以3000兵力去溃陈炯明部粤军2000精锐部队，取得棉湖战役大捷。14日，联军追击溃逃之敌，迅速占领河婆。15日，敌军林虎部队由兴宁赶至汤坑，主力向揭阳河婆进犯，遭联军炮击，大败而逃，一路逃往五华、兴宁；一路溃向饶平；一路撤至大埔三河坝。联军亦分三路追击，莫雄旅向饶平、潮安；张民达、叶剑英率二师溯韩江而上，准备向丰顺、梅县追击。至鰡隍后，得悉潮州复被逆军围困即又回师救援潮州；教导团、陈铭枢旅、欧阳驹团向五华、兴宁追击。黄埔学生教导团在蒋介石、周恩来的率领下偕陈铭枢旅、欧阳驹团部16日占领罗经坝后，17日进攻安流，当晚即以教导一团奇袭华城，教导二团与陈铭枢、欧阳驹二部追溃敌向水口协攻兴城。19日凌晨从五华抄小路进抵兴宁城西永泰关和福兴茅塘等地。东征军所到之处受到人民群众的欢迎。特别是由周恩来亲自培育和领导的教导团，是以共产党员和青年团员为骨干的有高度政治觉悟的革命军队，群众亲切地称之为"学生军"。他们胸章上写着"不怕死，不拉夫，不筹饷，不住民房"的口号，自觉遵守革命纪律，处处保护群众利益。驻扎在西厢一带农村的东征军，睡在厅头庙角、晒谷场上，农民再三让房，坚持不住；要蔬菜、柴火，预先付钱，态度和蔼，深得群众的支持和爱戴。共产党员赖颂祺、卢惊涛积极组织农会会员配合东征军作战；不少群众沿途煮茶水招待东征军；福塘下长岭木工廖新奎还为东征军带路。在群众的支持下，东征军根据敌兵力部署，兵分两路，一路经福兴马屋背，首先攻击驻神光山的王定华旅。东征军教导二团和粤军陈铭枢旅如神兵骤至，敌慌忙应战。经一个多小时激战，东征军大败王定华旅，胜利占领了神光山。留下一个团，以炮火掩护主力挥戈直逼城西永泰关，横扫永泰关守敌后，同时占领南郊南济桥南面高地直捣兴宁县城。霎时，城内敌人乱作一团，林虎恼羞成怒，困兽犹斗，狗急跳墙，命令严锁东西南北四城门。同时，一面命令刘志陆、李易标部队从水口沿江北上，妄图背击南济桥宁江河南对岸的东征军，一面调驻梅县、畲坑等地的黄业兴、黄任寰部集结兴宁城郊，从坝尾桥至南济桥沿河堤近十华里埋伏布防，准备与东征军决一死战。

20日上午，东征军经过激烈战斗，靠近南济桥宁江河南岸，与林虎军展开了一场激烈鏖战，双方死伤多人。这时，东征军一面从正面加强火力奋力冲杀，一面派出一支精悍部队穿过浓密的竹林，蹚宁江河水潜入北岸义尚围梁屋坝。梁屋坝地形比河岸高，又有竹林作掩护。东征军突然出现在敌人面前，居高临下横扫守南济桥北岸的黄业兴部，敌人伤亡惨重，溃不成军，拼命往宁江下游逃窜。东征军乘胜冲杀，突破南济桥缺口，穿过义尚围，直插兴宁县城南门。因南门外郊区地势平坦，不利攻城，东征军教导二团迅即移师至西南城脚一带。时至初夜，恰逢天降大雨，东征军冒雨奋力冲杀。林虎部不支，退兵河唇街、新丰街直至南门、东门各地加强防守。由于兴宁城高壕深，东征军一时难以攻克，他们便从南郊群众家里借来许多竹梯、木梯作为登城工具，没有梯子的在火力掩护下，搭起人梯爬上城墙，占据岗楼。经过激烈战斗，迅速占领了新丰街的高层店铺，控制了城内的制高点，居高临下，奋勇杀敌。南门守敌受到东征军有力打击，被迫向西门逃窜，又遭到刚登上西城楼的东征军勇士的痛击，敌人只得慌忙向东门撤退。东征军一鼓作气，分路进击，激战至深夜。教导二团第九连乘虚由南门攻破城门冲进城内，敌人如鸟兽散，东征军终于占领兴宁县城。林虎率其残兵败将狼狈向兴宁东北面的龙田溃逃。此役击毙敌团长1人，击毙营连长数人；俘虏敌军官60余人，俘虏营长5人，俘敌总数在3000人以上；缴获火炮9门、缴枪3000余支、子弹数百万发、军用物资一大批。

正当东征军教导二团和粤军第一旅攻克兴宁城之时，粤军第二师在师长张民达、参谋长叶剑英的率领下，于18日第二次攻占潮州后，一部分兵力向饶平黄岗追击敌人，大部兵力北上，20日，经丰顺��隍进抵梅县长沙圩，21日占领梅城。22日，张民达率第二师三、四两个旅分别向平远、蕉岭追击，3月23日至25日攻占平远、蕉岭县城，从而，牵制了林虎在韩江的兵力，配合了攻克兴宁城的战斗。是日，张民达被委任为梅县五属善后处处长；叶剑英被委任为梅县县长，负责留守梅县。至此，第一次东征基本结束。

第一次东征回师广州后，陈炯明残部又占据了东江各县。在兴宁，陈炯明的熊略部队1000多人又卷土重来，县农民协会被迫解散。1925年9月间，陈炯明勾结北洋军阀和广东南路的邓本殷部，企图夺取广州，推翻广州国民政府。10月，为了彻底消灭陈炯明的反动势力，广州国民政府决定举行第二次东征。9月21日，国民政府任命蒋介石为东征军总指挥，周恩来为总政治部主任。下辖：第一纵队，纵队长何应钦；第二纵队，纵队长李济深；第三纵队，纵队长程潜。总兵力3万多人。10月1日，东征军出发。14日，三个纵队攻克惠州后，第一纵队于10月22日、24日，先后占领海丰、陆丰。以程潜为首的第三纵队6000余人，由龙门向河源进击，粉碎了五华之敌后，于10月31日凌晨6时向兴宁挺进。林虎、刘志陆由于前次吃了败仗，这时心惊肉跳，闻风而逃。程潜率领部队沿途击溃据守兴城西五里亭一带的陈炯明党羽熊略部1000余人，到下午完全占领兴宁县城。东征军总政治部邀集县党部筹备委员及教育界人士商议召开各界联合会及组织农会、工会等问题，并派出宣传员分头进行宣传及张贴标语、散发传单。11月1日11时，在公园（县政府内）召开各界联欢会，参加者达千人。

1926年春，陈炯明、林虎分遣其部下聚兵万余窜扰粤东边境，企图在兴宁消灭东征军独立第二师。2月15日，林虎叛军从黄陂、岗背、罗岗，分三路进攻东征军。独立二师迅速进军合水，在纱帽石、上下洋一线阻击叛军。经一个上午的激战，独立二师转守为攻，全线出击敌人。16日，分两路追击敌人，分别在江西寻邬县的大树林村和福建武平岩前村全面消灭叛军，取得了东征军在粤东最后一战的胜利，全面完成了第二次东征的使命。

周恩来在兴宁的革命活动

　　两次东征在兴宁的胜利，不仅击溃了长期盘踞兴宁的陈炯明东路军林虎等军阀势力，而且对兴宁革命运动的发展，产生了深远的影响。周恩来在东征期间，先后担任黄埔军校政治部主任、东征军总政治部主任。第一次东征时，周恩来率部在兴宁战斗和生活达 20 多天。第二次东征时，周恩来虽未到兴宁，但他仍心系兴宁，对兴宁的革命斗争给予具体指导和帮助。他利用国共合作的有利时机，积极开展各项革命活动，为推动兴宁工农运动发展和党团组织的建立立下了不可磨灭的功勋。

　　第一，认真宣传革命思想，提高人民的思想觉悟。周恩来十分重视政治思想工作。他积极向工人、农民、学生、商人等宣传"国民政府之政策，及本军东征之意义"，揭露封建制度和反动军阀的罪行，号召工农群众团结一致，支持东征，打倒帝国主义和封建军阀。他在繁忙的工作中仍然身体力行，亲自召开各界人士座谈会，作演讲，找民众、士兵个别访谈。周恩来对人态度和蔼，平易近人，战士和群众都亲切地称他为"周教官"，他在兴民中学和县立中学发表演说，深入浅出地宣传中国共产党的主张，宣传三民主义和东征的重要意义，给师生以极大的鼓舞。1925 年 3 月 12 日，孙中山在北京逝世，噩耗传来，抵驻兴城的东征军及兴宁各界人士于 30 日在县城大坝里举行追悼孙中山及阵亡将士大会，万人齐集广场，对孙中山与世长辞，烈士为国牺牲，表示沉痛哀悼。蒋介石宣读誓词。周恩来宣读祭文，他沉痛地追悼和缅怀孙中山一生的光辉历程，悲壮地号召全体军民化悲痛为力量，继承孙中山遗志，英勇战斗，乘胜前进，坚决打倒帝国主义和军阀势力，为统一全国而奋斗。

周恩来为了深入细致地做好宣传发动工作，提高人民群众的思想觉悟，派出一批政治部工作人员到农村、圩镇、学校去做社会调查，了解兴宁社会各阶级、阶层的政治经济状况，发表演讲，宣传革命。政治部钟醒魂来到县立中学、兴民中学，在大成殿举行演讲，他登上讲台讲了一个多小时的革命道理，大大地激发了师生的革命热情。为了更有成效地工作，周恩来还特地派出东征军中兴宁籍的李安定、钟斌、刘铸军、幸中幸（又名幸聘商）、陈寄云到县立中学、兴民中学，深入课室、宿舍同师生谈心，做细致的宣传教育工作，从而使群众对东征军更加亲切，建立了新的军民关系。

第二，关心支持农民协会工作，促进农运发展。周恩来在繁忙的工作中，仍然十分关注兴宁的农民运动。他身穿便服，深入群众，对各阶层进行广泛的社会调查，特别重视和掌握农民运动的现状和问题，动员农民群众积极投身革命运动。在调查了解过程中，周恩来通过参谋唐震（兴宁籍人）介绍，认识进步青年罗衍芳，并多次找其谈话，了解情况，讲革命道理，动员他参加革命。周恩来还亲自在兴城西河背两海会馆召开有卢惊涛、赖颂祺、罗衍芳等人参加的农运骨干座谈会，对兴宁农运工作作重要指示。同年11月，临时主持东江各属的周恩来多次指示兴宁的共产党员要积极开展农运、工运、学运和统战工作。是年冬，兴宁农民协会重新恢复，使国民党右派极为恐惧、仇视，指使王霭君等6人组织所谓"兴宁农民筹备处及倡办处"，与之对抗。为此，赖颂祺于1926年初亲赴广州向周恩来汇报，周恩来根据中央执行委员会农民部及广东省农协会的指示，电令罗师杨（罗幼山）县长"速将该筹备处解散"，对兴宁的革命斗争和农运发展起到了极其重要的作用。

第三，帮助兴宁建立以国共合作为基础的统一战线组织，成立国民党县党部筹备处。1923 年 11 月，中国共产党在上海召开了三届一中全会，全会决定"在全国扩大国民党组织，凡有国民党组织的地方，中国共产党党员、社会主义青年团团员'一并加入'；凡国民党无组织的地方，我党则为之建立"。1925 年 3 月，周恩来率东征军抵达兴宁期间，认真宣传、贯彻执行了党的决定，帮助兴宁建立了以国共合作为基础的革命统一战线组织。3 月 26 日 13 时，周恩来在兴民中学召开了有 100 多名国民党新旧党员参加的联欢大会，周恩来亲自作了演讲，并成立了国民党兴宁县党部筹备处，选举陈汉新、罗衍芳、廖廷锷、刘洪若、罗镇蕃为筹备委员，陈汉新为委员长。为了加强县党部筹备处工作，周恩来又委派东征军总政治部工作的陈锦华（中共党员、兴宁籍人）参加县党部工作。陈锦华积极组织宣传发动，帮助国民党发展党员，扩大国民党队伍，吸收了黄华蒂等人加入国民党。周恩来坚决认真执行"三大"决定，为发展壮大兴宁国民党组织打下了良好的基础。

同年 10 月，广东革命政府举行第二次东征，31 日 14 时占领兴城后，东征军总政治部邀集县党部筹备处人员召开会议，成立了国民党兴宁县党部筹备委员会，陈汉新仍为主任，委员有县长罗师杨和共产党员赖颂祺、卢惊涛、曾不凡、陈锦华等。1926 年 6 月，中共广东区委根据"三大"决定中努力争取"站在国民党中心地位"的精神，委派中山大学留省同乡会的共产党员张允庄，以国民党党员的身份回兴宁整理党务，帮助改组国民党，正式成立国民党兴宁县党部。张允庄被选为书记，蓝胜青、卢惊涛、赖颂祺、曾不凡为委员。因此，当时国民党兴宁县党部实际为中共兴宁组织所掌握，便利了革命工作的开展。

第四，团结一切爱国力量，深入细致地做好上层人物的统战工作，使之以实际行动支持民主革命。1924年10月，原任兴民中学校长的罗师杨出任兴宁县县长。东征军第一次攻克兴宁期间，军饷尚缺，周恩来闻悉罗师杨治理兴宁政务有一定成绩，亲赴县府，与其商谈筹措军饷之事。当罗师杨听说需筹措军饷2万大洋时，面有难色。经过周恩来耐心细致的思想政治工作，罗师杨应允下来，并在三天后如数筹集了军饷。

建立党团组织推动群众运动

　　"两次东征带雨来。"东征军两次攻克兴宁城，取得了伟大的胜利，特别是周恩来在兴宁的一系列活动，宣传马列主义，播下了革命火种，建立了以国共合作为基础的统一战线组织，进一步推动了兴宁工农运动的发展，为党团组织的建立打下了基础。1925年冬，在梅县东山中学读书的蓝胜青等以旅梅同学之身份回到兴宁与县立中学学生黄集发（黄华蒂）、谭淦等联合在兴城、叶塘等地演出白话剧，创办《宁声周报》，宣传共产主义。寒假后，蓝胜青受党的派遣回到兴宁，以农民协会特派员的公开身份同在兴宁从事农民运动的卢惊涛、赖颂祺一起开展革命活动。中共梅县特别支部（简称"特支"）派古柏、萧向荣为联络员到兴宁，他们的任务是代表特支，往来于梅县、兴宁之间，传达上级指示，加强对兴宁革命工作的联系和指导，发展党团组织。由于他们共同努力，并肩战斗，致力于兴宁党组织的组建工作，经过紧张的筹备，1926年春，中共兴宁县第一个党小组在县政府宜楼成立，组长蓝胜青，成员有赖颂祺、卢惊涛、陈锦华、曾不凡。同年8月，中共兴宁支部成立，隶属中共梅县特支领导，书记蓝胜青，委员卢惊涛、赖颂祺、陈锦华、曾不凡。同月，共青团兴宁特支成立，古柏任特支书记。10月，古柏调梅县团地委，萧向荣被委任为兴宁团特支书记。12月，中共兴宁特别支部成立，书记蓝胜青，组织委员古柏，委员卢惊涛、赖颂祺、陈锦华、曾不凡，隶属中共梅县特别支部领导（后属中共梅县部委领导）。

兴宁党团组织建立后，把开展工农运动作为工作的重心，使革命斗争进入了崭新的阶段。1926年春，曾观莲等18人参加完彭湃在汕头主持召开的潮汕农民代表大会后，中共兴宁小组根据会议决议，大力扩展农会组织，开展减租减息、废除苛捐杂税和反对土豪劣绅的斗争。党组织领导人蓝胜青、陈锦华、赖颂祺、卢惊涛及罗屏汉等分别到大信、水口、大坪、刁坊、永和等地进行革命活动，特别是蓝胜青，为了提高农民的阶级觉悟，编写了不少革命歌谣，如"田主收租矛人情，又要十足又要精；又要饭餐包送到，又要吊佃给别人"等等，在农村广为流传。上述活动有力地推动了农民运动的开展，使农会由平原发展到山区，由4个乡农会增加到36个，如墨池、茅塘铺、义尚围、大池、湖尾、大成、圻陂、罗坝、神光、留桥、朱坑、盐米沙、宋声等。同时，还成立了一个区农会（即第一区），会员人数激增，仅第一区12个乡就有会员3000多人，犁头大红旗几乎插遍全县。同年5月，县农会在小洋乡德新学校召开第一区农会主席联席会，各乡农会主席参加，集中讨论减租减息问题，决定每石息谷的月利率，不论6升（旧时量具，一升等于10合）、7升、8升，一律减至3升，其中抽6合兴办公益事业；田租实行"二五减"，并决定在"夏收后开始实行，如有反抗者由农会坚决镇压"，得到了广大农民的拥护，有力地推动了减租减息和反对土豪劣绅的斗争。工运方面，曾不凡领导工人开展向资本家要求增加工资，改善生活待遇的罢工斗争。在各行各业工人的团结斗争下，罢工取得胜利，工人增加工资百分之二十，每月休假三天，假期工资照发。资本家为了破坏工人运动，收买部分码头工人，另成立一个所谓"新工会"，对抗原来的码头工会。双方发生冲突，商团头子陈楚麓派了30多名武装人员前来镇压，逮捕了工会领导人张来凤、李全会等人。后来在染布业、理发业、纺织业等工会大力支持下，迫使国民党兴宁当局把罢工中抓去的人全部释放。

在斗争中，兴宁党组织进一步加强对学生运动的领导，而广大学生也积极支持农民运动和反抗国民党右派的斗争。1926年8月，中共兴宁支部通过中共梅县特支的关系，派彭秋帆到兴宁县立中学任政治教员，他以教师职业作掩护，领导学生运动，秘密组织CY（团）。在县立中学入团的有陈瑞乾、马少援、伍晋南、李怒巉、赖汉衍、刘起亚、张和祥、罗坤泉、李戈伦、王鼎玉、张德贤、黄权汉、罗耀祺、何信孚、董伴文等。同年9月，兴民中学成立了青年改造社，社址设在北街潘家祠，成员有陈坦、邓逸凡、罗宗秀、李汉瑜、袁湘庭、朱展麟等10多人。不久，县立中学的刘起亚到兴民中学联系，发展了罗宗秀、李汉瑜、陈光球、罗汉灵、罗庭楷、吴渤（白危）等入团。同时，县立中学还成立婚姻革命同志会，宣传男女平等，婚姻自由，反对蓄童养媳和封建包办婚姻制度，有力地冲击了反动封建势力，提高了人民的革命斗争觉悟。1927年2月，中共兴宁县特支书记蓝胜青派县立中学学生陈瑞乾、马少援前往梅县团特支联系工作，与萧向荣认真研究后，邀请共产党员李一啸到县立中学任训育主任。李以教书为掩护，从事学生运动，从而加强了党对学生运动的领导，壮大和发展了CY（团）组织，发挥了青年学生在革命斗争中的积极性。1926—1927年，县立中学学生除逢星期日组织宣传队到各圩镇公开宣传、演说外，还演出了不少反映农民疾苦和地主阶级对农民残酷剥削的话剧，对农民教育很大，提高了农民的思想觉悟，推动了农民革命运动的发展。在第二次攻打兴宁县城的农民暴动中，县立中学的学生在李一啸的领导下，纷纷出校做内应，吹响军号，鸣放鞭炮，并将预藏炸药包由张和祥取出转交给暴动队伍。战斗胜利后，学生们又组织了宣传队，向城内外的居民和商店宣传，还有部分学生协助暴动队伍收集缴获敌人的武器、弹药及其他物资，为攻城农民暴动胜利作出了贡献。

妇女革命运动是党的工作的重要组成部分。大革命时期党组织积极向广大妇女宣传闹革命、打土豪、分田地、求解放的道理，唤醒妇女革命觉悟。兴宁广大妇女在党的领导下，冲破封建势力的牢笼，摆脱田头地尾和家庭小天地的束缚，参加火热的社会斗争，无私奉献，写下了可歌可泣的篇章。这一时期，妇女运动有几个主要特点：一是自觉投身革命斗争；二是舍弃"安乐窝"，积极支持丈夫闹革命；三是舍弃亲生骨肉为革命；四是夫妻双双干革命。如妇女运动领导人蓝亚梅，是广东工农革命军第十二团团长刘光夏之妻，她目睹社会现实，认识到只有起来闹革命，穷苦大众才能翻身求解放，过上美满幸福的日子。她毅然冲破封建势力的枷锁，跟随丈夫投身革命活动，成为土地革命战争时期兴宁妇女运动的领导人、中共兴宁县委委员。大革命时期，她经常在水口、宋声、茂兴、坪畬一带做宣传发动工作。她组织妇女积极分子，根据妇女的特点，用群众喜爱的山歌，向群众宣传革命道理。她经常利用赶集或召开群众大会的机会，用歌声唤醒人民觉悟。她生前的誓言是："为民立志上战场，手提武器五尺长，埋骨不顾桑梓地，捐躯为国永留芳。"1930 年 9 月，她被捕行刑时，敌人用竹篮抬着她去刑场，她一路怒骂敌人："白狗讲事系（真）还差，开口骂偃（我）共产嫲，红白盲田（还未）分胜负，江山始终都系佴（我们的）。"敌人将她押到群众的番薯地行刑，她怒斥敌人损害群众利益，敌人无奈，只得换一块空地。又如原工农革命军第十二团妇女宣传员何亚清，1923 年与潘火昌结婚后，积极支持、协助丈夫闹革命。家婆身体孱弱多病，家务繁重，为了不让丈夫忧愁，她默默承担，毫无怨言。1926 年 10 月，在兴宁党组织的具体指导下，湖尾乡农民协会正式成立，何亚清与潘火昌一起动员家里弟、嫂等 6 人全部报名参加，并积极串连发动乡里妇女入会。在她的带动下，湖尾乡 980 多名农民踊跃报名入会，为当时全县入会人数最多的一个乡。不久，又建立了湖尾乡农民赤卫队，潘火昌任队长。为了解决赤卫队武器不足问题，何亚清将家中困难置之度外，急革命所需，不惜卖掉家中水牛一头、稻谷 350 多千克，换回步枪 1 支和大刀、梭镖、火铳一批。这一无私行动，深深感动了农民兄弟，很快又有 20 多个青年参加赤卫队，使赤卫队由 36 人一下子增至 63 人。在火热的斗争日子里，何亚清不仅支持潘火昌的革命行动，而且积极参加减租减息、反对土豪劣绅的斗争。1927 年 9 月 3 日，在兴宁党组织的领导下，举行第二次武装暴动，攻打县城。何亚清与潘火昌一起参加了暴动。她在暴动中积极做好后勤工作，为暴动作出了贡献。暴动胜利后，在永和湖尾乡成立了广东工农讨逆军第十五团（后改为广东工农革命军第十二团），何亚清任团部宣传员。此后，根据组织安排，何亚清与潘火昌到大信开辟革命根据地，何亚清先后在石南、中和一带做宣传发动工作，带领穷苦农民打土豪、分田地，被群众称为出色的女宣传员。1930 年 10 月 15 日，何亚清不幸落入敌手，被折磨至死，年仅 22 岁。

第六节 反对国民党右派的斗争

没有革命的武装，便没有人民的一切。兴宁党组织领导人从革命斗争实践中认识到建立革命武装组织——农民自卫队的极端重要性。1926 年在全县建立 36 个乡农会的同时，各乡农会普遍建立了农民赤卫队，有力地打击了地主豪绅等反动势力。1927 年春，兴宁党组织为了培养农民自卫军骨干，在兴城潘家祠举办了农军训练班，主任卢惊涛，政治教官彭秋帆，军事教官陈锦华。学员在训练班里，认真学习马列主义，学习农民运动的理论及实施方法，过正规的军事生活，进行严格的军事训练。农军训练班培养了骨干 30 多人。结业后，派往各乡加强对农民自卫军的组织领导，推动了农民自卫军的发展。1927 年 4 月 12 日，以蒋介石为首的国民党右派集团，破坏国共合作，在上海发动反革命政变，开始全国性的反革命大屠杀，兴宁党组织采取了果断措施，迅速把领导机关秘密转移到小洋乡。党组织面对严峻的形势，除要求各乡抓好自卫队的训练外，领导成员分别深入农运基础较好的乡村，重点抓小洋、大成、湖尾、黄石、横江、郑岗、墨池、永和等乡农民自卫队的军事训练。蓝胜青、卢惊涛、曾不凡到永和湖尾乡后，与当地的潘英、何海、潘火昌一起，进一步扩充农军组织，更新武器，加强军事训练，提高自卫队的素质。经过一段时间的努力，湖尾、黄石乡农民自卫军发展到 160 人，小洋乡 50人，大成乡 40 人，墨池、茅塘乡各几十人。这些农民自卫队，对后来武装暴动和建立工农武装起了重要作用。

革命运动的蓬勃发展，引起了各种反动势力的恐惧和仇视，斗争日益尖锐，为了保卫革命运动，共产党在对国民党活动中提出"拥左打右"的口号，不屈不挠地与阻挠和破坏"三大政策"的国民党右派进行坚决的斗争。第二次东征胜利后，国民党兴宁县党部重新恢复了活动，委员长为陈汉新，组织部长为赖楚琦，宣传部长为赖志尧，进步青年马少援、胡燧良也在县党部工作。兴宁县党部内，分成左、右两派，右派以陈汉新为首，左派以赖志尧为首，马少援、胡燧良站在左派一边。1926年农历二月两派发生矛盾，展开斗争，到农历三月，斗争达到高潮，农历三月二十三日马少援、胡燧良上街散发抨击陈汉新的传单，为此，陈汉新恼羞成怒，勾结县警察，将两人逮捕入狱。共产党组织领导人蓝胜青闻悉，便向陈汉新提出抗议，把马少援、胡燧良营救出狱。出狱时，蓝胜青还组织群众敲锣打鼓，并亲自迎接，斗争取得了胜利。1927年春，兴宁发生饥荒，县农民协会决定禁止粮食出口。在国民党右派支持下的投机商人、贪官污吏、地主豪绅对此决定置若罔闻，仍大量偷运粮食出口。县农会即组织宁江口岸的水口盐米沙农会义勇队（自卫队），在宁江口岸上拦截偷运粮食的船只。仅二月期间，就拦截了偷运粮食出口船只数百艘。此举，对缓解群众饥荒，打击投机官商偷运粮食的行为起到一定的作用。同年春，刁坊区警察局长黄楚香多派军饷，欺压农民，辱骂农会为"农匪"，激起了当地农民的愤怒。刁坊区农民自卫队员将他扭送到区农会，转解县政府惩办。县长谢达夫受贿包庇，将黄楚香释放了，农民气愤至极。农历正月二十日，县农会召集了刁坊、坭陂、永和、福兴、叶塘等地农会及自卫队1万多人在县城南郊游鱼上水（地名）大草坪集结示威，抗议谢达夫的受贿行为，强烈要求惩办黄楚香。示威队伍先派一区农会主席黄怒青等3人与谢达夫谈判，谢达夫狡猾应付，并扣留了农会代表。于是，愤怒的农民群众涌进城内，层层包围了县政府，谢达夫被迫放出被扣的农会代表并交出黄楚香给农会处理，农民斗争获得了胜利。

1927年4月12日，蒋介石集团在上海发动了反革命政变后，4月15日，广东的国民党反动派也在广州制造了四一五反革命政变。白色恐怖笼罩着整个广东。兴宁的国民党反动派更加疯狂地向革命力量进行反扑。他们下令解散农会、工会，镇压农民运动，屠杀共产党人和革命群众。陈锦华到汕头向彭湃请示汇报工作回兴宁后，即被兴宁反动当局秘密拘捕。4月24日，赖颂祺从县农会开完会，在路上遭到6名便衣特务的围捕。事发后，党组织立即在小洋乡农会召开紧急会议，商量研究应付事变的办法，并商议营救赖颂祺，决定4月29日夜（农历三月二十八日）发动义勇队攻城劫狱营救。但会议决定被叛徒曾达基泄露了，反动派即于4月28日夜在学前塘城脚下把赖颂祺枪杀了。同时，国民党反动派为加强治安防共，在城里设立了县治安委员会。各地也设立团防局，各乡建立保甲制度，实行联防联保。他们还派出反革命武装部队到小洋下、坭陂、永和、水口、盐米沙等地进行围捕、镇压、屠杀、掠夺，无所不为，整个兴宁陷于白色恐怖之中。党组织领导人蓝胜青、卢惊涛、潘英、张超曾、沙伟文、黄佐才、张中、陈坦等被悬赏通缉，被迫分别转移到南部和北部山区进行革命活动。

4月15日，广东的国民党反动派发动反革命政变。蓝胜青、罗屏汉、潘英在广州被敌人跟踪、追捕的情况下，按党的指示返回兴宁。罗屏汉在家乡兴宁大坪白云村钦文小学以教书为掩护，继续开展革命活动。

对于国民党右派的反革命行径，中共广东区委早就保持着高度警惕并做好充分的准备。当广东区委获悉国民党右派头目于4

月上、中旬在上海举行反共会议时，判断他们必定对共产党和民众施行高压政策，遂下令各地准备起义，并指定专员分赴北江、西江、琼崖、潮梅和惠州组织指挥，中路则由省区委直接指挥，同时派专人送信给海陆丰地委，全省起义的日期定于5月初，不料国民党在14日晚即发动大屠杀，派往各地的专员，除去北江的已到目的地外，到其他地方的专员还未起程。区委为免遭破坏，以便继续领导各地斗争，决定秘密迁往香港。

在白色恐怖下，梅县地方党组织与广东区委失去了联系。为了应付当时的局势，中共梅县部委与团地委召开联席会议，讨论决定成立梅县武装斗争委员会（简称"斗委"），并马上组织工人武装，实行暴动，建立人民政权。斗委指示："……兴宁暴动以农军为主，工人、学生配合，特别要配合梅县暴动。"

5月上旬，中共兴宁特支根据广东区委5月暴动指示和梅县斗委的决定，面对敌强我弱的情况，决定利用张英武装部队与国民党反动派内部的矛盾，联合张英攻打县城。曾不凡按照党组织的决定，指派曾治中为代表、张嘉谷为随从前往麻布岗同张英商谈联合攻城事宜。经谈判，张英同意联合攻打兴城。中共兴宁特支在洋里琼林书舍开会，蓝胜青、卢惊涛、曾不凡、蓝再韩、潘英、罗屏汉等听取了曾治中的汇报后，制订了方案，部署了作战任务，决定5月18日举行暴动。具体部署是：潘英负责组织刁坊墨池乡农军50多人攻打南门；曾不凡负责组织宁中洋里乡农军40～50人攻打北门；张英负责组织攻打西门。上述决定和部署由曾治中负责通知张英。

5月18日，蓝胜青、卢惊涛、曾不凡按作战计划，率领事先集结在小洋下（现洋里村德新小学）的各路农民自卫军，高举犁头大旗，手持枪械、长矛、大刀向县城进发，农军指挥部设在城东白衣庵，战斗命令下达后，曾辉球猛吹进军号，潘英等率领曾灶生、何海、曾治中、曾观莲、潘火昌、沙大旭、吴祥和等 27 名敢死队员，曾焕康高举犁头大旗，从和山坳直奔保障关（东门外）。当农军抵达马鞭岭时，发现东城门已关闭，只得凭借两层楼的保障关向城墙守敌射击，因敌火力猛烈反扑，农军无法继续前进。原来，张英的敢死队张略等 12 人已于 17 日晚抢先从西门入城，遭谢家祠守敌一个连密集的火力阻击，张略中弹而死，余部被赶出西城门。与此同时，敌人迅速关闭了东南西北城门，固守顽抗。当张英率部 400 余人到达城下时，天下大雨，城壕尽没。暴动队伍无攻坚武器，只得在城外向守城之敌射击。在敌军据守、暴动队伍攻不进去的情况下，张英首先撤兵，各路农军也先后撤出阵地，首次攻城暴动失败。湖尾乡农协缝制出来的兴宁农民协会的镰斧红旗未及带走被敌夺去，倒悬县政府门前，历时月余。

兴宁"五一八"暴动虽然失败了，但它向国民党反动派打响了第一枪，揭开了兴宁人民以革命武装反抗国民党反动派的斗争历史，有力地打击了国民党的反动嚣张气焰，显示了兴宁党组织不畏强敌、敢于斗争的革命精神。此次暴动，也引起了国民党反动派的惊慌和仇视。他们出动大批军警、特务到小洋乡、大成等地日夜搜捕，肆意烧杀抢掠，被捕者达 200 多人，不少共产党人和农军骨干如曾灶生、曾进兰、沙南斗等惨遭杀害，兴宁城乡笼罩在白色恐怖之中。面对国民党反动派势力的疯狂镇压，中共兴宁组织从小洋乡转移到福兴梅子坑胡燧良屋，并改变了斗争策略，把革命的主要力量和活动据点，从城镇转移到农村、山区，深入发动群众，巩固和发展农民协会，建立革命武装，准备再次举行武装暴动。6 月，全县各区乡都举办了夜校，以群众喜闻乐见的民歌形式宣传革命道理，启发农民的阶级觉悟。这个时期的宣传中心是"革命到底！打倒蒋介石！打倒南京政府！实行耕者有其田！平分土地！拥护共产党！实行赤色恐怖！"等。同时，在各区乡大力训练农民自卫队，并成立基干队。当时，基干队在坭陂、永和、水口、罗岗、大坪等地经常袭击反动团防，狠狠地打击了团防头子的反动气焰，壮大了革命声势。为了防止国民党反动派的破坏，党组织在农村还以开设书店作掩护，建立秘密联络点，如罗屏汉与蓝再韩一起，在大坪开办了爱谊书局，在叶塘开设了新民书局。

第三章

土地革命　暴风骤雨

举行暴动 建立工农武装

大革命在全国遭到失败后，1927年8月1日，为了反抗国民党反动派对共产党和革命派的血腥镇压，中共前特委书记周恩来和贺龙、叶挺、朱德、刘伯承在南昌举行起义，向国民党反动派打响了第一枪。8月3日，中共中央又制定了《关于湘鄂粤赣四省农民秋收暴动大纲》，决定在大革命时期工农运动基础较好的湘、鄂、粤、赣四省举行秋收暴动。8月7日，中共中央为纠正党在大革命后期的严重错误，决定新的路线和政策，在汉口召开紧急会议（即八七会议）。八七会议是由大革命失败到土地革命战争兴起的一次历史性转变的会议。中共中央临时政治局派出许多干部到各地传达八七会议精神，指导工作，恢复及整顿党的组织。20日，由张太雷主持召开广东省委会议，传达了八七会议精神，通过了《拥护中央紧急会议之决定》，同时正式成立了中共广东省委。

兴宁"五一八"暴动失败后，中共兴宁特别支部书记蓝胜青与罗屏汉前往广州向中共广东区委汇报请示工作。返兴后，蓝胜青、曾不凡、刘光夏、卢惊涛等分别到福兴梅子、永和湖尾、水口盐米沙和北部山区的罗岗、大坪等地开展革命活动，为鼓动农民暴动而努力工作。党的革命活动形式由大革命时期的公开活动转为秘密活动，建立革命据点和秘密的联络站，以适应形势变化。同时，中共梅县部委组织委员陈启昌和杨雪如、古柏3人去武汉见到彭湃。彭湃向他们传达了中央军委的指示，要他们回东江重新恢复兴梅地区的武装，举行暴动。8月下旬，陈启昌、杨雪如从武汉回到兴宁，向蓝胜青等传达了八七会议精神，研究决定发动第二次农民武装暴动，攻打兴宁县城，以贯彻党中央和广东省委关于在广东举行秋收暴动的决定和策应南昌起义军南下广东。

中共兴宁组织根据中共梅县武装斗争委员会关于"兴宁暴动以农军为主，工人、学生配合"的指示，把工作重点转入农村，深入发动群众，加快建立武装组织。"五一八"暴动失败后，中共兴宁特支于7月从宁新小洋乡秘密转移至福兴梅子坑胡燧良家中，继续做好暴动准备工作。中共梅县部委派联络员萧向荣到梅子坑敬义小学代课，以教书为掩护，指导兴宁的农民运动。八一南昌起义前夕，在武汉中央军事政治学校训练的刘光夏根据组织指示，返回兴宁组织武装斗争，他按梅县部委指示和党的领导人蓝胜青、农运领导人卢惊涛、武装斗争领导人潘英取得了联系，传达了秋收起义精神，加紧了暴动的准备工作。首先，抓紧训练各乡农民义勇军，将在兴城潘家祠农训班毕业的学员调整到各乡组织农民义勇队，进行军事训练，提高农军的军事素质。其次，积极组织农军烧制火药，自制引线，赶制土炸弹，筹集枪支弹药等。为扩充武器，蓝胜青派胡芹芳（胡燧良之父）、胡维鑫父子等到五华购买土造步枪一批。武器运回后，蓝胜青详细检查，并在山林中进行试射。此外，还派人剪断敌人电话线，使城内敌人通讯频频中断。为了掌握敌情，党组织指示城内青年团员，密切侦察敌情，搜集城内敌人兵力、武器部署等情报，为武装暴动做好准备。当了解到国民党兴城驻军在罗岗追击张英，兴城力量空虚的情况后，兴宁党组织立即作出攻城暴动的决策。与此同时，党组织领导人还布置城内共产党员、团员和进步学生预先把自制的土炸弹运到城内张和祥家娜嬛第，在农军进城后使用，同时做好内应工作。

1927年8月下旬起，中共广东省委在全省范围内再一次掀起了武装起义的高潮——秋收起义。东江地区的潮阳、普宁、海丰、五华、大埔、梅县等地相继举行起义，有力地打击了国民党反动派的嚣张气焰，接应了南昌起义部队的南下。兴宁在这一时期同样举行了计划中的武装起义——"九三"暴动，并取得了胜利。

1927年9月1日，中共兴宁特别支部主要领导人蓝胜青、刘光夏、卢惊涛、曾不凡、潘英等在福兴梅子坑胡屋召开了干部会议，中共梅县部委组织委员陈启昌在会议上传达了中共中央八七会议指示，决定举行"五一八"暴动后的第二次攻打兴宁城的武装暴动。在会议上，制订了行动方案，确定湖尾乡、小洋乡、大成乡、茅塘乡、黄石乡和乐仙乡等地农民自卫队员与城内学生联合行动。9月2日，攻城武装队伍集中在梅子坑，蓝胜青主持攻城誓师大会，并宣布了战场纪律：（1）行军时不准讲话；（2）进城后非有任务不准入民房、商店；（3）所有缴获要归公。晚上9时许，蓝胜青、刘光夏、蓝再韩、胡燧良等率领武装队伍200多人，携土造单响步枪17支及短枪4支及粉枪、马刀和自制的土炸弹130多颗，沿城南方向的中心坡、树桥坝，过南济桥到南门坛游鱼上水。同时，县立中学中共党员教师李一啸和团员张和祥、伍晋南等带领学生20多人，预先埋伏在城南门口内的娜嬛第。当晚12时，蓝胜青、刘光夏等率领农民义勇队分三路冲锋攻城。首先由潘英、胡燧良、张洪生、王亚金、马少援等10多人组成的攻城先锋队扛着用两副竹梯驳成的云梯直插城南门西侧，登上城墙，进入城内。其时，埋伏在城内的学生在李一啸、张和祥、伍晋南率领下，个个奋勇当先，携带斧头、铁铲、土制炸药包，积极配合，一面与潘英带领的先锋队会合砸开城门，让义勇队冲进城内，一面在煤油桶中燃放鞭炮，佯作枪声助威，并猛吹冲锋号，大呼

"叶、贺大军来了"。敌人闻风丧胆，惊恐万状，躲的躲，逃的逃，一片慌乱。驻守在西城楼的陈楚麓武装队伍向东门逃去。蓝胜青、刘光夏率领农军占领县警察局后，在司前街门口与县自卫队激战了一阵，毙敌 2 人，敌人无心恋战，仓皇逃命。县长廖森圃从县政府后面越墙逃窜。凌晨，附城的农民义勇队 100 多人手执武器亦来支援。至 3 日拂晓，农民暴动队伍占领全城。这次暴动缴获很多战利品，计有长短枪 200 多支，子弹 1000 多发，县政府铜印一枚，并开监释放囚犯 100 多人。上午 12 时，在县衙西花厅，由刘光夏宣布成立兴宁县苏维埃政府，主席蓝胜青，武装部长刘光夏、农运部长卢惊涛、工运部长曾不凡、文教委员蓝再韩、秘书邓亨华。县苏维埃政府贴出安民布告和标语。同时，还迅速向县商会筹获军饷 2000 元。当天下午 4 时，农军获悉逃窜到和山一带的陈楚麓反动商团武装正调动力量向起义军反扑，为了保存实力，避免与敌人决战，蓝胜青、刘光夏决定率领起义队伍主动撤出县城，转移到永和湖尾乡。

兴宁"九三"暴动是整个广东继夏季讨蒋起义后举行的秋收暴动的组成部分，比毛泽东等领导的湘赣边的秋收起义（1927 年 9 月 9 日）还要早 6 天；比彭湃领导的海陆丰农民起义（1927 年 10 月 30 日）也早近两个月。其时，中共中央政治状况报告中指出："……东江各县曾被反动政府镇压下去，但是 8 月底，叶贺部队接近广东，农民又起来奋斗。……梅县、兴宁、松口等处根据报载也有农民暴动兴起。"1927 年 9 月 13 日，《中共广东省委对琼崖工作的指示信》中，特地通报表扬说："东江各县如海丰、兴宁、五华、普宁、潮阳、揭阳、梅县农军都已先后起义……"文中所指的兴宁暴动，就是这次轰动整个广东乃至在全国小有名气的"九三"暴动。由此可见，兴宁"九三"暴动不但是整个广东秋收暴动的组成部分，而且已得到中央、省委的充分肯定。

"九三"暴动的胜利是在八七会议精神鼓舞下和在中共兴宁特别支部领导、策动下，总结吸取"五一八"暴动失败教训，认真做好准备工作，有组织、有计划、有领导的革命武装暴动。

"九三"暴动的胜利，充分显示了中共兴宁组织在革命转折关头的革命胆略、斗争艺术和坚强毅力。这次暴动是中共兴宁组织对国民党反动派的一次英勇反击，也是中国共产党寻找革命道路的一个组成部分。不仅狠狠地打击了敌人的嚣张气焰，而且极大地鼓舞了人民的革命斗争士气，为粤东北地区人民树立了武装斗争的旗帜，为创建工农红军、建立农村革命根据地和开展革命武装斗争奠定了基础，有着深远的政治意义。

毛泽东同志在八七会议中强调指出，今后党要非常注意军事，须知政权是由枪杆子中取得的。兴宁党组织从"五一八"暴动失败的教训中，醒悟到建立革命武装的极端重要性。因此，攻城胜利后，暴动队伍撤至永和湖尾的次日，便根据中共广东省委关于"工农普遍武装起来，并依军事编制组织之"的指示，成立广东工农讨逆军第十五团，后根据中共中央南方局和广东省委联席会议关于"全省工农讨逆军改为工农革命军"的指示，在同年11月改称为广东工农革命军第十二团，团长刘光夏，党代表蓝胜青，参谋长卢惊涛（后周易灵、刘通玉），政治部主任曾不凡（后刘振涛，即罗坤泉代），军事教官舒敬舒，军需陈瑞权，庶务胡燧良，宣传队负责人曾不凡（兼），队员有蓝再韩、罗毅雄、伍晋南、张志岳、赖汉衍、曾宪珠、马少援（后任通讯组长）等。团保卫员张观佑、张海。第一大队长兼第一中队长潘英，副中队长黄佐才；第二中队长何海，副中队长张维；第三中队长刘连华、副中队长何映辉；第四中队长张洪生、副中队长陈水秀。其中第一中队下设3个小队、9个分队，小队长分别为潘维雄、沙蔚文、余鼎传，分队长分别为罗肇庆、潘火昌、梁甫君、李福权、戴焕标、凌春木、余胜标、周其、陈焕元，中队部特务长罗彩春、司书罗汉杰、勤务兵周松、工友余亚三等4人，共有57人。第二至第四中队的小队长分别为胡志夫、潘生、缪汉庭、潘新辉、曾汉屏、曾灶生、陈凯良等。第十二团团部设中共兴宁特别支部，特支书记蓝胜青（兼），第十二团的主要武器有驳壳枪12支、左轮手枪3支、长枪120余支。第十二团驻水口别动队（约50人），队长刘通玉，副队长曾国良，党代表刘振涛（即罗坤泉），小队长刘云郎、刘水泉。(1928年2月，该别动队并入第十二团。)同时，兴宁北部建立一支游击队（又称上半县支队），负责人罗屏汉，成员有罗柏松等8人。这支以农民、知识分子为主的崭新的工农革命武装，政治素质好，革命立场坚定，具有较强的战斗力，从团领导人到中、小队长，有黄埔军校毕业生，有广州农讲所学员，有经历过省港大罢工的工人，有东征军留下的干部，他们都是部队的中坚。特别是团部建立中共特别支队委员会，这就保证了党对部队的绝对领导，使这支在战斗中诞生的工农革命武装，有力地打击了国民党反动派。

第十二团全体官兵在艰难曲折的战斗历程中都能英勇顽强地战斗。部队成立后在径心兴风寺经过短期整训，便投入了战斗。1927年9月，南昌起义队伍贺、叶大军由闽西打入广东大埔、梅县。第十二团决定挺进梅县与贺、叶大军会合。9月26日，第十二团经兴宁径心进抵梅县南口，攻打南口自卫队，缴获长枪32支、驳壳1支，取得了首战胜利。不料部队正在南口埋锅做饭时，突然遇到国民党潮梅镇守廖鸣欧部一个连由梅县调往兴宁，在南口圩侧发生遭遇战，双方激战约半小时，第十二团被冲击而散，撤到宝山集合时，全团仅剩50余人，后又陆续回来一些人。但是，接着又遭到陈楚麓反动商团的攻击，部队只得退回湖尾，采取日散夜集、化整为零的战略，开展游击活动。

10 月，第十二团从永和湖尾、径心一带转移到宋声的茂坑、叶塘的朱子莱，丰顺的贵人村、八乡山，五华的布尾、郭田等地打击国民党反动派，镇压土豪劣绅。其中，在径心的大平寺，第十二团曾与反动商团陈楚麓部进行激战，击毙陈部 10 多人，俘敌 4 人，缴获枪支 20 多支。在袭击龙川赤岗警察局的战斗中，击毙敌军 26 人，缴获枪支 5 支。进攻梅县畲坑区署战斗中，缴枪 4 支，活捉区长 1 人。龙北铁山嶂一役，毙敌 10 多人，缴获步枪数支。

11 月间，第十二团驻扎石马，改由周易灵担任参谋长。不久，刘光夏因病住在家里，周易灵发动兵变，趁蓝胜青、蓝再韩赴石马圩时，指使何映辉等人扣押了蓝胜青、蓝再韩，缴了他们的枪，自封为团长，准备把队伍拉上大山做山大王。在这危急关头，潘英、舒敬舒、陈瑞乾、陈斐琴等人秘密商量，请示刘光夏、蓝胜青后决定了应变对策。在一个深夜，潘英带领何其亮、王桂龙两人连夜赶到周易灵的营房里，乘其不备，果敢地抓获周易灵，把其枪毙，彻底粉碎了周易灵叛变夺权的阴谋，使第十二团转危为安。

1928 年 1 月 10 日，刘光夏率第十二团到达宋声茂坑、八乡山蒿头，准备与古大存部队会合。其时广东军阀张发奎部和陈铭枢李济深部在五华岐岭至老隆铁场一带混战。中共兴宁县委认为这是武装暴动的极好时机。蓝胜青、刘光夏率领第十二团准备与丰顺郑天保的第十团联合消灭水口、新圩、坭陂三区的反动武装，然后进攻县城。但是，当第十二团赶到水口时，丰顺第十团因参加梅县松口暴动而没有到位，使原计划不能实现。

同年 1 月 15 日，卢惊涛在石马组织工农革命军独立第六团，全团共有 80 余人，卢惊涛自任团长，在石马一带开展武装斗争。由于离开主力队伍，孤军作战，很快被反动武装打垮。24 日，卢惊涛被叛徒出卖，在石马秀水被捕，解押兴城。在审判席上，卢惊涛英勇无畏地揭露了国民党反动派及地方官僚陈欢棠、谢达夫的罪恶行径。27 日，敌人在风雨交加的情况下，惨无人道地剥去卢惊涛的外衣，将卢惊涛缚在电线杆上示众，但卢惊涛坚贞不屈，仍对路人慷慨陈词，坚信革命始终胜利。28 日，在南门刑场上壮烈牺牲。

至同年 2 月，第十二团的武装力量有了发展，计有短枪 15 支、长枪 120 多支。转战在五华郭田、布尾，丰顺贵人村，龙川赤岗和兴宁径心、水口、宋声、叶塘等地区，击溃了敌人的多次"围剿"，打死打伤敌人 100 多人，全县土豪及反动商团大为震惊。

第十二团成立后几个月的军事活动，震惊了兴梅地区的国民党反动派，兴宁自卫大队先后多次到径心兴凤寺、永和湖尾等地"围剿"，均一无所获。敌人恼羞成怒，贴出布告，并行文广东省政府转饬各县，悬花红 200 至 1000 元通缉所谓"兴宁共匪头目"刘光夏、蓝胜青、曾不凡、陈锦华、潘英、刘通玉、陈瑞权、胡燧良等。

第二节 建立县区党组织 开辟革命据点

第十二团"石马内变"后，刘光夏、蓝胜青等人把部队转移到永和湖尾乡驻扎。此后，为健全和加强党的领导，适应斗争形势的发展需要，于1927年12月，成立了中共兴宁县委员会，书记蓝胜青，委员有刘光夏、陈锦华、潘英、曾不凡、陈水秀、舒敬舒、罗毅雄（罗晓维）等，组织部长罗毅雄（兼）。下设党组织有罗浮区委（1个支部）、水口区委（含水口支部、新圩支部、坭陂支部）、附城区委和团队特别支部（有4个党小组）以及石马特别支部（有2个党小组）。全县有党员120余人。

中共兴宁县委成立后，党组织领导人认识到要使革命取得胜利，就必须深入发动群众，善于发动群众，积极领导群众抓好经济、政治斗争。绝不能存在单纯军事观点，不能不要群众，不顾群众，盲目乱干，不能硬拼硬打。要深入接近群众，耐心教育群众，开展各种形式的斗争，不断扩大党的影响，积蓄力量，把工作恢复和发展起来。根据这个认识，县委决定在普遍恢复和发展各地革命组织的基础上，特别要加强山区工作。县委领导等分别到与五华、丰顺、梅县交界的南部山区宋声、下堡、新圩、水口等地与龙川、寻邬（隶属江西省）、平远相邻的大坪、罗岗、罗浮、黄陂（含现有的黄槐）边远山区发展党员，建立党组织和农会及革命武装队伍，把群众普遍发动起来，开辟革命新据点。

早在大革命时期，永和湖尾乡就掀起了轰轰烈烈的农民运动，成立了农民协会。四一二反革命政变后，国民党反动派开展血腥镇压，兴宁党的领导人转移到湖尾乡，使湖尾成为革命的一个重要据点。"九三"暴动后，暴动队伍转移到湖尾乡，在那里建立了兴宁第一支革命武装队伍——广东工农革命军第十二团，湖尾乡的革命烈火越烧越旺。1928 年 1 月，兴宁第一个乡苏维埃政府——永和湖尾乡苏维埃政府宣告成立，主席潘英，副主席潘火昌（兼管财粮），武装委员潘新辉，民政委员潘焕昌，妇女委员丘友招。永和湖尾乡苏维埃政府的成立，对兴宁县乃至粤东北地区建立人民政权、开展土地革命斗争起到示范作用。1928 年春，第十二团撤离湖尾乡后，党的领导人又分别到其他山区开辟革命新据点。国民党反动派集结敌军 1 个连，伙同商团治安队 100 多人袭击湖尾乡，实行血腥镇压。湖尾乡革命者被捕被杀及战斗阵亡 28 人，其中潘火昌全家 9 人，6 人被杀，房屋全部被烧毁。

早在 1927 年 8 月，从武汉回来的刘光夏到水口盐米沙开展革命活动，播下革命火种。10 月，刘光夏率第十二团到水口、宋声等地期间，水口人民的革命热情更加高涨。是年冬，各乡开始建立农会和赤卫队，响亮地提出"打倒贪官污吏""抗租抗债""铲除土豪劣绅""平分土地""废除买卖婚姻"的斗争口号。1928 年春，刘光夏率刘云郎、张亚仁、薛飞等 10 多人到宋声璜江白石庵一带开展革命活动，先后在宋声、茂兴、坪畲等地成立农会和赤卫队，并在宋声古塘周屋举办农训班，组织农会会员学习和操练。1 月 13 日，中共水口区委会成立，区委书记古汉中、县委委员舒敬舒参加了水口党员大会。2 月初，在国民党反动武装的猖狂围捕下，中共兴宁县委机关从永和湖尾转移到水口小峰乡。县委机关报《红旗报》及其宣传品，在这里印刷出版，然后分发县属各地。2 月 14 日，在水口的县委机关被敌人破坏，县委委员被迫分散到全县各地秘密开展活动，第十二团和地方农民武装也受到反动武装的"围剿",革命家属也受尽迫害。据统计,各乡被国民党反动派逮捕的有 500 人以上,被杀害 100 多人,其中革命家属 20 多人,使革命据点的乡村十室九空,百姓逃亡。水口革命据点的革命斗争一度受到挫折。后来,在党的领导下,仍然掀起了如火如荼的土地革命战争,使水口革命据点地成为兴宁土地革命战争的重要根据地。

1927 年初,共产党员罗屏汉在大坪区公开建立大坪革命青年会,宣传教育群众,为党培养了一批革命骨干。后来,他根据形势的变化总结了以往的经验教训,在发展党团及农会组织时,采取了"以亲串亲,以邻串邻"的做法。同年 8 月,罗屏汉以同学关系介绍蔡梅祥入党后,蔡梅祥即以黄坑村为活动据点吸收朱金灵等 8 人入党,成立了黄坑党支部。1928 年 2 月,罗屏汉与蔡梅祥等采取同样的办法,先后建立了以杨友秀为支部书记的大坪黄沙塘党支部和以罗茂生为主席的黄沙塘乡农会及赤卫队。随后,在吴田、布骆、岭背河和罗岗的甘村、霞岚、四德一带从事革命活动,发展了党员,建立了党组织和农会、赤卫队。

1928 年 6 月,罗屏汉以大坪培桂斋私塾为据点,吸收罗文彩、钟德清等 20 多人加入党团组织。7 月中旬,罗屏汉与罗文彩以探亲为名到三架笔建立了以杨金兰为支部书记的三架笔党支部和农会及赤卫队。下旬,罗屏汉又与罗文彩到龙川大塘肚钟德清家里,以复习功课为名,串连发动群众,迅速建立了大塘党支部、农会和赤卫队。随后,县委派陈锦华及蓝亚梅、潘火昌、蓝再韩、蔡梅祥、张国标(张海)、张瑾瑜、胡燧良、曾彪等陆续来到大塘肚。他们住在双头山雷公坑,夜里到各村做发动群众工作。先后在双头山、黄沙塘、潘洞、练优等村成立了党支部、农会和赤卫队,领导农民开展减租减息斗争,大塘肚附近的兴龙边境,发展为重要的红色据点。

当兴宁的土地革命运动不断发展的时候，革命的烈火也迅速地燃烧到罗浮一带。1927年9月，在曾不凡领导下，罗浮岩前的作泥畲成立了岩前党支部，支部书记赖镜明，委员有刘思振、刘亚章、赖佑民，共有党员5人。1928年初，革命组织发展到大信的瑶兴、中和，罗浮的石南、上下畲，罗岗的溪联（竹牙寮）、溪美村，普遍建立了党的组织和农会，党员人数不断增加。1928年4月，县委派陈锦华、罗屏汉、潘火昌等到罗浮上下畲和石门村一带开展革命活动，在石门村成立了广东省工农革命军第十二团第三营（后改为红军第三营），营长罗屏汉，政委潘火昌，全营有100多人。五六月间，罗浮团防头子陈尧古等进攻上下畲革命根据地，罗屏汉、潘火昌率领根据地军民奋勇杀敌，取得了胜利。

以兴龙边境大塘肚为中心的革命据点和以兴寻边境大信为中心的革命据点的创建和发展，为兴宁土地革命斗争日后的战略性北移，掀起轰轰烈烈的土地革命高潮，巩固五兴龙苏区，使之成为粤东北苏区的中心，与赣东南、闽西苏区连成一片，形成范围广阔的闽粤赣苏区，并成为中央苏区的重要组成部分打下了基础。

第三节 第十二团解散与党组织的壮大

各地革命活动的开展,特别是第十二团的频繁打击敌人,使敌人加紧了对革命力量的镇压。国民党反动当局大力加强其反动统治,除国民党宋世科团驻军外,潘明星的县警备大队增至200多人,陈楚麓反动商团的县警备武装由七八十人增至150人。各乡均建立民团,实行保甲联防制,敌人经常派出军队或反动商团到各区乡进行搜捕,烧杀抢掠,破坏革命据点。

第十二团建立后,一直转战于兴宁各地以及兴宁与梅县、丰顺、五华等县边区。1928年3月上旬,第十二团在径心与国民党兴宁县自卫大队发生遭遇战,蓝胜青指挥队伍奋勇杀敌,击毙敌副大队长及卫士,自卫大队全线溃退。第十二团获胜后,当晚急行军经永和、龙田,一早到达叶塘留桥,吃完早饭,即向叶塘朱子莱进发。当日抵达朱子莱时,敌人闻讯,出动宋世科团一个营,陈楚麓商团及钟宝鉴、陈必显民团共约600人,四面包围了朱子莱。刘光夏率部分兵出击,激战一个中午,打死敌人七八人,伤10余人。第十二团潘旺生牺牲,敖景象受伤。第十二团撤出战斗后,向龙川石坑转移,本欲绕道到罗岗、罗浮地区,到龙川赤岗时,第十二团突袭赤岗区署,缴获10支长枪,筹缴了一批粮款。稍作休整后,直往龙川细坳圩,途中遭到当地民团伏击,死伤数人。大家感觉来到龙川,情况不明,得不到群众支持,决定折返兴宁。这时,第十二团的经费、子弹缺乏,反动军队又四面包围而来，不得已又退回叶塘掌鸭塘。3月下旬的一天晚上，部队在叶南筠竹曾不凡屋召开会议，分析了敌我形势，认为应以化整为零、分散目标才能坚持斗争。并要求大家暂时投亲靠友，暂作埋伏，伺机再起。当晚，刘通玉、舒敬舒、刘进玉等几十人即离队回水口隐蔽，路经附城时被敌人发现，刘进玉等10余人被捕，均惨遭杀害。同时，蓝胜青、刘光夏、蓝亚梅、潘英、丘玉招、陈锦华、罗毅雄、罗坤泉、蓝再韩、刘道灵、张海、张观佑等即转移到叶南欧排塘巫屋。后来，陈锦华、罗毅雄、罗坤泉又奉命分散离队。

3月27日，第十二团部分武装又在叶塘圩集中，捉了2个土豪到达龙川霍山。4月，为了适应斗争形势的需要，五（华）兴（宁）龙（川）三县党员代表协商成立中共五兴龙临时工作委员会（简称"临委"），叶卓为书记，蓝胜青、刘光夏、古清海为委员。4月3日，兴宁、五华、龙川三县反动军队及民团1000多人联合围攻驻在霍山的三县革命武装。刘光夏、蓝胜青率队与敌激战，奋力冲杀，第十二团的刘道灵、罗肇庆等30多人壮烈牺牲，伤八九人，终因敌众我寡而仓促撤退。在撤退途中被捕和牺牲数人，第十二团第一大队第一中队的官兵花名册和枪支弹药册亦在战斗中丢失。当晚，部队撤退到掌鸭塘开会，县委书记蓝胜青认真分析敌我形势，认为第十二团东征西讨各地，是犯了"军事投机主义的错误"，不能切实领导农民实行土地革命。同时鼓励大家说："低潮总会过去，我们要保全有生力量，准备和创造新的革命高潮。"并决定暂时解散队伍，把长枪隐藏起来，少数短枪仍集中活动。会后，把部队分散到丰顺的赤岭、叶田、九龙嶂、八乡山和本县南北山区进行创建根据地的活动。第十二团解散后，蓝胜青转移到梅子坑一带开展活动，并与罗浮大信等地保持联络；刘光夏、蓝亚梅等20多人转移到九龙嶂；陈锦华、罗屏汉、潘火昌等转移到大坪双头山、罗浮上下畲一带建立革命根据地，开展土地革命和武装斗争。

第十二团解散后，中共兴宁县委书记蓝胜青于同年4月25日撰写报告，派黄佐才、敖景象两同志到香港向省委报告兴宁革命斗争情况和以后斗争计划。报告主要内容有："关于未通讯原因，政治方面及其政策，党内组织工作，工作计划，农运情况及策略，军事胜利，经费困难，过去工作中错误。"为此，中共广东省委连续发（兴宁第一号、第二号）致兴宁县委信，要求"纠正以前工作错误，发动群众实行暴动"；"整顿党组织，发动民众、士兵运动"。6月，中共兴宁县委根据省委指示，在潮梅特委领导下进行组织整顿，改组了兴宁县委，指派梁大慈（梁干乔）担任县委书记，县委委员有黄佐才、蓝胜青、刘光夏、陈锦华、胡凡尘、曾不凡等。同时对农村基层党组织也进行了整顿。同年夏，刘光夏率领原第十二团的部分官兵在九龙嶂与五华、丰顺工农武装及红四军留下的一个连合并成立红四十六团；在古大存领导下成立了五（华）兴（宁）丰（顺）梅（县）大（埔）五县暴动委员会，古大存为暴委主席，李明光、郑天保、刘光夏、黎凤翔、张家骥为委员。暴动委员会在九龙嶂、八乡山等地领导五县土地革命和武装斗争工作，发动农民组织农会，恢复据点，准备暴动。后来，在成立五县暴动委员会的基础上，古大存与揭阳、潮安党组织协商，成立中共梅（县）兴（宁）丰（顺）（大）埔五（华）揭（阳）潮（阳）七县联委，古大存任书记，刘光夏为委员之一，为创建八乡山根据地作出了贡献。

10月21日晚，在兴宁神光山下的梅子坑胡屋召开有地委联络员参加的兴宁、龙川、五华、梅县、丰顺五县革命领导人联席会议，商议"五县联合暴动"问题。到会代表有蓝胜青、胡燧良、张观佑、陈锦华、罗凯元、卢党民、骆均光、萧向荣（中共梅州地委联络员）等 10 多人。会议被敌人发觉，兴宁县政府派反动武装 100 多人到梅子坑胡屋围捕。当时与会代表仅有六七支驳壳枪，在这危急情况下，县委书记蓝胜青决定由胡燧良兄弟两人带代表从后山突围出击，自己留下作掩护。在掩护同志们撤退中，蓝胜青与敌人激战多时，身负重伤，但他坚守阵地，打击敌人，同时又命令要求背他撤退的警卫员张观佑撤退，仅留下自己摸黑爬到一个崩岗里潜伏起来。翌晨，兴宁国民党反动当局加派重兵，四面包围，严密搜捕。蓝胜青面对凶恶的敌人，击毙两个敌人后，自己连中敌数弹而壮烈牺牲。

10 月下旬，中共兴宁县委在畲坑九龙嶂召开县委（扩大）会议。会议由刘光夏主持，会上传达贯彻了广东省委关于建立农村革命根据地，进行土地革命斗争的指示精神；通过了整顿健全县委和成立各区区委的决定，选出了新的县委领导班子，县委书记刘光夏，县委委员有陈锦华、罗屏汉、潘火昌、黄佐才、沙伟文、胡凡尘、曾不凡、蓝亚梅等。下设 10 个区委，其中有永和区委，书记张汉凤（张超曾）；坭陂区委，书记沙伟文；水口区委，书记古汉中；刁坊区委，书记曾笃民；新圩区委，书记陈××；大坪区委，书记朱采莲；龙田区委，书记黄雨斋；附城区委，书记王公珏；罗岗区委，书记蔡梅祥；罗浮区委，书记黄国英。

通过整顿健全党的组织，各位同志特别是党的领导干部，在困难中看到希望，增强了信心，深入到广大农村积极开展革命活动，发展党的组织，增强党的力量。1928 年冬，县委派张汉凤、罗宗秀到附城区开展活动，使附城区的党团组织得到恢复和发展。附城区巫公岭碾米厂、福兴、林陂岭、梅子坑 4 个党支部得到恢复和发展，有党员 30 多人。共青团组织发展了理发店工人 2 人入团和木匠工人 1 个团支部，县立中学 1 个团支部，兴民中学 1 个团小组，巫公岭碾米厂工人 1 个团支部，共有共青团员约 40 人。

此外，在县警备队中有共产党员李雄。同时，在张汉凤、张中、陈坦、谭淦等人的积极发动下，永和大成下一带的农会和赤卫队也很活跃，成为地下党的红色据点。从九龙嶂到大成下，从大成下经县城和济堂药材店，到大坪、罗岗、罗浮、大信形成一条红色交通线。一到夜间，党团干部和武装人员一站转一站地安全往返，畅通无阻。

1929 年夏，共青团兴宁县第一届代表大会在九龙嶂召开。会议由团县委书记李斌主持。陈坦、廖立民、张兆兰、张瑾瑜等出席了会议。红四军政治部主任陈毅恰逢到会指导。李斌任团县委书记，李斌调走后，改由罗汉麟担任。同年秋，城区成立区党委，CY（团）区委书记李戈伦代理，委员有廖立民、李又华，下属有县立中学团支部、枫岭团支部。同年 6 月，谭淦吸收朱庆荣等 7 人入团，成立了福兴乡团支部。

同年 8 月，中共兴宁县委在九龙嶂赤溪召开党员代表大会，会议由陈锦华主持。会上传达了上级党委关于开展农民运动和武装斗争的指示精神，进一步调整和健全了县委组织。县委书记陈锦华，县委委员有罗屏汉、李斌、龚楷、潘火昌、胡凡尘、沙伟文、黄佐才、蓝亚梅等 9 人，候补委员 2 人。黄佐才兼任县委组织部长，他在会上就如何发展党团组织问题作了发言。县委决定，全县成立 9 个区委和 1 个中心区委，其中：永和区委，书记张振时；龙田区委，书记吴雨斋（后为袁湘庭）；罗浮区委（即第五区委），书记黄国英（后为刘思振）；水口区委，书记古汉中；新圩区委，书记陈××；大坪罗岗区委，书记蔡梅祥；刁坊区委，书记曾笃民；坭陂区委，书记沙伟文（后为张超曾）；附城区委，书记王公珏（后为谭淦）；不久成立永坭区委，书记张超曾（后为陈坦）。其时，党的组织和农会等群众组织大发展。据《中共东江特委给省委的报告》所述："兴宁：县委委员 9 人，候补委员 2 人，常委 5 人，书记 1 人；区委正式 9 个，未成立 4 个，全县 17 个区；支部 77 个，计同志（即党员）729 人，其中成分：工人 12%，农民 74%，士兵 5%，知识分子 9%，短枪驳壳 15 支，洋枪 60 支，武装组织 2330 人，群众组织农民 6396 人，工人 400 人。"

第四节 建立革命根据地　开展武装斗争

在按省委指示，整顿、健全、恢复、发展党团组织的同时，县委领导人刘光夏、陈锦华、罗屏汉等按照省委建立农村革命根据地、开展农民运动和武装斗争、进行土地革命的指示，各自奔向兴宁南北山区，深入发动群众，建立党政群组织和武装组织，开展武装斗争，实行武装割据。在原有革命据点的基础上，兴宁党组织先后建立了以水口、大坪与大塘肚、大信、新村为中心的四大块革命根据地，这些根据地既独立又密切联系，以这些地方为中心，在周边积极开展武装斗争和土地革命，使之成为五兴龙苏区，乃至粤闽赣苏区（中央苏区）的重要组成部分。

一、水口革命根据地的创建与斗争

水口革命根据地与梅县、丰顺、五华相连接，其中宋声坪畲村为根据地的出入门户。这些地区，以狮子岩山为中心，九龙峰、八乡山为依托，到处崇山峻岭，群众基础好，在战略上有利于防守反击。自 1927 年秋，刘光夏在这里点燃革命烈火后，群众的革命热情越来越高涨。1929 年 4 月，水口区苏维埃政府在宋声古塘村成立。主席杨金满，副主席张亚元、周丙坤，政府委员有张清锦、张亚坤、刘金灵、丘保森（文书）、刘远青、郭崇、谢国标等。接着，各乡相继建立苏维埃政府。各乡苏维埃政府主席分别为：宋声，周坤郎；坪畲，黄亚丙；茂兴，薛亚坤；叶畲，杨开郎。同时，还成立了区赤模队（由赤卫队骨干组成常备赤卫队，叫模范队，简称"赤模队"），队长刘云郎。下设3个中队，第一中队长刘云郎（兼）；第二中队长廖火郎；第三中队长黄仿延。每个中队约百人。区赤模队教练官为彭用民、李云和、陈济民等。先后在古塘、寨上、黄沙洋等地驻扎训练。这是兴宁第一个区级红色政权组织。区赤模队的建立，不但对水口人民起到组织、鼓舞作用，而且为全县建立革命政府组织起到示范作用。随着苏维埃政府成立后，实行了土地改革，烧了田契，分了田地，使水口区的革命进入一个新阶段。水口人民破天荒地由被统治、被剥削的地位翻身为当家作主人，人民喜笑颜开。

水口区、乡苏维埃政府成立后，为巩固红色政权，先后将反动团防主任薛伟等近10个反动分子处决，大长了革命人民的志气，大灭了反革命势力的威风。水口根据地人民与国民党反动派、地主豪绅进行了异常尖锐、艰苦的斗争。根据地的每个村庄，几乎都是战场。由于斗争形势复杂，区苏维埃政府机关所在地也经常变换，先由古塘迁到茂兴、寨上，后又迁到梯子岭。1929年7月，根据形势的需要，为了更有利于领导水口革命斗争，兴宁县委与五华县委商量，把水口区（第四区）划入五华县第十一区领导，五华县委派朱国珍前来主持工作。

1929年4月和9月，刘光夏率领武装部队两次攻打水口区公所。第一次由宋声出发，到水口镇与敌激战，但由于武装部队弹药缺乏，缺少攻坚武器，敌人凭险固守，久攻不破，因而被迫撤退。9月间，刘光夏又率部与丰顺八乡山古大存部配合，第二次攻打水口，仍没有取得胜利。虽然两次攻打水口没有取得胜利，但扩大了政治影响，鼓舞了人心，打击了敌人的嚣张气焰。

水口根据地从1928年至1930年，大小战斗20多次，根据地人民每次与敌人战斗的时候，都能英勇地投入战斗，积极支援前

线。他们组织了运输队、担架队，送水、送饭和救护伤兵。革命
战士也充分发挥了无产阶级大无畏的革命精神，英勇战斗，不怕
牺牲，冲锋在前。如区赤模队队长刘云郎，每次战斗总是身先士
卒，冲锋陷阵。在一次战斗中，他掩护队伍撤退，击退了敌人多
次进攻。在第二次攻打水口时，他膝盖骨被打伤了，伤愈后脚却
跛了，但每一次战斗，他仍一定要人抬他到战场上打击敌人，终
于不幸在 1930 年 5 月的坪畲战斗中英勇牺牲。又如宋声赤模队队
长张直仁和叶华乡的杨高义、薛飞等，都用他们的鲜血在革命史
上写下了光荣的一页。

1930 年初，兴宁反动武装黄振光、陈振文、潘明星，丰顺巫
文成、王鲁苍民团数百人向水口革命根据地"进剿"，在茂兴马
蹄寨与赤卫队发生激战。刘光夏率领从丰顺九龙嶂调来的学生军
和区赤卫队共 200 多人参加战斗。战斗打得十分激烈，从上午 9
时打至深夜，双方都伤亡较大，团县委书记李斌在战斗中牺牲，
学生军牺牲 4 人。由于反动武装力量较强，赤卫队只得撤出马蹄
寨，最后被迫退出水口根据地，由刘光夏率领部队北上大信苏区。
水口根据地革命武装北上后，国民党反动派对水口革命根据地进
行惨无人道的烧杀、抢掠。据统计，被杀害 186 人，其中追认为
烈士的有 43 人；被烧毁房屋 591 间，耕牛、粮食和其他财物被洗
劫一空，水口革命根据地人民又陷入水深火热之中。

二、大坪与大塘肚革命根据地的创建与发展

大坪与大塘肚革命根据地是五兴龙苏区的重要根据地。前期
以大坪为中心，后期以大塘肚为中心，包括兴宁大坪镇的白云村、
三架笔（即布骆）、双头山、黄沙塘、祠堂村、吴田村、岭背河、
大塘村、河岭村、大福村、黄坑村、陶坑村和罗岗镇的潘洞村、
四德村、甘村、霞岚，罗浮镇的练优村，以及龙川县的拱江、岐

岭、园田、麻布岗、回龙、赤岗、骆岐、祠堂角等几十个村庄。这块根据地，地处两县交界处，离兴宁、龙川两县县城较远，北面又有中央苏区作后盾，崇山峻岭连绵不断，经济落后，群众基础好，十分有利于开展革命斗争。因此，它很快成为五兴龙苏区乃至粤东北苏区的重要组成部分。

1927年5月，兴宁首次暴动失败后，罗屏汉奉党的指示回到大坪白云村在钦文小学以教书为掩护，以大坪革命青年会为阵地，与共产党员罗根深、龚宏熙一起从当地的斗争实际出发，开展革命活动。有计划地组织会员学习马克思主义，坚持宣传反帝反封建，把斗争矛头指向贪官污吏和土豪劣绅。通过举办读书班、演白话戏、发动"择师"运动等，揭露国民党反动派的黑暗统治，提高群众的革命觉悟。与此同时，罗屏汉还协助蓝再韩在大坪圩开设爱谊书局，大量出售进步书刊，既宣传了马克思主义，又是秘密联络点，与上级党组织不断取得联系。经过一段时间的努力，大坪革命青年会发展到200多人，党组织及时将斗争中涌现出来的积极分子，加以考察培养，从中吸收了一批党团员，建立了大坪的小坑、白云、陶坑、河岭、黄坑、吴田、黄沙塘、岭背河和罗岗的潘洞、甘村、岐岭山、金坑等基层党组织和农会、赤卫队等群众革命组织。罗屏汉等人在白色恐怖下，坚持宣传共产主义，秘密发展党的基层组织，从思想上、组织上为大坪革命斗争的发展奠定了坚实的基础。

1927年9月3日，罗屏汉参加攻打县城的第二次暴动后被任命为北部游击支队负责人。南口战斗后，他带领的游击支队在大坪、罗岗、罗浮山区开展土地革命的斗争。是年12月，中共兴宁县委在永和湖尾成立后建立大坪区委会，书记罗屏汉，组织兼武装委员黄胜生，宣传委员罗亚赖，妇女委员罗辉英，团区委书记张召兰（后为黄其渊），区革委会主席罗柏松，财粮委员罗淑行，区武装中队长罗绍卿（后为罗义妹）。大坪区委会的建立标志着大坪革命根据地的形成。1928 年 4 月，第十二团暂时解散，一部分人到了罗浮。罗屏汉以此为基础，联络寻邬游击队和龙川农民武装，在罗浮石门村成立了工农革命军（后改为红军）第三营。不久，遭国民党驻罗岗防军及罗岗、罗浮团防的疯狂"围剿"，第三营损失惨重。罗屏汉从此认识到：在敌强我弱的形势下，要建立和发展革命武装，就必须到敌人力量薄弱的山区去建立根据地。于是，他同罗文彩深入到兴宁与龙川交界的大坪三架笔村胞妹罗桂娣家里，通过串连发动，吸收其妹夫杨金兰及伯父、堂兄嫂等 8 人入党，成立三架笔村党支部、农会和赤卫队，罗桂娣任妇女会主任。随后，罗屏汉等翻过三架笔山，来到龙川县回龙镇的大塘肚村钟德清家里，借辅导学习为名，发动群众，成立了以钟大明为支部书记的大塘肚党支部及农会、赤卫队、儿童团，农民运动在这山高林密的边远山区轰轰烈烈地开展起来。兴宁县委曾不凡、陈锦华及潘火昌、张海、蓝亚梅、张瑾瑜、曾彪等陆续来到这里宣传发动群众，成立了双头山及黄沙塘党支部、农会和赤卫队，领导农民开展减租减息斗争。至同年 11 月，龙川中北部的横江、岐岭、园田、麻布岗、骆岐、祠堂角等村庄均已成立了党和农会的基层组织，形成了以大塘肚为中心周围几十个红色村镇的兴龙边革命根据地。

10 月 9 日，陈锦华、罗屏汉从大塘肚率张海、潘火昌、罗柏松、胡燧良、沙伟文、钟德清（大塘肚农会主席）、吴子茂等 20 多人，化装奇袭兴宁大坪警察所和民团，毙敌 3 人，俘获 1 人，缴枪 10 多支。翌日，罗屏汉率队袭击龙川罗口乡民团，击毙民团队长，缴枪 40 支，子弹 2000 多发。于是，在大塘肚成立了以张海为队长、罗屏汉为党代表的东江游击队。随后，张海和罗屏汉率队乘夜奔袭兴宁罗浮司，缴获康盛益、合利兴、张兴记三间商号的枪 21 支，子弹一大批，较好地解决了武器的问题。从此，东江游击队在兴宁、龙川北部山区开展游击活动，为巩固发展大塘肚根据地作出了贡献。

是年秋，罗屏汉出席了中共兴宁县委在九龙嶂召开的扩大会议，当选为县委委员。会后，他根据广东省委的指示精神，在双头山召开北部山区骨干会议，决定在兴宁、龙川交界的大塘肚、三架笔、大信等 20 多个乡村建立和健全党的基层组织，发展工农武装，实行土改分田。

大坪、大塘肚根据地的建立，不仅推动了兴宁北部山区的土地革命斗争，而且扩展到龙川中北部及五华北部的一些地区，形成了以大塘肚为中心的重要根据地，为以后成立五（华）兴（宁）龙（川）县苏维埃政府奠定了基础。

1929 年 3 月，在五兴龙县苏维埃政府成立的同时，成立了其所辖的岗马龙坪区（罗岗、罗浮、石马、龙田、大坪联区）苏维埃政府。区委书记蔡梅祥（至 1930 年 7 月），区革委会主席罗柏松，革委会成员有罗宝良、罗亚彬、黄胜生、杨××，区武装队长罗柏松（兼），团委书记黄其渊。1930 年 8 月至 1931 年 6 月，区委书记罗宝良（又名罗世珍），组织委员兼武装委员黄胜生（又名黄金秀），宣传委员罗史箴（后为曾××），妇女委员罗辉英，团区委书记张召兰。岗马龙坪区革命委员会成员有：主席罗宝良，武装委员黄胜×，财粮委员罗淑行（后为黄胜生）。区建立了武装中队，中队长罗义妹，副中队长曾××，有 15 个武装队员，拥有 12 支枪。

岗马龙坪区以大塘肚、双头山为中心，周围各乡村的农民革命运动蓬勃发展，党的组织也很快发展壮大。至 1930 年 8 月，全区有党员 180 多人，党支部 30 多个。同时，村庄普遍都建立了农会和赤卫队。区委委员分工是：罗宝良主管全面外，主要分工联系大坪到龙川一带的党组织，曾××联系罗岗一带，黄胜生联系龙田、叶塘、石马一带。上下级党组织是单线联系，主要通过交通站。白坟下荷树坳交通站交通员罗慕陶；双头山县交通站，主任是袁林生，交通员邹国栋负责双头山至大塘肚，赖汉斯负责双头山到白坟下、河岭一带。

岗马龙坪区人民的革命轰轰烈烈地开展，普遍实行减租减息，抗租抗债。一些乡村实行了土改分田。组织武装力量、保卫革命政权和革命成果，为红军、游击队输送补充人员。筹集武器、弹药支持红军、游击队，组织群众站岗放哨，保卫苏区。一有敌人来袭，就用暗号喊"牛食菜啦""狗来了"等等。革命斗争蓬勃发展的大坪与大塘肚革命根据地，成了国民党反动派的眼中钉，国民党反动派曾多次派出反动武装进行残酷的"清剿"。1929年间，国民党一营反动武装"围剿"大坪，从祠堂下一直到三架笔、双头山，很多革命同志和群众被抓。双头山曾经遭受4次"围剿"。据不完全统计，房屋被烧76间，耕牛被抢21头，群众被捉25人，被杀害9人。1931年6月，为贯彻县委会议精神，区委13人集中在岭背河枫树排的山背开会，国民党反动派调来1个中队"围剿"。由于遭突袭，区委成员来不及疏散转移，同敌人进行激战，区委委员曾××壮烈牺牲。黄胜生身负重伤后，转移到龙进塘的第二天也光荣牺牲。为掩护同志转移，书记罗宝良食指也被打断。敌人猛追而来，罗宝良的左轮枪和岗马龙坪区的大印因手受伤均丢失。大坪与大塘肚革命根据地为粤东北开展土地革命，坚持武装斗争不但作出了贡献和牺牲，而且提供了宝贵的经验。

三、大信革命根据地的创建与斗争

大信革命根据地是兴宁土地革命战争时期范围最为广大、活动时间最长、斗争活动最有影响力的革命根据地之一。它包括现在罗浮镇的新南、中和、瑶兴、蕉坑、象湖、小佑、岩前、上下畲、石门、芳村和罗岗的竹牙寮（即现在的溪联村）等村庄。它位于广东龙川、广东平远和江西寻邬两省三县交界地，四周都是崇山峻岭，北面与中央苏区遥相呼应，敌人的统治力量较为薄弱。战略上易守难攻，十分有利于革命力量的发展。大信革命根据地自1927年7月建立岩前支部开始，革命力量不断发展。至1928年秋，大信革命根据地在陈锦华、罗屏汉、曾不凡、潘火昌等组织发动下不断巩固和发展。各乡均已组织了赤卫队、模范队（也叫赤模队，由较精干的赤卫队员组成）、童子团、妇女大队和医务处，并在中和村朱畲尾建立了1个兵工厂，有30多个工人，每天可生产2支步枪和许多子弹。1929年春，在大信乡中和村成立第五区农会，主席刘醒魂。广大农民在农会领导下，与土豪劣绅进行了尖锐的斗争。是年夏收，区农会领导农民开展了抗租抗债斗争。大地主钟雪南反对抗租抗债，受到农民的狠狠打击，他派来收租的狗腿子被镇压。这些斗争有力打击了地主豪绅的反动气焰，推动了全区抗租抗债斗争的开展。

为了巩固、扩大根据地和拔掉在罗浮圩的敌人据点，把整个根据地连成一片，根据地革命武装曾多次攻打罗浮圩。1929年3月，五兴龙县苏维埃政府指派罗屏汉、潘火昌率领游击队、独立连及赤卫队，联合寻邬二十一纵队共500多人，分三路进攻罗浮。其时，敌有谢海筹部和反动团防。战斗时，罗岗团防陈尧古派两个连增援。战斗开始时，敌人凭借堡垒、围屋据守顽抗待援，当罗岗来援敌人赶到时，则迅速举行反攻，企图与来援之敌会合。但援军受到革命武装强力阻击，不敢妄进，只是盲目扫射一阵后即逃走。罗浮碉堡中的敌人曾3次突围，均被革命武装击退，被迫退缩到碉堡中去。这次战斗从清晨到晚上，由于革命武装缺乏攻坚炮火，虽然士气旺盛，英勇作战，几次冲到碉堡前，但始终未能攻克消灭敌人。可是敌人从这一仗后，也就更为惊恐，即于当天晚上战斗结束后，趁夜慌忙逃命到罗岗去了。敌罗浮圩的据点被拔掉意味着罗浮全境解放，使兴平寻龙根据地连成一片。

同年秋，兴宁县革命委员会在大信石南村成立。罗屏汉为主席，潘火昌为副主席，委员有蓝再韩、黄佐才、陈锦华、张瑾瑜、曾九华、刘卓中、蓝亚梅、蔡梅祥等。全县设 5 个区委会。同时在大信中和村成立第五区革命委员会，主席团成员有刘思振、陈思贤（陈恢）、刘思生、刘卓中、刘振环等。1929 年 10 月，因主要领导人陈锦华、刘光夏已调往东江特委工作，中共兴宁县委在大信北坑里召开党代表大会，选举县委书记罗屏汉，副书记梁锡祜，委员胡凡尘、李彬、蓝亚梅、蓝再韩、蔡梅祥、张国标、刘卓中、陈恢、刘思振等。同年冬，在大信中和村成立第五区苏维埃政府，主席刘思振，副主席陈恢、刘思生。同时成立 5 区联队，队长王耀兴（后为赖元洪）。全区分 6 个乡：第一乡（新南乡），乡苏维埃主席王贵芳；第二乡（中和乡），乡苏维埃主席赖彩新；第三乡（瑶兴乡），乡苏维埃主席王旺元；第四乡（蕉坑乡），乡苏维埃主席陈竹卿；第五乡（信佑乡），乡苏维埃主席刘作云；第六乡（大前乡），乡苏维埃主席钟敬珍。

为进一步扩大革命根据地范围，兴宁县革命委员会号召根据地军民进行解放罗岗的战斗。1929 年 9 月 29 日，东江游击队独立营和赤卫队 1000 余人，分 3 路攻打罗岗。中路由袁火郎率领，从白水村进攻，右路是主力部队，由独立营长张国标指挥，从练优村出发，经潘洞直插罗岗；左路由刘传文指挥，由竹牙寮（现为溪联村）出发，直指镰子寨。进攻开始时，首先投入战斗的是左路军。敌人全部固守在围屋和碉堡内顽抗，于是游击队即占领山头阵地，封锁并攻击敌人围屋、碉堡。游击队士气旺盛，作战英勇，几次组织攻击，终因缺乏攻坚武器未能取胜。激战一段时间后，游击队中路、左路军，由于联络不好，时间计算不精确而被固守在白水村的敌军中途拦击，无法进攻罗岗，张国标见势不利，为保全实力，下令撤退，并由中路、左路军负责掩护。敌人迅速组织反击，猛烈反扑镰子寨左路军阵地，企图切断游击队后路。这一阵地如果不守住，那么，右路军就有被敌军包围而全军覆灭的危险。在这危急关头，左路军指挥员刘传文挺身而出，勇敢机智地把守阵地危险要害之处。在完成掩护右路军撤退任务后，他一方面命令本部全体同志迅速撤退，一方面只身与数十名敌军搏斗，一直坚持到弹尽援绝，壮烈牺牲。由于刘传文坚守阵地，东江游击队才安全撤退，免受重大损失。

东江游击队攻打罗岗失败后，敌人拼命尾随追击。在这种情况下，东江游击队被迫退出罗浮，撤回大信。因此，解放了半年多的罗浮又重落敌手。敌军立即大修碉堡、工事，固守罗浮。

东江游击队攻打罗岗未能取胜，主要是在综合条件上劣于敌人。当时敌军除驻守在罗岗的陈尧古部外，尚有从罗浮撤下来的一个小队和当地反动地主武装共约200人。在武器方面，敌人大部分是步枪和手提冲锋枪。此外，还有洋驳壳等枪支。在地形上，敌人全部驻守在玉成当、金声楼、洪昌围、青史第等坚固的围屋内，占领有利地形，且互相呼应。在作战经验上，敌军是经过长期训练和参加过多次战斗的，其中有不少敌兵还是军阀部队的老兵油子。而游击队除在政治上的绝对优势与人数众多外，其他方面与敌人比较起来，则处于劣势地位。武器绝大部分是土造单响步枪和梭镖、大刀、旗枪、抬枪、土炮等。

大信革命根据地自创建后，与敌人进行了频繁战斗，大小战斗不下百次。根据地军民为了安全，主动出击敌人，不断攻打罗浮、石正等地敌人。而敌人也不断进犯根据地，1929年冬，兴宁县国民党当局为了消灭寻邬、兴宁、平远边境的地方红军和游击队，纠集了寻邬、平远的反动武装，发动了所谓的"三县会剿"。当时，三县的反动首领王甲、何学贵、陈尧古、潘明星、张英、谢海筹等兵分三路向根据地腹地进攻。游击队侦察敌人的进攻部署后，立即组织反"会剿"的战斗。首先在寻邬车头一战，一举消灭了寻邬方面的全部敌军，并俘虏了敌人的副总队长萧文等200余人，打死打伤敌人100余人，缴获长枪二三百支和许多战利品。接着，击溃了平远、兴宁方面的敌人。这样，敌人历时一天半的"三县会剿"就被红军和根据地武装力量彻底粉碎了。

1930年1月20日，敌人探知大信革命根据地武装部队出击石正后，张英、潘明星反动武装绕道乘机窜扰苏区瑶兴。赤卫队获悉后，鉴于力量薄弱，便坚守在炮楼里抵抗敌人。敌人几次猛扑，都被他们击退，于是敌人采取了最毒辣的手段，把村里一些来不及撤走的老弱妇女一个个抓来，用利刀威胁她们，向炮楼前进，妄图迫使赤卫队投降。但是，全体赤卫队员宁死不屈，仍然坚决拒绝敌人的诱迫。被抓来的根据地人民面对敌人的屠刀，拒绝向炮楼前进。敌人的目的没有达到，兽性大发，当场开枪打死3个妇女。守在炮楼里的12个赤卫队战士见状，十分气愤，不愿亲眼看着赤手空拳的乡亲们被敌人任意屠杀，便冒着生命危险冲出炮楼与敌人搏斗，最后全部壮烈牺牲。敌军怕游击队赶来，便在大肆烧杀抢掠后撤走，人民财产损失难于计数。

同年2月12日，刘光夏奉命率领武装队员10多人来到中和村，中共兴宁县委书记罗屏汉马上召开紧急会议，遵照东江特委指示，决定将寻邬古柏、钟锡球的红军二十一纵队，红军独立营和兴宁、寻邬、平远、龙川4县地方武装整编成东江红军第五十团，全团约600人，团长刘光夏，政委陈俊，参谋长邝才诚，政治部主任袁荣。红五十团无论在政治素质上，还是装备上都是比较优秀的，是保卫五兴龙和寻邬根据地的主力红军。2 月中旬，第五十团进攻了平远石正、仲石等地，都取得了很大胜利。尤其是石南一役，大败陈楚麓、谢海筹、陈尧古所率领的 500 余人，敌人死伤惨重。在战斗中，红五十团政治部主任袁荣身先士卒，冲锋在前，不幸在激烈的战斗中，身负重伤，经过一段时间治疗后，由于伤势过重而牺牲。红五十团的胜利大大地鼓舞了根据地人民的斗志。

同年 3 月下旬，红五十团攻打江西澄江失败，损失很大，使大信革命根据地的武装力量大大削弱。为巩固大信革命根据地，县委书记罗屏汉把所有赤模队、区联队 100 多人，长短枪八九十支，整编成东江游击队，骆达才任队长，曾义生任政委。五六月间，东江游击队多次攻打罗浮都没有成功。八九月间，张英营及谢海筹、陈尧右、曾昭民等反动武装，伙同平远石正的王甲民团和寻邬丹竹楼团防，共 400 多人，全面"围剿"大信苏区。游击队和根据地军民同敌人进行激战，终因双方力量对比悬殊，被迫退出苏区。大信根据地失陷以后，敌人派两个营兵力驻扎在大信、罗浮一带，实行白色恐怖，大肆摧残人民群众。据不完全统计，被杀害群众 140 多人，革命干部 75 人，全家被杀绝的仅瑶兴就有 12 户，全家离散逃亡的 15 户，妇女被卖 7 人，被烧毁房屋 32 座，群众被勒索摊派白银 7000 多元，被抢走粮食 1000 多石，耕牛 10 头。在国民党反动派统治下，大信苏区人民又陷入水深火热之中。大信根据地失陷后，罗屏汉根据东江特委的决定，将东江游击队和五区联队整编为东江游击大队，大队长骆达才，政委曾义生。同时把县、区领导机关迁移至黄槐的新村和江西寻邬县的南扒村一带。

四、新村革命根据地的创建与斗争

新村革命根据地是兴宁土地革命战争中后期的重要根据地，它对支援中央苏区粉碎国民党反动派的多次"围剿"，拖住广东国民党部队北进合击起到重大作用。它包括现黄槐镇的上下宝龙、宝丰、新村、黄沙溪，罗岗镇的五福、澄清和半岭（即源清），平远县的马安石、赤竹坪及江西寻邬县的南扒、岑峰、丹竹楼、苗畲岭等村庄。

1929年春，兴宁土地革命形势迅速发展，五兴龙县苏维埃政府及大信中和第五区农会成立，大信、大塘肚革命根据地不断发展壮大。革命领导人罗屏汉、潘火昌为进一步扩大革命根据地，决定派王木生、李秋中到兴（宁）平（远）寻（邬）交界的黄陂（现隶属黄槐镇）新村和属江西省寻邬县的南扒、苗畲岭等地开展革命活动。5月，在南扒村成立江广乡农会，农会主席王振尧，委员有曾九华、曾勉勋、曾有良、王展达、王来发、王绍生等。不久，在这里成立了党支部，支部书记王展尧，有党员5人。

1930年3月，为加强新村革命根据地的领导力量，罗屏汉又派刘思振、萧必强、张瑾瑜、赖基、李习时到新村、南扒开展工作。同时在南扒村下弯成立了中共第三区委会（以下简称"区委"）和第三区革命委员会（以下简称"区革委会"），区委书记刘思振，委员有张瑾瑜、赖基、曾九华、李习时、萧必强等。3月底，区委书记换为黎汉英。8月，黎汉英不幸被捕牺牲，区委书记又换为张振时。区革委会主席刘思振（兼），副主席萧必强、曾九华。3月底，区革委会主席为朱凤朋，副主席曾九华。区委、区革委会建立后，马上组建了江广乡和五福乡苏维埃政府和农会。江广乡苏维埃政府主席何耀堂，农会主席王展尧；五福乡苏维埃政府主席石七凤，农会主席石初生。区革委会成立了区联队，队长曾申生，后为吴观招，教练曾梦兰，有队员曾甲林、曾乙凤、刘福先等10多人，枪支10支。至5月，队长换为赖育良，时有队员20多人。区乡政府成立后，在县区党组织和革委会的领导下，实行了土改分田地。

新村土地革命日益发展，引起国民党反动派的不安，曾多次派出反动武装，"围剿"新村根据地。1930年5月，宝龙的地主李花白、王昌甫因分了他们的田地，怀恨在心，勾结黄陂警备队长曾昭明带领30多人，加上宝龙的后备队，共七八十人进攻新村根据地。其时，区联队与东江游击队共约100人（东江游击队准备打黄槐而暂住新村）。敌人从白沙溪分两路进攻新村。一路敌人来到区联队驻地开枪后，区中队队员才发觉。驻在长排上的罗思古中队与敌人交火，后退至山林中。区联队的其他队员听到枪声后，也沿小河撤走。另一路敌军有20多人，从洋坑屋来到月形，因游击队无准备，被敌军打死六七人。

同年7月，曾昭明警备队与宝龙后备队又攻打新村，区联队和赤卫队共40多人与敌人在新村细坑子激战，打死敌军1人，敌人狼狈而逃。8月15日，曾昭明与罗岗警备队、罗浮谢海筹部、寻邬丹溪何学贵民团共100多人进攻新村。区联队、赤卫队立即登山，与敌人周旋。敌人找不到区联队队员，就放火烧山和烧屋七八间。10月间，曾昭明警备队同宝龙后备队又再次进攻新村根据地，登上了排嶂顶。当时，区联队驻扎在新村的老虎坳，罗屏汉带领县革委驳壳队员14人，驻在上南扒，见敌人来后，迅速与敌人作战，敌连忙逃跑，区联队追击，直至敌人逃回宝山寨。新村革命根据地人民与敌人进行多次激烈战斗，一直坚持到1935年6月广东军阀陈济棠调重兵"围剿"新村革命根据地失陷。至此，兴宁轰轰烈烈的土地革命战争随着新村革命根据地的失陷而转入低潮。

第五节 革命根据地的土地革命

　　农民问题主要是土地问题。开展土地革命，解决农民的土地问题，不仅是广大农民的根本愿望，也是共产党领导新民主主义革命的基本内容，是中共中央早在 1927 年八七会议上确定的总方针。土地革命就是消灭封建地主的土地所有制，实现"耕者有其田"。为搞好土地革命，1928 年 6 月，党的六大又制定了反对帝国主义、封建主义，实行土地革命，建立工农民主专政的革命纲领。1929 年 6 月，在党的六届二中全会上，提出继续深入进行土地革命，开展游击战争，扩大苏维埃区域等任务。同年 10 月 19 日，东江特委为落实中共六大通过的土地政纲，从根本上推翻豪绅、地主在乡村中的统治，以扩大党在乡村中的政治影响和促进总的革命高潮的到来，作出了《关于没收分配土地问题》的决议，并向各级党组织发出通告，要求贯彻执行。10 月 20 日至 11 月 2 日，朱德率领的红四军 3 个纵队 6000 多人在东江活动。10 月下旬，古大存、刘光夏在梅县梅南向朱德汇报了东江革命斗争和红军发展情况，共同研究了发展东江武装斗争问题，同时又发布了由毛泽东、朱德、古大存、刘光夏、朱子干、陈魁亚、陈海云署名的《东江革命委员会关于公布执行土地政纲的布告（第 177 号）》。这两个土地法规的主要内容为：（1）立即没收豪绅地主阶级的土地财产及公田公产，分配给无地或少地的农民；（2）富农的土地不在没收之列，出租的部分则没收；（3）为保护中农的利益，取消平分土地，实行"以多补少""以有补无"；（4）没收分配土地以乡为单位，按人口分配，并要注意土地的肥瘦和远近；（5）无反动行为的小地主应分配少些土地；（6）销毁豪绅地主及反动政府的一切田契及剥削契约。

在五兴龙县苏维埃政府和区乡苏维埃政府、农会建立后，东江特委特派员刘琴西及时召开县苏常委、区苏负责人和区联队以上干部会议，重点研究了壮大武装力量，开展游击斗争和土改分田问题。制定了"分配土地以原耕为基础，抽多补少，按户落实。统计人口简用二级分配"的政策。兴宁县各级党政组织，根据自己本区、乡的实际认真贯彻落实上级有关土地革命的政策法规，掀起了减租减息、废契废债、分田分地的高潮。各乡村分田具体方法主要是：以乡或村为单位，先由乡苏维埃政府（有的是革命委员会，有的还是农会）指定3~5人为土地委员，组成土地委员会，实行调查土地，每家发给调查表，填明家庭人口、各人职业、耕地面积、坐落地名、土地所有权以及平均每年收获多少。同时摸清全乡少土地和无土地的农民有多少，并拟出具体分配计划。调查完毕后，即召开村民大会或乡民代表大会，报告调查土地经过及宣布把全乡地主阶级的土地（公饷田在内）无代价没收，并以后绝对禁止任何人进行土地买卖和抵押。然后再由大会报告分配计划及每人分得土地多少。分配时，以乡或村为范围，以人口为单位（无论男女老幼，一样平分），以抽多补少为原则。同时留有一部分的公田，采取公田公耕的办法。乡级没有具体明确的条例，没有划分阶级，只是计口授田。

1928年冬至1930年初，兴宁先后在水口、大塘肚、大信、新村4个革命根据地的乡村，进行了土改分田。据水口、大信、新村根据地18个自然村统计"人口10758人，耕地1120.2公顷，每人分得约1斗种（农田面积单位，一斗种约一亩田）"。水口根据地分田时区苏维埃政府还颁发通知书给农民，作为非正式的土地证。留下的部分公田，由农民分组负责、义务耕种，收获作为公粮。五兴龙县苏维埃政府成立后，大塘肚乡列为土改试点，将地主及公饷土地分等计口分配给农民。在土改分田时，还发出《大塘肚乡农会布告》。该布告全文如下：

现奉闽粤赣边五兴龙县苏维埃政府指示，令开：

顷将赤化乡村，树立红色政权。随着土地改革以适应劳苦农民要求，加强斗志，暂行办法：分配土地以原耕为基础，抽多补少，按户落实。统计人口，简用二级分配。对赤化范围内，所有富豪土地、蒸赏、神会等业概归农会。调集土地，发动群众自报公议，以月旦评，勿相猜忌。其他坑段播植秧地，适当调整。为此，饬该农会，切实遵照执行。

奉此等示，本农会随即遵照办理。兹将分配各户之田土各坑段，详列注册，外合亟公布周知。

己巳年夏历三月二日①

（公历为一九二九年四月十一日）

1929年夏收期间，大坪党组织从本地斗争实际出发，全面开展抗租抗债、减租减息的土地革命斗争，全区2865户加入了农会，减租10000多石，退租退押5000多元，抗租抗债2000多石，烧毁借券640多张，受益群众2285户；罗浮在第五区农会和各乡农会直接领导下，80%以上的农民参加土地革命斗争。据不完全统计，抗租抗债农户430户，抗租稻谷567石，抗债本息共760余元白银；勒令富豪126户，交出白银13400余元、稻谷6870石给县区革命委员会。罗岗的甘村、五福、澄清、溪联、潘洞等村，

① "二日"原文错了，应为"初二"。

以抗租抗债和土改分田为主要内容的土地革命斗争如火如荼。根据地实行土地革命,农民兄弟大翻身,废除了封建半封建的土地剥削制度,千百年来农民渴望土地的要求得到满足,农民兴高采烈到处高唱客家山歌:"土地革命好主张,杀到白狗一扫光,烧废田契和债条,没收土地并岭岗,免租免债又免粮。"加上土改时打土豪,分浮财,群众生活大为改善。同时,农民觉悟程度空前提高,积极参加和支持革命战争,为粉碎国民党反动派的进攻,保卫自己的胜利果实而战。因为根据地仍处在敌人包围之中,所以每个村庄都实行军事化,男女老幼都积极参加各种革命组织。18~45岁的参加赤卫队,其中18~23岁的参加劳动童子团,赤卫队中的骨干又组成模范队。13~18岁的参加少先队,13岁以下的参加儿童团。妇女则参加妇女会。赤卫队的任务是站岗放哨,守卫家乡,镇压地主恶霸和坏分子以及配合红军对外作战。少先队、儿童团主要任务是宣传、监视地主恶霸、坏分子等。此外还组织了运输队、交通队、担架队,做好战斗后勤工作。组织起来的群众,一面生产,一面作战。不论白天黑夜,不论严寒酷暑,只要一声号令,他们就拿起枪,抬着炮,跑到自己的岗位防守,与敌人作战。只要党和苏维埃政府提出号召,任何艰巨的任务都千方百计去完成。

为了加强苏区建设,苏维埃政府按照党中央的"十大纲领"实行了各种革命政策和措施。主要有:(1)发展生产,开源节流,保障供给;(2)培训干部,建设政权;(3)建立红色地下交通线;(4)实行男女平等,婚姻自由,反对一夫多妻制度;(5)发展文化教育,组织贫民学校和妇女识字班,实行免费教育;(6)破除迷信,废灭神坛庙宇等。

第
六
节 **五兴龙苏区的建立与发展**

　　1929 年 1 月，正当毛泽东、朱德率领红四军主力分兵闽粤赣边的时候，东江特委巡视员刘琴西专程来到四面高山环抱、古木参天的大塘村。刘琴西在罗屏汉、叶卓陪同下详细听取了大塘肚党支部和农会的汇报，还登上大塘肚山顶、三架笔峰，对龙母嶂至阳天嶂一带的地形人文情况作几天的考察，认为这里位于粤东的西北方向，地处两省（江西、广东）三县（兴宁、龙川、寻邬）边界，毗邻中央苏区，境内奇峰险嶂连绵，是粤东战略要地，是建立革命根据地的好地方，应在大塘肚建立新型的革命政权，尽快做好筹备工作。为此，兴宁县委领导人曾不凡制订了具体计划，以中共兴宁县委名义报告广东省委。1929 年 3 月上旬，刘琴西根据东江特委的决定，在大塘肚村长塘面主持召开五华、兴宁、龙川三县工农兵代表大会，大塘肚及其附近三架笔、双头山、潘洞、顽畲、罗带下、岐岭、上下畲、横江、桥背等农会、赤卫队代表 300 多人出席会议，正式成立闽粤赣边五兴龙县苏维埃政府。选举曾不凡为主席，潘火昌为副主席，罗屏汉、罗文彩、胡燧良、古汉中（后增补蓝素娥）为常务委员。县苏区下辖赤（岗）龙（母）铁（场）区、龙（佗城）老（隆）鹤（市）区、（罗）岗（石）马龙（田）（大）坪区、（罗）浮黄（陂）区。与此同时，将东江游击队及龙川游击队，整编为五兴龙县游击大队，大队长罗柏松，政委潘火昌（兼），全队共有 100 多人，并从队中挑选 20 多人组成红军独立连，彭城任连长。6 月，扩编为独立营，彭城任营长，罗屏汉任党代表。这是闽粤赣边建立起来的第一个县苏维埃政府。这表明以大塘肚为中心的五兴龙苏区正式形成。罗屏汉将创建五兴龙苏区的经验概括为："红旗树立大塘红，三县群英集其中，白犬猖狂施虎势，梭镖打出五兴龙。"

五兴龙苏区的创建，具有深远的历史意义。它是毛泽东同志关于建立农村革命根据地，实行农村包围城市，走武装夺取政权道路理论的伟大实践，是其后形成闽粤赣苏区并成为中央苏区重要组成部分的基础，在全国占有重要的历史地位。五兴龙县苏维埃政府是在土地革命时期继 1927 年 11 月成立的海陆丰苏维埃政府和井冈山茶陵县工农兵政府后，第三个成立的联县苏维埃政权。

五兴龙苏区的显著特点是由 3 个县组成，范围广大。它位于粤东的西北部，地处五华、兴宁、龙川交界地区，毗邻中央苏区。地域包括现在五华的双头、岐岭、新桥，龙川的鹤市、铁场、龙母、赤岗、上坪、贝岭和兴宁的大坪、罗岗、罗浮、黄陂、龙田、石马等 15 个区，面积 1900 多平方千米，游击作战区域，先后包括广东省的五华、兴宁、龙川、平远和江西省的寻邬、安远等县的部分地区，中心区域是兴宁的北部及龙川的西北地区，纵横 400 多平方千米。境内有阳天嶂、龙母嶂、双茂顶、三架笔等，山峰相连，重峦叠嶂。北邻江西寻邬，南界丰顺、紫金、河源，东临梅县、平远，西接和平。这块根据地地形狭长，奇峰险嶂连绵耸立其中，粤赣公路横贯五兴龙境内 150 多千米，是粤东战略要地。它不仅如一块矗立的屏障守护着中央苏区，而且它的斗争直接关联着中央苏区的巩固和发展。为巩固和发展五兴龙苏区，东江特委巡视员刘琴西和县苏维埃政府领导人从战略高度出发，从四个方面做好五兴龙苏区的巩固与发展工作。

一是认真培训苏区干部。在五兴龙县苏维埃政府机构建立后，东江特委巡视员刘琴西意识到培训好县区党政军干部对巩固发展苏区的重大作用。他及时召集县苏常委、区苏负责人和区联队以上的干部开会研究苏区的巩固发展问题。他在会上一再指出："我们搞革命就要坚持武装斗争，只有通过武装斗争，才能取得胜利。一个革命者要勇敢投入战斗，这是共产党员的本色。"同时他十分关心和重视各级干部的思想作风建设，提出10条守则：（1）工作忙时细心些；（2）遇到问题冷静些；（3）遇到困难坚定些；（4）受到刺激忍耐些；（5）处理问题慎重些；（6）了解问题全面些；（7）对待革命热情些；（8）工作矛盾灵活些；（9）别人的事情多干些；（10）个人问题少干些。从1929年5月起，先后在龙川、大塘肚举办了4期党政军干部训练班，培训干部200多人。同时还在罗浮上下畲、宋声嶂下和龙川县的田园等地举办了各种培训班，培训了各级干部。1930年8月，举办党政军主要领导人学习班，古柏前来指导讲话，他特别强调革命干部要过好"五关"，即政治关、思想关、社会关、生活关、家庭关。通过各种培训班，使苏区的党政军干部在政治思想、军事技术、党的纪律、工作作风等方面有很大的提高，对巩固和发展五兴龙苏区起到重大作用。

二是扩充革命武装，加强军事训练。五兴龙苏区建立之前，大塘肚根据地已有张海为大队长、罗屏汉为党代表的东江游击大队，以吴子茂为队长的赤龙铁区联队以及陈锦华兼队长的龙川县游击大队。五兴龙县苏维埃政府成立后，新组建了五兴龙游击大队，又从各部队精选人员组成红军独立连，随后又将独立连扩充为东江红军独立营。其间为提高部队素质，在大塘肚设立总部，利用战斗空隙，举办短期军事训练班，刘光夏、罗柏松等任军事教官，进行训练。同时县苏维埃政府还指令苏区乡村赤卫队随同县区游击队开赴大信进行整顿训练。通过整训，纯洁了队伍，提高了素质。在此基础上，进一步发展各区联队和乡赤卫队，增设了常备赤卫队（即模范队），以配合红军、游击队开辟新区，流动作战。在武装队伍不断发展的同时，为解决武器装备，除通过战斗增加枪支弹药和到外地购买枪支外，还在大塘肚和大信建立兵工厂，制造枪支弹药。

三是建立红色地下交通线。为加强五兴龙苏区与闽粤赣苏区、中央苏区的联系，特别重视红色地下交通线的建设。五兴龙苏区各根据地都建立了交通网络，共有地下交通站五六十处，纵横1000多千米，把分割的根据地、游击区联系起来。以大塘肚革命根据地为中心的红色地下交通（站）主要有：（1）经田园、田北、谷前、洋塘通往五华和丰顺八乡山；（2）经四甲通往紫金、河源、蓝口；（3）经马布、分水凹、兰亭、龙田、径心通往梅县、大埔；（4）经顽畲、半岭、五联、新村、石正通往平远、寻邬；（5）经练优、徐田、高坑通往大信、寻邬；（6）经良兴、河门潭、渡田河、茶活、青坑、仰天堂通往定南。总站负责人有骆达才、郑美等。白色恐怖下的地下交通工作是一项极其艰险的工作。虽然交通站常遭敌人破坏，但地下交通员冒着生命危险，利用各种巧妙的办法与敌人开展斗争，使交通线保持畅通，及时传送信息和输送人员及物资。

四是掀起抗租抗债、土改分田的同时，认真发展生产，开源节流，保障供给。五兴龙县苏维埃政府建立后，经费开支不断增大，既要支付新扩充部队和机关增员的粮食、经费，又要筹措一大批物资支援在八乡山的东江特委和中央苏区的反"围剿"战争，同时又要筹集资金购买武器弹药等，这给根据地带来很大的经济压力。面对这些困难，县苏维埃政府从实际出发，在经过一番调查研究和总结经验的基础上，采用几种途径解决给养问题：（1）破仓分粮。在根据地内采取没收反动地主恶霸的财物。同时派出武装力量到游击区或白区去破仓分粮。刘琴西曾率领 10 多个武装人员到龙川县四甲区紫龙河开展破仓分粮斗争。通过破仓分粮，既筹集了钱粮，又打击了反动势力。（2）派捐款。以机关或部队名义发函向游击区、白区的殷实家户或开明人士进行劝捐。（3）设税站。为广开财路，保障供给，曾选择兴宁通往江西道口的园田接官亭设立税站，按行商货物多少而抽税。经税收人员的广泛宣传，多数过往商贩，都拥护共产党的税收政策，真心实意地缴纳税款。对一些利欲熏心、阳奉阴违的商贩，则按情节轻重给予批评、加罚。（4）办合作商店。1930 年秋，为打破敌人的经济封锁，在兴龙交界的渡田河开办合作商店，与白区人民群众进行以物换物的交易，不断换回食盐、煤油、衣料、药品等紧缺物资送往江西，支援中央红军反"围剿"战争。

在广开财源、增加收入的同时，十分注意节约开支，反对贪污浪费。参队参军人员，不仅没有薪金报酬，就连日吃三顿粗饭都难于保证。由于环境带来的困难，革命政府对待每一个铜板，都很注意节约，讲求实效。即使古柏、古大存、刘琴西这样的上级领导来根据地巡视，都吃素食，睡硬板床，不给什么特殊照顾。对财务人员更是注意加强教育，加强检查督促，若发现有贪污行为，轻则撤职，重则枪毙，毫不留情。正因为县苏维埃政府有这样铁的纪律，干部战士才能做到奉公守法，吃大苦耐大劳，长期保持旺盛斗志。

在认真做好上述工作的同时，还在五兴龙苏区举办妇女识字班和夜校，认真开展文化学习，扫除文盲。开展各种文娱体育活动，利用墙报、标语、山歌等形式大力宣传党的主张、政策。提倡科学，破除迷信，实行婚姻自由。在五兴龙苏区，到处歌声、书声琅琅，群众喜笑颜开。

通过采取上述各种措施，五兴龙苏区不但得到巩固，而且不断发展壮大。至 1929 年冬，五兴龙苏区的范围几乎比刚成立时扩大两倍。特别是兴、龙北部山区的罗浮、罗岗、大坪、黄陂、上坪、茶活、青化、贝岭、麻布岗、细坳等广大地区都成为五兴龙苏区的主要根据地，使五兴龙苏区与赣南、闽西根据地连成一片，成为广大的闽粤赣苏区，最后成为中央苏区的组成部分。

第七节 粤东北、闽粤赣苏区的形成

闽粤赣苏区是土地革命战争时期全国六块［①中央苏区（湘鄂赣及赣西南），②湘西、鄂西，③鄂东北，④赣东北，⑤闽粤赣，⑥广西］苏维埃区域之一。前期与中央苏区有密切的关系，后期成为中央苏区的重要组成部分，范围包括闽西、赣东南一部分和粤东北区域。因此，粤东北苏区的重要组成部分——五兴龙苏区与闽粤赣苏区乃至中央苏区是密不可分的。

一、五兴龙苏区的发展与粤东北苏区的形成

1929 年 10 月，中共中央为将闽西苏区与东江苏区连成一片，命令朱德率红四军向东江进军。10 月下旬，红四军 3 个纵队（共6000 多人）从闽西进入东江，先后转战大埔、蕉岭、梅县、丰顺等县。10 月 31 日红四军离开东江时，留下一个大队（共 150 余人）及一批武器。红四军进军东江，对促进粤东北乃至闽粤赣苏区的形成起到很大作用。

1931 年 1 月，中共闽粤赣特区西北分委书记兼闽粤赣边区特派员刘琴西到新村南扒主持召开五兴龙三县党团代表大会，成立中共五兴龙中心县委，书记古清海，县委常委古清海、潘火昌、蔡梅祥，委员有古清海、潘火昌、蔡梅祥、曾不凡、罗柏松、刘汉、胡坚、郑美、曾庆禄、曾九华等。组织部长胡坚，宣传部长郑美。县委秘书曾庆禄。会议同时决定改组五兴龙县苏维埃政府，

主席潘火昌，委员有蔡梅祥、罗柏松、曾九华、刘汉等。接着成立团五兴龙县委，书记张如曾，妇女主任张瑾瑜。县委委员直到春末才到齐。县委还决定将3县原有武装合并成立五兴龙县游击总队，总队长罗柏松，政委潘火昌（兼）。全队有200多人。下设3个中队，第一中队长钟琪，第二中队长曾林荣，第三中队长郑强。会议开了7天，与会者认真学习了党代表大会文件，武装了思想，增强了信心，圆满完成了会议各项任务。鉴于古清海因事未能到职，刘琴西指定罗屏汉暂时负责五兴龙县委工作。县委、县苏维埃机关设在南扒村，县游击总队设在新村温屋。五兴龙苏区下设11个联区：上贝浮区、五岭潭区、龙安区、兴永坭区、河水区、川鹤隆区、赤龙铁区、岗马龙坪区、八乡区、东都楼区、横水区。

1931年1月15日，刘琴西在新村改组五兴龙县苏维埃政府后，又马不停蹄赶赴寻邬县，在寻邬黄田主持召开蕉岭、平远、寻邬三县党团代表大会，代表们认真学习闽粤赣边第一次党代会精神，明确了今后的工作方针和总的策略路线，会上成立中共蕉平寻中心县委和县苏维埃政府，县苏维埃下辖5个联区，同时成立共青团蕉平寻县委，并将3县农民武装整编为蕉平寻县赤卫总队。在这期间，刘琴西派西北分委常委黄炎主持成立了中共饶（平）（平）和（大）埔县委和县革命委员会以及中共梅（县）丰（顺）县委和县苏维埃政府，同时继续巩固了揭（阳）丰（顺）五（华）赤色区域。因此，粤东北苏区在斗争中逐步成为一个有党政组织和红军队伍及地方武装组织的完整的苏区。

为了巩固和发展粤东北苏区，闽粤赣特委西北分委于1931年初发布《关于加紧年关斗争，反对进攻苏维埃红军》的第二号通告，指出："应注意中心区域的日常工作，结合年关斗争朝着梅县、兴宁方面去造成闽粤赣苏区第二个中心，向革命的总目标前进。"为此,刘琴西尽心竭力地忘我工作,在春节到来之前,组织年关斗争,采取切实措施:一方面要求各县委、县苏维埃结合年关斗争做好苏区的日常工作,培训基层干部,发展党团组织,坚持土改分田,发展工农业生产和文教事业;另一方面指挥红十一军独立营和各县游击大队密切配合中央红军进行第二次反"围剿"斗争。由于红三十五军从信丰、安远回师寻邬的战斗中减员太多,需要迅速补充兵员,刘琴西和西北分委领导成员及各县委领导人,在出席红三十五军军委会议后,从大局出发,当即决定为红三十五军输送新兵500名。

在反"围剿"战争中,闽粤赣特委西北分委领导五兴龙、蕉平寻、梅丰苏区军民为巩固粤东北、开辟赣东南苏区作出了不懈的努力,建立了红军独立营,积极开展武装斗争。1931年1月,西北分委书记刘琴西同红十一军参谋长梁锡祜赶赴寻邬留车,根据闽粤赣军委的决定,以原彭城独立营200人为基础,将寻邬游击队、兴宁赤卫队和龙川游击队整编为红十一军独立营,营长彭城、副营长罗文彩、政委罗屏汉、政治部(处)主任梅云香,全营共500多人。奉江西省军区指示,刘琴西主持将红十一军独立营扩编为寻邬独立团,团长罗文彩,政委罗屏汉,全团有1000多人。这是一支巩固粤东北(寻南)苏区的主要武装力量,且为后来开辟赣东南苏区、巩固以瑞金为中心的中央苏区作出了贡献。

二、闽粤赣苏区的形成

中共六届三中全会后,中央为了巩固发展全国苏区,于1930年10月24日制定《中共中央政治局关于苏维埃区域目前工作计划》,其中规定"闽西、东江两特委合组为闽粤赣特委"。翌年1月15日,《中共苏区中央局通告第一号——苏维埃区域中央局的成立及其任务》又明确规定:"闽粤赣边特区,包括闽西、广东东北、赣东南一部分。"其所辖区域：闽西之龙岩、上杭、武平、永定、长汀、连城及平和，粤东北之兴宁、五华、龙川、平远、蕉岭、大埔、梅县、饶平、丰顺，赣东南之寻邬、会昌、安远、瑞金等20个县市，共2万多平方千米，人口约300万。

中央为贯彻落实苏区工作计划，采取了重要组织措施。在六届三中全会上，将原中共广东省委常委邓发补选为中共中央委员，调赴闽粤赣苏区主持工作。1930年11月间，在中共中央南方局派遣李富春、邓发到东江特委所在地大南山主持召开闽粤赣边区第一次党员代表大会，正式成立中共闽粤赣特别委员会（相当于省委），选举邓发为特委书记，方方为职工委书记，并将东江特委划分为西北、西南两分委。同年12月，在闽西上杭又召开了一次党代会，健全特委领导班子：组织部长李明光、宣传部长郭滴人（后为罗明）、妇女部长李见珍（李坚真）、秘书长萧向荣，并在特委领导下，成立以罗寿春为主任的闽粤赣特区苏维埃政府筹委会。同时，成立闽粤赣苏区军事委员会和红军闽粤赣军区司令部，邓发任司令员兼政委，萧劲光任参谋长、政治部主任兼彭杨军校校长，张鼎丞兼军校政委，统率红新十二军、红十一军。而后，又成立了以陈荣为书记的共青团闽粤赣省委，以陈灿为主席的闽粤赣省总工会。中共闽粤赣（省）特委、特苏（筹）和军委领导机关的建立，从组织上统一了闽粤赣边区的党组织、苏维埃政权和红军的领导，标志着中央政治局确定的全国六个苏区之一的闽粤赣苏区正式形成。

中共闽粤赣（省）特委、特苏（筹）和军委领导机关成立之后，认真贯彻特区党代会精神，积极"改造和加强苏维埃"，整顿原有苏维埃政权，先后成立潮（阳）、普（宁）、惠（来）、潮（安）、澄（海）、（南）澳、饶（平）、（平）和、（大）埔、（上）杭、武（平）、梅（县）、丰（顺）、兴（宁）、五（华）、龙（川）、蕉（岭）、平（远）、寻（邬）县委、县苏维埃政府和县武装队伍及各区、乡党政武装组织。各县委、县苏维埃政府发布文告，全面进行土改分田，采取措施发展工农业生产和文教事业，改善了苏区军民的经济文化生活，巩固了闽粤赣苏区。

闽粤赣、五兴龙苏区的历史贡献

闽粤赣苏区在土地革命战争时期发挥了重要作用。从 1930 年冬至 1931 年秋，蒋介石连续向中央苏区发动了三次军事"围剿"。而革命队伍内部又开展了极左的、扩大化的内部肃反运动。在这内忧外患极为艰难的环境下，中共闽粤赣（省）特委、军委为配合中央红军开展反"围剿"战争，在中央苏区的南大门即寻邬、粤东北地区积极开展斗争，基本上巩固了原有根据地，成为中央苏区的牢固后防，后来发展成为中央苏区的主要组成部分，为土地革命战争作出了重要的历史贡献。概括而言，有四个方面。

一是抗击和牵制了国民党 20 万军队，密切配合中央苏区的反"围剿"战争。当时，广东军阀陈济棠擢升第一集团军总司令，统领 3 个军、3 个独立师共 15 万人，主力分布在粤北、粤东和闽西，加上闽粤地方反动武装，共计 20 万兵力。而中共闽粤赣（省）特委、军委领导的红新十二军 2000 人，红十一军近 3000 人，连同地方游击队赤模队一万多人。在敌我力量如此悬殊的情况下，闽粤赣苏区军民不畏牺牲，顽强战斗，打击了敌人，拖住国民党的大量军队，巩固了闽西、粤东北（寻南）苏区，从而大大减轻了中央红军在南线的军事压力，接连赢得了反"围剿"战争的胜利。

二是配合中央红军开辟了赣东南、闽西北苏区，使之成为中央苏区的主要组成部分。1931 年 8 月，红十一军独立营及地方游击队配合红一方面军之第七军攻克寻邬县城，随即扩编为寻邬独立团。11月，又配合红三军团解放了会昌、安远县。原中共西北分委骨干和寻邬独立团的负责人梁锡祜、陈锦华、罗屏汉等14人分别担任寻邬、会昌、安远县党政主要领导，巩固了新开辟的赣东南苏区，使之与赣西南苏区连成一片。与此同时，红新十二军挥戈北上，9月8日在连城朋口歼敌700余人后，乘胜解放长汀、连城。10月上旬，红一军团之第十二军与红新十二军会师长汀。闽粤赣苏区党政军领导机关亦移驻长汀，使闽西北苏区与中央苏区连成一片。

三是建立了一条中央交通线，胜利完成各项交通任务。闽粤赣（省）特委根据中央的指示，为建立由上海—香港—大埔—永定—江西的交通线，召开专门会议研究，严格选人择点，建立直属横向关系，采取公开设店秘密掩护等办法，由特委书记邓发任命卢伟良为大埔中站站长，李沛群为闽西交通大站站长，指派特委常委兼秘书长萧向荣具体负责交通线工作。因而安全地为中共中央传递大量情报、文件，护送了包括周恩来、刘少奇、陈云、刘伯承、叶剑英、聂荣臻、邓小平在内的300名干部到中央苏区，各种军用物资、医药、生活用品源源不断地输送到中央苏区，打破了敌人的经济封锁。

四是培养锻炼了一批忠诚的领导干部。第五次反"围剿"失败后，闽粤赣苏区数万名党政军干部、战士参加了二万五千里长征。当中有曾任闽粤赣省委书记、代理书记、常委和军委负责人的邓发以及罗明、萧劲光、萧向荣、李坚真、梁广、王观澜、伍修权、梁锡祜等，后来他们大都成为党、国家、军队的领导人。留在闽粤赣边的党和红军领导人张鼎丞、方方、古大存及西北分委骨干陈锦华、罗屏汉等，后来根据中央分局的指示，分别成立了以张鼎丞为主席的闽西南军政委员会，以罗屏汉为主席的粤赣边军政委员会，领导红军游击队开展游击战争。罗屏汉带领的300多人屡遭陈济棠重兵"搜剿"，苦战4个多月几乎全部战死。张鼎丞、方方、谭震林、古大存等在极端艰难的环境下，高举红旗，坚持了三年游击战争，保存了党和红军的有生力量，后来成立了以张鼎丞为书记（后为方方）的中共闽粤赣边省委，红军游击队发展成为新四军的一支主力，一直战斗到全国解放。

五兴龙苏区的建立、发展，武装斗争的胜败一直和闽粤赣苏区、中央苏区息息相关，受到中央、广东省委及东江特委的关注和直接领导。所取得的每一个重大斗争成果，中央苏区各级领导倾注了心血和汗水。特别是在第一、二、三次反"围剿"战争中，五兴龙苏区与中央苏区的配合和协作是多方面的，其主要有：

其一，在政治上大力宣传中央苏区。五兴龙苏区从创建以来的各个时期，一直大力宣传中央苏区的革命斗争和各项建设的成就，以扩大中央苏区在广大民众中的影响。通过广泛宣传，创建和领导中央苏区的毛泽东、朱德等领导人的名字深入人心，成为广大群众心目中闹革命求翻身的希望和救星，从而激发各根据地军民以实际行动支援中央苏区的斗争，同时也使国民党反动派的军心涣散。1930年夏，兴宁县革命委员会在强敌压境之际出示的布告（第四号）中写道："在此朱毛红军快到东江之际"，"全县工农群众，毋庸逡巡怕惧"，"发展革命斗争，保护暴动胜利"。这在当时，确实起了很好的鼓舞和影响作用。1932年8月，五兴龙游击大队驳壳队长罗亚彬从苏区执行任务回兴，身带中央苏区的宣传品，从寻邬开始沿途散发到兴龙地带，向广大民众报告反"围剿"的胜利，使大家对革命斗争充满信心。

其二，从经济物质方面，大力支援中央苏区。五兴龙苏区是向中央苏区输送物资的主要渠道。当时，国民党军队对中央苏区多次"围剿"，层层封锁，妄图使中央苏区军民陷于"无粒米勺水接济，无蚍蜉蚁蚁之通报"的困境。其时中央苏区的物资条件处于极度困难的境地，特别是食盐、布匹、药品等日用必需品相当缺乏。兴龙的老百姓与江西交界地人民素来贸易交往频繁，五兴龙苏区建立后，不少军民冒着风险，采取各种形式，冲破敌人重重封锁，为中央苏区输送紧缺物资，这对解决中央苏区困难、粉碎敌人封锁起了很大的作用。1930 年夏天，根据地建立了以大塘肚为中心的交通站，有通往五华、紫金、河源、梅县、兴宁、寻邬、定南等地的七八条交通线，使五兴龙苏区与东江特委所在地八乡山和中央苏区连结起来，交通站为部队、党政机关传送上下级指示、提供情报、传递宣传品，在输送钱粮物资及护送干部方面做了大量的工作。就在这些交通线上，许多食品、布匹、药品、军械源源不断地送往中央苏区，如在兴龙交界的渡田河开办合作商店，以物换物的形式，与白区群众交换食盐、煤油、衣料、药品等送往中央苏区，支援反"围剿"斗争。在这些漫长的交通线上，无数的共产党员和革命群众，为了保证交通线畅通，解决中央苏区的困难，历尽艰险，甚至献出生命。

其三，在军事方面，运用灵活机动的战略战术，有力地牵制了敌人对中央苏区"围剿"的兵力，起到了削弱敌人、威胁敌人、减轻中央苏区军事压力的作用。1930 年，五兴龙苏区计有工农红军地方武装约 1000 人，而国民党反动派军队驻三县团防军有近 2000 人，自卫队 3000 多人，还经常发动几个县的大"会剿"，每一次出动都纠集上千甚至几千兵力来"围剿"。苏区军民在敌强我弱的情况下，采取灵活机动的战术，利用地形，伺机袭击敌人，采取炸毁桥梁等方式，弄得敌人顾此失彼，惶惶不可终日，从而牵制北上"围剿"之敌。在中央红军几次反"围剿"期间，五兴龙苏区的军民直接牵制国民党邓龙光一个师的兵力。1930 年12 月至 1931 年 9 月，蒋介石先后纠集 10 万、20 万、30 万兵力对中央苏区发动第一、二、三次"围剿"，五兴龙苏区开展了轰轰烈烈的土地革命，并组织男女老少，拿起土枪土炮，刀枪剑戟，不断袭击敌人，广东军阀陈济棠不得不调动兵力对付五兴龙苏区。据统计，五兴龙苏区军民的斗争，共牵制了广东军阀和地方反动武装一万多兵力，消耗了敌人的有生力量，有力地支援了中央苏区和其他革命根据地的斗争，建立了彪炳的革命功绩。

第
九
节

坚持斗争的兴龙苏区

在内忧外患的情况下，革命遭受了很大的损失。但经过革命锻炼的兴龙苏区人民，并没有屈服，在极其艰难的条件下，坚持革命斗争。1931年12月，陈锦华在寻邬芳田村主持整顿、健全游击队，将县游击总队改为五兴龙县游击总队，第一大队队长罗义妹，政委廖志标，长枪队长罗亚雄，驳壳队长罗亚彬，继续坚持斗争。至1932年2月，罗屏汉、罗文彩、张瑾瑜、廖醒中、古汉中等同志调江西会昌县委工作。3月，陈锦华奉命调到江西安远任县委书记。5月，江西省政府委员古柏按苏区中央局的指示，派蔡梅祥率领陈禄先、廖志标、王宦均、罗亚彬、温国贵等10多人返回江广乡的南扒、新村一带开展游击战争，迅速恢复了兴宁县黄陂、大坪，平远县石正，龙川鹤市、赤龙铁、上贝浮，五华县岐岭等地党和群众组织，但斗争进入异常艰苦阶段。

1932年6月，中共兴龙县委员会在黄陂黄沙溪（现黄槐镇）成立，县委书记蔡梅祥，县委委员陈禄先、罗义妹、曾九华、梅贯华、罗亚彬，县委秘书罗宝良。次年，增补古汉中、曾佳昌为县委委员，曾佳昌任团县委书记。同时在黄陂新村成立兴龙县革命委员会，主席蔡梅祥，副主席罗义妹、曾九华，并将原县赤色游击队改组为兴龙县游击大队，罗义妹任大队长，廖志标任政委，古汉中、黄赤古任驳壳队长。县委决定把主要精力放在恢复和健全原有区乡政权组织上，于是新村根据地的红色政权又与敌人展开了激烈的斗争。蔡梅祥、梅贯华等率领的兴龙县游击大队在新村、南扒、石正等地十分活跃，神出鬼没地攻炮楼、烧桥梁、剪电线、打团防、捉土豪、发传单，给敌人沉重的打击。

1933年2月，粤赣省军区政治部主任罗屏汉率领赣南第一挺进队（队长李大添、政委万寿）七八十人到达苗畲村，配合兴龙县委和兴龙县游击大队开展活动。6月，罗屏汉在寻邬南扒主持召开有蔡梅祥等人参加的战地会议，决定在兴宁、龙川广泛开展游击战争。战争连连获胜，鼓舞了兴龙根据地人民，遏止了粤敌北犯中央苏区。

1933年8月，中央人民委员会第四十八次会议提出"为开展南方战线的战争"，"向西南发展苏区"，并决定成立粤赣省。兴（宁）、龙（川）、信（丰）、（南）康、赣（县）边区及武（平）西工委等统归粤赣省管辖。罗屏汉在粤赣省成立会上作了关于地方武装的报告。罗屏汉、张瑾瑜、蔡梅祥当选为省苏维埃执委。不久，蔡梅祥奉命在南扒召开党支部书记以上的干部会议，贯彻粤赣省委指示后，率领兴龙县游击大队，配合闽粤赣边区游击纵队司令员罗屏汉率领的赣南游击队，在兴（宁）、龙（川）、五（华）、平（远）、寻（邬）一带广泛开展游击活动，曾一举击溃陈济棠部一个团，打败广东王赞斌部一个营，重创兴龙寻平联防大队谢海筹部，先后烧毁广州经龙川至五华县三多齐公路大桥、龙川县通衢鱼子路公路大桥以及罗坳、河田公路桥，致使龙川至兴宁、寻邬一线车辆中断，打破了陈济棠的运兵计划。中央红军总参谋长刘伯承在中共中央机关报《斗争》（第42期）撰文道："在粤赣方面有赣南游击队，他曾在敌人寻邬通兴宁的交通线上不断地袭击敌人单个部队劫夺辎重，敌人颇受威胁，屡次'搜剿'，因该游击队得到当地群众之拥护，还是继续活动。"表扬了赣南游击队的英勇斗争。

毛泽东十分重视粤赣边的斗争。1934 年 4 月 21 日，中央苏区的南大门筠门岭被敌军占领，南方战线形势处于危急关头。4月下旬，中华苏维埃政府主席毛泽东不顾个人安危，特地从瑞金来到粤赣省委所在地会昌指导工作。7 月，他在粤赣省委扩大会议上强调指出："要扩大发展游击区，向安远、寻邬发展，向兴宁一带创建游击区。"他还亲临红军二十二师驻地视察，分别召开军队干部和地方干部会议，反复强调，"要坚守南方战线，用游击战和运动战打击敌人，要迂回到敌人后方去打游击"。9 月，毛泽东在赣南省委会议上说，红军主力要转移了，留下来的同志要经得起考验。当他知道张瑾瑜（罗屏汉之妻，任赣南省委执委、省白区工作部部长）想跟主力红军转移时，恳切地说，你们留下来，你们地方的同志对这里情况熟悉，要组织地下游击队，掩护红军转移，要巩固发展根据地。主力红军转移（长征）后，项英和陈毅根据中央的指示，决定将所有留下来的红军部队分九路向外突围，开展游击战争。罗屏汉按中央分局的指示，率领赣南红军游击队 300 多人，在兴宁、龙川、平远、安远、寻邬一带运用灵活机动的游击战术狠狠地打击敌人。

中共中央和毛泽东一直重视兴龙苏区的斗争。1935 年 2 月 13日中共中央给中央分局的指示说，"上犹、崇义、南山、北山、兴龙、饶和埔等处要加派精干部队及好的领导去"开展游击斗争，将给苏区的斗争以极大的帮助。6 月下旬，中央分局调罗屏汉到东江主持白区工作，路过兴龙县委机关寻邬丹竹楼堰塘村时，突然接到红二十四师师长周建屏写给罗屏汉的信，要他去接收这支红军队伍。于是，罗屏汉率队北上，在寻邬西南与兴宁交界山上（留车与中和之间）接到了这支有 200 人的红军队伍。在寻邬留车的罗屏汉同周建屏、七十二团团长李天柱、独三团政委张凯及随军的中央委员陈正人会合后，根据中央分局的指示，共同商量成立了粤赣边区军政委员会，罗屏汉任军政委员会主席，周建屏任副主席，委员有李天柱、张凯、陈铁生、蔡梅祥、杜慕南、陈侃（陈锦华）等。为了便于分散活动，军政委员会将部队改编为3个大队，第一大队驻安远，第三大队驻寻邬，罗屏汉与周建屏率第二大队抵达兴（宁）龙（川）根据地。第二大队到达岑峰当晚攻打了土豪赖奕宏家，打死打伤其家属3人。第二天赖奕宏带领驻防在留车的一营国民党军包围第二大队，游击队牺牲30多人，罗屏汉在指挥突围中左肩受伤，带领部队撤到新村驻扎。

此时，新村根据地的形势十分险恶。广东陈济棠闻讯急调2个师前来"围剿"兴龙根据地，敌人从龙川县老隆到兴宁、平远、寻邬一带数百个村庄设立了封锁线，由反动民团、自卫队引路，日则搜山，夜则设卡，步步为营，严密封锁。特别是派出重兵向新村、苗畲、南扒及附近山区大举"围剿"。面对这一险恶形势，身已负伤的罗屏汉与周建屏、蔡梅祥商量决定：（1）释放传教士，以缓和局势（此前，蔡梅祥、曾佳昌等人曾捕获疑似为敌人搜集情报的美国传教士王神甫等3人）；（2）安排地下交通员护送周建屏、陈正人转移到香港治病（周、陈在港治愈后前往延安参加抗日战争）；（3）把第二大队分为三个小队，杀出重围。7月间，罗屏汉带领罗亚彬等10多人冲出重围，退到龙川径口村时，因曾火生叛变，遭到大坪、龙川、东坑等地反动武装前来围攻。罗屏汉带领10多位同志与敌人进行英勇搏斗，由于敌众我寡，当场牺牲和失散10人。接着罗屏汉带着警卫员潘秉星退到大坪咨洞村，又遭到该村后备队罗永燕民团攻击。罗屏汉虽然负伤，仍顽强地边战边退，当退至大坪鸭池村大窝里时，仅剩下他一人，身负重伤无法再走，只得坐在坟地里，坚持与敌人搏斗，直至弹尽援绝而壮烈牺牲。

同年6月下旬，陈锦华突围至寻邬虾蟆窟时，被敌军击伤腿部，退到山上。翌日，因部下两名武装人员叛变投敌，遭到驻苗畲敌军包围而被捕。后被抬至兴宁县府监狱，在狱中陈锦华坚贞不屈，被敌人折磨至死。

同年8月3日，蔡梅祥、曾佳昌、曹兆凤3人在大坪南蛇坑，因被人出卖，遭敌围捕，被押往兴城，均惨遭杀害。至此，粤赣苏区兴龙革命根据地武装受到极大创伤，土地革命陷入低潮。

"左"倾错误路线的严重危害

1930 年春，正当五兴龙苏区的土地革命斗争运动进行得如火如荼的时候，王明"左"倾冒险主义路线已贯彻到广东。广东省委在 3 月上旬召开了第二次党代表大会，决定了组织地方暴动的总路线，令东江特委红十一军进攻惠州，夺取广州。为贯彻中共广东省委二大的总路线，组织地方暴动，东江特委于 3 月 22 日至 4 月 2 日，在八乡山召开了有各县主要负责同志参加的扩大会议，进行东江地方暴动的总动员。对东江的地方暴动，以夺取数省以至全国革命胜利的总任务进行部署。会议确定把东江划分为西南、西北两条主要干线，实现地方暴动，向惠州发展，向广州推进。会议提出了"打到汕头去"，举行"惠潮梅总暴动"，"在红五月夺取潮、普、惠、丰、梅五县政权"，甚至提出"攻打大城市，丢掉根据地不要紧"等"左"倾冒险主义的行动口号，在军事上则提出"集中攻坚"、"与敌人打大仗、打硬仗"的错误军事路线。

在"左"倾冒险主义路线的指导下，为了使五兴龙革命根据地与寻南根据地连成一片，红五十团奉命攻打反动武装重兵驻守的反动据点澄江圩。澄江圩位于寻邬县城北面，是通往江西中央苏区的重要地方。当时驻守澄江的反动武装力量较强，有反动民团头子谢嘉猷、钟文才部各 100 多人，拥有 100 多支枪，及红枪会的数百支大刀长矛，且有坚固的碉堡、围屋固守。而红五十团在内线工作没有做好，且对山地道路不熟的情况下，于1930年3月24日晚，从留车分路出发，集结在三标云盖栋待命。25日拂晓，大雾弥漫，红五十团开始进攻澄江圩，经数小时激战，敌人退出澄江圩，据守在澄江圩西北角围屋内顽抗。红五十团猛攻敌人的各个围屋火力点，但缺乏攻坚武器，战斗到中午伤亡惨重。这时敌人援军和当地红枪会匪徒已赶到，反包围了红五十团。刘光夏被迫率队突围，撤到竹子凹时，几乎全团覆灭。团长刘光夏在战斗中身负重伤，警卫员何金娣背着他撤退，刘胜贵紧跟其后掩护，眼看敌人快追上来了，就甩掉驳壳套，迷惑敌人。走了一段路后，刘光夏见敌人快追上来了，挣扎着从何金娣背上滚下来说："背不走了，愿受其死，不受其辱。你俩给我加枪，带走文件。"刘、何两人当即跪下，要同生共死。刘光夏用命令的口气说："不加枪，就不是革命同志，你俩不加，我加！"说着一把从刘胜贵手里夺了枪，在自己喉头上开了一枪而壮烈牺牲。政委陈俊均在战斗中壮烈牺牲，参谋长邝才诚被敌人捉去惨遭杀害，仅有在外围打援的连长陈必达、骆达才等40多人突围出来。澄江圩战斗的失败，使五兴龙苏区特别是大信根据地的革命武装力量大大削弱。五六月间，在敌人重兵"围剿"下，大信根据地失守，革命武装被迫转移至新村一带。

在党内执行"左"倾错误路线，造成革命力量损失严重的同时，国民党反动派又加紧对苏区进行"围剿"。1931年11月25日，广东军阀陈济棠急令所部"巩固粤防"进军赣南，派李超夫一营兵力猖狂进攻新村根据地。五兴龙县委机关和县总队才二三十人，为了避免与敌人决战，陈锦华、蔡梅祥率领游击队连同县委机关退出新村，转移到寻邬芳田村，新村革命根据地又陷入敌手。其时，粤东北苏区的五兴龙、蕉平寻、梅丰、饶和埔苏区大部分失守。国民党反动派占领革命根据地后，把苏区划为"匪区",恢复一切反动组织。强化保甲制,实行"五家连坐法",清查户口、诱骗自新等,加强对苏区人民的血腥镇压。原已逃亡的地主恶霸、土豪劣绅重新回来欺压人民,补回田租和债利,强迫自由女转嫁,疯狂地进行反攻倒算。

国民党反动派为配合对革命根据地的"围剿",对在白区的共产党组织也进行了疯狂的破坏。首先大力破坏城区的地下党组织,潘明星派特务围攻了土坑围支部,党支部负责人张正非等在兴城北门外的理发店被捕。同时围捕了城区共青团负责人李又华、大坪区委书记朱采莲、兴民中学袁文殊。敌人企图从他们身上得到党内底细,进一步破坏地下党组织,但李又华等坚贞不屈,没有吐露半点实情,敌人阴谋失败。陈楚麓的反动武装也几乎夜夜出动,搜捕地下党人员,结果,龙田支部书记吴雨斋、城区支部书记王公珏以及县委通讯员赖学清被捕叛变,从而使龙田、大坪、城区等党组织遭受破坏。随后,敌人又到城区共青团区委秘密机关上华街木匠店围捕城区共青团负责人廖立民、李戈伦,他俩幸得地下党员李雄通报,机智撤离。此后,李戈伦、廖立民等许多革命同志因无法立足兴宁,转移到上海等地进行革命活动。

4

第四章

抗日救亡　风起云涌

第一节 抗日救亡运动的兴起和发展

1935 年至 1937 年处于低潮中的兴宁革命斗争，尽管没有中国共产党的直接领导，但在中共中央的有力号召和指引下，在兴宁一中（原县立中学）三四读书会和进步师生的努力下以及著名的一二·九运动的影响下，斗争并没有完全停止。

1930 年，罗元贞在上海参加共产国际外围组织红色国际互济会，曾就读于进步人士许德珩主办的社会学院，接受了进步教育，初步学习了马列主义，同时接触了不少地下共产党员，了解党的抗日民主政权，衷心拥护中国共产党的主张，认为共产党的抗日主张及其路线是解放中国的唯一正确的路线。1932 年冬，他从上海回来，翌年春，到兴宁一中任语文教师。他到兴宁一中后，由于教学认真，善于团结群众，很快在师生中树立了威信。第二学期，他与教师罗虫天、傅思均等合办《微言》杂志，该杂志内容新颖，文字生动，且宣扬了民主思想，在青年中起到一定的影响。罗元贞物色关心国事、富有正义感的学生张卓良、陈耀春（陈子川）、廖浩民、何捷芳等，向他们推荐阅读《共产党宣言》《莫斯科印象记》《拓荒者》《萌芽》等革命进步刊物，在这批青年中播下了革命火种。后经过一番串连、酝酿，于 1934 年秋的一个下午，在兴宁一中北院的一个课室里，50 多位师生济济一堂，成立三四读书会（取名"三四"意指成立于 1934 年），该读书会是一个怀抱救国救民理想的严肃的团体组织，宣传抗日救国，介绍阅读革命书籍，如《社会科学入门》《辩证唯物论》，苏联小说《铁流》《毁灭》等。当时三四读书会的积极分子有傅思均、罗虫天、何捷芳、廖浩民、傅明、张卓良、陈子川、卢怀光、唐洪发等，以后陆续参加的有赖汉斯、王兆灵、林士欣（静中）、陈琇瑛、袁灼华、罗宝崇等。三四读书会在社会上有一定的影响，团结了一批青年，会员经常保持有六七十人。三四读书会一直坚持到1941年，对兴宁抗日救亡运动的开展起到了很好的宣传作用。

　　1935年12月9日，一二·九运动爆发，北平学生举行声势浩大的抗日救亡游行，到新华门请愿。军警的围攻打击，引发北平各校学生举行全市总罢课。随后，这场革命风暴迅速波及全国。大津、重庆、上海、广州等大城市先后爆发学生的爱国集会和示威游行，许多工厂也举行罢工。这就是中国现代史上著名的抗日救亡运动一二·九运动。一二·九运动让中国人民不仅加深了对民族危机的认识，而且看到了自身的力量，看到只有把国内各种力量汇集起来才能有效地抵抗日本的侵略，增强了人民奋起救亡的信心和决心。兴宁在这一运动中受到一定的影响。一二·九运动发生以后，兴宁《时事日报》有过简单的消息报道。三四读书会的少数成员正在研究如何作出响应时，广州中山大学派李钧祥、罗宗秀两位同学回到兴宁，马上与兴宁一中学生会主席张卓良取得联系，决定开个动员大会。1936年1月中旬，大会在兴宁一中南院大成殿礼堂召开，参加大会的有三四百名学生。主持大会的是罗宗秀，他激昂慷慨地分析介绍了日寇向中国侵略，步步进逼，蒋介石持所谓"攘外必先安内"政策，向日寇步步退让，弄到国将不国的危险局面。他讲述了一二·九运动的爆发，以及广州大中学生响应一二·九运动受到国民党反动派镇压，造成荔枝湾惨案等情况，号召广大群众起来反蒋抗日。他的讲话受到热烈的欢迎。会后，举行示威游行。当时兴宁一中当局对中大学生回来宣传抗日救亡运动，导致开大会、示威游行等，忧心忡忡，立即作出不再继续期考的决定，妄图以此来抵制救亡运动。果然，大会开完后，有相当一部分同学便搬行李回家，只有少数进步学生（主要是三四读书会的会员），在中大罗宗秀、李钧祥两同学的指导下，利用寒假的机会分头深入各地宣传抗日，组织一些进步学生写了大批有关抵制日货、团结抗日等一类的标语张贴。同时组织排练话剧，在龙田、新陂等地公开演出，向广大群众宣传团结抗日。

一、全面抗战爆发后的形势及其对兴宁的影响

1937 年 7 月 7 日，日本侵略军在北平西南的卢沟桥附近以军事演习为名，突然向当地中国驻军第二十九军发动进攻，第二十九军奋起抵抗，中国对日全面抗战从此开始。卢沟桥事变的第二天，中共中央发布《中国共产党为日军进攻卢沟桥通电》指出："平津危急！华北危急！中华民族危急！"号召全国同胞和军队团结起来，筑成民族统一战线的坚固长城，抵抗日寇的侵略。15日，党中央将《中共中央为公布国共合作宣言》交给国民党中央。该宣言以团结抗日、实行民主政治为宗旨。17 日，中共代表周恩来等前往江西庐山同国民党代表蒋介石等举行会谈。中共代表提议以该宣言为两党合作的政治基础。广东地区在中共南方临时工作委员会的领导下，于 7 月 25 日，党组织发动广州市 15 万群众参加抗日救亡示威大游行。后又建立了学生救国联合会，大力宣传党的抗日民族统一战线政策。8 月 9 日，兴宁县成立了兴宁各界民众抗敌后援会，参加第一次会议的各界代表 17 人。罗亚辉（罗景若）代表新运剧社，何捷芳代表兴宁一中学生会，罗元贞代表时事日报社，参加抗敌后援会。罗亚辉、何捷芳被选为委员，负责宣传工作，组织爱国青年走上街头，进行口头讲演、写

标语、发传单。新运剧社（1937 年 5 月以民众教育馆的名义组织的）的廖立民、罗亚辉、马添荣、黄顷波、陈望秋、陈季钦、陈锡珠、黄汉华、黄铁崖、黄秋云、陈捷等积极开展救亡宣传活动，他们自编、自导、自演，在兴宁城南京戏院演出了《放下你的鞭子》《还我河山》等剧目，起到了宣传抗日与团结群众的积极作用。

二、各种抗日救亡团体的建立

抗战初期，除建立了兴宁各界民众抗敌后援会外，各种抗日救亡团体先后纷纷成立。其中有工人抗敌后援会、青年抗敌后援会、学生抗敌后援会、妇女抗敌后援会、小学教师联合会、抗战书报社、七七学园等。除了县级的救亡团体外，各区也相应成立了各种救亡团体。如罗宝崇等与一批进步青年，在罗志甫教授的支持和指引下，于 1937 年 12 月下旬成立东门外乡村互助会；刁坊区河郑乡的进步青年曾树寰、罗科明、罗伟强等人发动组织的南乡联庄会等。1938 年春，为使抗日救亡运动在全县更广泛更深入地开展，廖立民、罗亚辉、马添荣等从新运剧社中挑选 8 个人，组成乡村服务团。廖立民为团长，团员有马添荣、黄顷波、黄汉华、胡廷芳、陈维中、罗才钦等。他们不怕艰苦，积极工作，募捐 3800 多元活动经费，到石马、黄陂、罗岗、罗浮、大坪、刁坊、坭陂、新圩、水口等地进行演剧、讲演、唱抗战歌曲，宣传抗日救亡。所到之处，群众非常欢迎，起到了很好的宣传教育作用。同年 7 月 18 日，兴宁县抗敌后援会在兴宁一中（北院）举办兴宁各界民众抗敌后援会干部训练班，历时一个月，参加学习的有各区救亡团体的骨干及社会进步青年 200 人，李戈伦任政治处主任，授课人有李戈伦、廖立民、王道生等，学习内容主要是社会科学基本知识、各地抗日宣传文件和抗战歌曲。训练班结业时，在兴城南京戏院公演名剧《血洒晴空》《重逢》《争取最后胜利》等。7 月，在东城李家祠成立七七学园，会员有二三十人，收集大量进步书刊供群众阅览。9 月，为适应抗日战争需要，由陈季钦、李焕文等发起成立兴宁青年抗敌同志会（简称"青抗会"），会址设在东门李家祠。凡是真诚爱国、拥护抗日的人，不分阶层、职业、性别，都可以自愿申请，批准为会员。这个组织的骨干都是分散在各小学的进步教师。因此，青抗会实际上被进步力量所控制。青抗会成立后，兴宁青年的抗日救亡工作取得公开合法的地位并进一步蓬勃发展起来。兴城的工人、店员、妇女、学生也纷纷参加了青抗会，青抗会多次召开青年座谈会，宣传抗日，讨论毛泽东关于《中国共产党在民族战争中的地位》，还出版《青年动员》半月刊，演出大型话剧《凤凰城》《古城的怒吼》。寒假期间，青抗会组织流动剧团下乡演出，很受群众欢迎。不久，青抗会附设了抗战书报社，负责人陈穆民，积极推销进步书籍、报刊，如《大众哲学》《论持久战》《英勇奋斗五十年》《哲学讲授提纲》《论新阶段》《救亡日报》《新华日报》等，对传播革命思想起到了很大作用。

兴宁的中小学师生是抗日救亡的宣传大军。全面抗战爆发后，几乎每一间中小学都组织了宣传队伍，走街串村，演讲、演戏、唱歌，结合募捐或收集废铜烂铁。兴宁一中的抗战戏剧歌咏活动持续了五六年之久，在兴宁抗日救亡史上写下了光辉的一页。1937 年 7 月至 1938 年，兴宁一中师生在学校大成殿和县城南京戏院上演了《五奎桥》《赵阎王》《烙痕》《布袋队》《汉奸的子孙》《四封之曲》《重逢》《扬子江暴风雨》等多幕或独幕话剧、歌剧。1939 年冬，兴宁一中成立悲风剧团（负责人陈琇瑸、童权通、吴清荣等）、夜莺音乐会（负责人王超群、饶鸿竞、罗钧才等）和松啸歌咏队（负责人廖汉中、李英群、王肇东等）；次年兴宁一中又成立晨钟歌咏队（负责人罗汉基、李烈光等）。龙蟠中学还成立了黎明歌咏团。这些歌咏队，全由进步学生自己选歌曲，自己刻印，自己导唱，每周两次集中练歌。从 1940 年上学期至 1942 年上学期，在地下党的指导下，每学期悲风剧团和歌咏队都联合对外公演以"抗日救亡"为主题的大型节目，先后演出《魔窟》《民族光荣》《红缨枪》《黑字二十八》《绯色网》等多幕话剧以及《农村曲》《军民进行曲》《黄河大合唱》《吕梁山大合唱》等抗战歌曲，对社会影响很大，对唤起群众参加救亡运动起到了积极推动作用。1944 年春，宁中中学由黄斌然、罗玉寰、黄基胜等人成立力行读书会，有 30 多人参加。读书会通过学习革命理论，演唱抗日救亡歌曲，动员和团结广大师生投入到抗日救亡运动中来。

三、创办《岭东日报》和出版《救亡文摘》

1938 年春，为适应抗日救亡运动发展的需要，加强抗日宣传，兴宁创办《岭东日报》，由李戈伦任总编辑，每天出版 1500 份左右，发行兴宁、五华、梅县、平远各县。这家报纸注意转载延安《解放日报》和上海进步报刊的重要评论和全面抗日运动的重要资料，及时报道本县抗日救亡的工作情况，积极宣传抗日主张和中国共产党的抗日民族统一战线政策。它不受国民党党部控制，有独立见解，是坚持抗日的报纸，在人民群众中有较大的影响。同时，为满足广大爱国青年的愿望，能够读到进步报刊上的好文章，引导民众积极参加抗日救亡运动，报社还由罗亚辉汇编、李戈伦审阅出版《救亡文摘》，出版了第一集，很受欢迎，不几天便销售一空，接着继续出版第二集和第三集。同年 8 月，武汉国民党解散了中国共产党领导下的中华民族解放先锋队等 14 个救亡团体。在这种形势下，兴宁县国民党当局接收了《岭东日报》。

四、妇女识字运动的兴起和工人夜校的建立

1937 年，全面抗战开始，人民群众抗日情绪非常高涨。妇女占我国人口的半数，如何发动广大妇女参加抗日救亡运动，是当时共产党人面临的一项重大任务。时任小学老师的罗亚辉深深地理解到这一点，便和本村的育文小学教师及一些青年商议，首先在该校办起一个有三四十人的妇女识字班——就是兴宁诞生的第一个妇女识字班。为了办起这所妇女识字班，他们首先是冲破顽固的社会阻力，不惜劳累，挨家逐户去串连发动，经过反复的解释说服，做好艰苦的宣传工作。其次是解决课本问题，针对妇女识字班的学生一般上了年岁，目不识丁，加上她们劳动强度大，家务多，记忆力较差的特点，他们自己编写课本，内容尽量做到有宣传抗日的现实意义，又结合生产、生活上的一般知识，如当时就有这样的课文内容："日本鬼，住三岛，不学好，做强盗，打中国，横蛮霸道"、"母亲叫儿打东洋，妻子送郎上战场"、"青菜豆腐多营养"、"眼鼻手足，犁耙箩筐"等等。这样的课文，有意义、有趣味，又大体押韵，朗朗上口，容易诵记。大家说好，人人欢迎。后来罗亚辉、王道生（笔名川流）还以当时自己的实践经验，分别编写出版《妇女识字课本》和《人人读》，这两种课本之后成为全县流行的识字课本。不久，全县出现了妇女要解放、人人争读书、夫教妻、子教母、婆媳同上学的动人情景。全县农村办起的妇女识字班近千所，参加学习的人达 5 万多。妇女识字班一边教识字，一边宣传抗日救亡的道理，有力地促进了抗日救亡运动的开展。

上海沦陷，南京失守后，李戈伦、罗亚辉亲自下厂向工人宣传抗日。为了提高工人的觉悟和文化知识水平，决定成立工人夜校，布业工人编为 3 个班，理发工人编为 1 个班。教员由李戈伦、

罗亚辉、卢怀光等担任，讲授内容有语文、算术、珠算、时事、唱歌等，很受工人欢迎。工厂资方借口各种理由，阻挠工人参加抗日救亡活动和上夜校学习，甚至要开除工人。他们站在工人方面，反对开除，主张应给工人一点权利，改善一些待遇，以便提高工人生产积极性。此时工人组织起来，显示了团结力量，经过斗争和调解，取得了胜利。

第二节 抗日民族统一战线的建立与统战工作的开展

一、广泛宣传党的抗日民族统一战线政策

1937年9月22日，国民党中央通讯社发表延搁两个多月的《中国共产党为公布国共合作宣言》。23日，蒋介石发表谈话，实际上承认了中国共产党的合法地位。共产党的《宣言》和蒋介石谈话的发表，宣告国共两党第二次合作的实现，标志着以国共合作为基础的抗日民族统一战线正式形成。当时，蒋介石在全国上下强烈要求"停止内战，一致抗日"的压力下，被迫发布"全国总动员令"，要全国各地成立"抗敌后援会"。兴宁县各界民众抗敌后援会于1937年8月9日成立。当时，土地革命战争时期的共产党员廖立民、李戈伦虽然尚未恢复组织关系，但他们通过与在广州的李又华联系，得到毛泽东的论著和进步书刊，作为宣传和行动指南。他们根据毛主席关于"为争取千百万群众进入抗日民族统一战线而斗争"的论述，感到建立抗日民族统一战线是当前的中心任务，不久李戈伦便参加了抗敌后援会，利用这个合法组织，做了大量的抗日救亡工作。他们通过新运剧社、三四读书会等进步团体团结各阶层人士，利用青抗会、学抗会、小学教师联合会、抗战书报社、七七学园、乡村服务团、新陂抗日自卫队、东门外乡村互助会、刁坊南乡联庄会等抗日团体和宣传抗日的《岭东日报》开展抗日救亡活动。为了适应斗争形势需要，他们

三人作了分工：李戈伦、罗亚辉在城镇负责统一计划部署，除重点抓好新运剧社，占领抗敌后援会的讲坛外，还负责上层统一战线工作和妇女识字运动；廖立民则重点抓农村工作，担任乡村服务团团长，带队到各区、乡宣传抗日救亡，开展妇女识字运动和把各区的抗日民众武装组织起来。他们通过各种进步团体和报刊，利用公开合法的形式，宣传党的抗日民族统一战线政策，把党中央《关于目前形势与党的任务的决定》《抗日救国十大纲领》和毛泽东关于《反对日本进攻的方针、办法和前途》等文章的精神，向全县各阶层人士广泛宣传，使各阶层人士认识到，在这危难当头之际，只有建立民族统一战线，团结一致御敌，才能打败日本帝国主义，才不会当亡国奴，从而使党的统一战线的方针、政策逐步深入人心，为兴宁统一战线的建立打下思想基础。

二、做好上层人物的统战工作

党中央在瓦窑堡召开的政治局会议指出："只有最广泛的反日民族统一战线（上层的与下层的），才能战胜日本帝国主义与其走狗蒋介石。"西安事变后，为促成国共两党的第二次合作，建立起广泛的抗日民族统一战线，中国共产党的策略由"抗日反蒋"转变为"逼蒋抗日"，提出"停止一切内战，集中国力，一致对外"的口号。兴宁抗日救亡运动的领导人根据党中央的策略，结合兴宁实际，特别注意从两个方面做好上层人物的统战工作。

一是利用宗族关系做好上层人物的统战工作。抗战时期，兴宁罗、李两姓在国民党军政界当大官的人不少。罗姓中有罗翼群（国民党中央委员）、罗梓材（余汉谋集团军总司令部参谋长）；李姓中有李洁之（广州市警察局长）、李振球（余汉谋部第一军军长）、李振（国民党军长）、李曰京等。争取这些实权人物的支持，对兴宁抗日救亡运动有其重要的作用。1937 年 12 月，罗宝崇等人与一批进步青年、小学教师和学生，为了保家卫国，运用统战方法，对城东罗族进行了调查分析，在罗志甫（北平师大教授）的指导下，在罗翼群和罗梓材的支持下，他们参照北方互助会的组织形式，成立了兴宁县东门外乡村互助会。在互助会开会时，罗梓材在会上号召各祖尝进行募捐，他带头捐了 500 元，其他祖尝和股实户都捐了款。经罗梓材同意，成立了有 300 余人的抗日自卫队，下设 5 个区队，大圳上区队新购德国驳壳枪 40 多支，弹药和军事教官均由罗梓材提供和推荐，脱产 3 个月进行军事训练。1937 年冬，李戈伦则利用李洁之、李振球、李曰京等人的宗族关系，在新陂区成立抗日自卫队，该自卫队拥有 70 多支洋枪、30 多支土枪。刁坊区河郑乡的进步青年曾树寰、罗科明、罗伟强等人发动组织的南乡联庄会，共有 800 多人，由李振担任会长，河郑乡庆平小学党支部组织成立了武装自卫队（中队），由李振家和各姓祖尝提供 40 支枪和一批子弹，实行严格的"三操两讲"，一面进行军训，一面讲授毛泽东的《论持久战》。这支自卫武装队伍完全掌握在庆平小学党支部手里，他们准备在日寇由潮汕攻打兴宁时，组织游击队，保家卫国。

二是主动做好地方上层人物的工作。1939 年春，榆林、海口相继沦陷后，日军准备进攻潮汕，形势险恶。其时，农工民主党人李伯球任兴宁县长，兴宁地下党负责人陈季钦指示罗科明通过进步教师刘超寰的关系认识李伯球，被安排在兴宁县动员委员会任干事，刘超寰任民众教育馆馆长，曾伟任动员会秘书。随着抗战形势的发展，急需培养大批乡村干部。1939 年 6 月，兴宁县政府在东门外寨仔脑举办乡村工作干部训练班（简称"乡干班"），由李伯球兼任班主任，罗科明、曾伟负责具体组织工作，学员大多数是参加过武装训练的青年。兴宁中心区委考虑到这个班极其重要，决定派党员林仕欣、李焕文到乡干班任政治指导员。乡干部训练一个月结束，县长李伯球把精干的学员派到各乡去当乡长，掌握各乡政府及民间的枪支子弹，准备日军从潮汕攻打兴宁时，立即全县动员，与敌人开展游击战争。

三、从军事上做好抵抗日军侵略的准备工作

1939 年 2 月，中共兴宁县支部在神光山下陈季钦家里召开会议，进一步研究做好统战工作的问题，梅县中心县委派宣传部长陈光到会作了指示："根据党的统一战线方针，应该团结一切抗日的进步势力，掌握武装，争取主动权，挽救时局逆转的形势。"党组织认为，李焕良（水口挺进队大队长）等是农工同盟党的骨干分子，应争取他们，团结他们抗日。因此，党组织决定派共产党员邓东浩（1936 年曾任十九路军副团长）到兴宁壮丁常备队当分队长，招收 60 多位志愿兵，在新陂进行军事训练和抗日救亡教育。同年 9 月，党组织派邓东浩打进水口挺进队任中队长（当时陈侃任司令官，李焕良任大队长），以原有 60 位志愿兵的壮丁常备队为基础，继续招收志愿兵，并在中队成立了中共支部，邓东浩任书记，共有党员 17 人。按组织指示，等待时机成熟后，把队伍拉出来，直接开赴抗日前线。1940 年春，这个中队开赴抗日前线揭阳棉湖驻防，由揭阳县委林美南领导；6 月又调丰顺隬隍驻防，由东江特委古关贤领导，直到 1942 年 6 月 "南委事件" 后才停止活动。

第三节 中共兴宁组织的重建和发展

一、重建中共兴宁支部

抗日战争全面爆发后，国共两党第二次合作。1937 年 10 月，闽粤赣边区党代会在福建上杭白砂召开，决定成立中共闽粤赣边省委员会。同年 12 月，潮梅地区党组织划归闽粤赣省委领导。梅县成立中心县委员会，领导梅县、兴宁、平远、蕉岭、大埔、福建武平等县。中心县委员会书记伍洪祥、组织部长吴国桢、宣传部长黄芸。1938 年 8 月，中共梅县中心县委派黄雨凝（即黄芸）来兴宁与李戈伦、廖立民、罗亚辉等联系，商讨如何重新建立党组织的问题，不料途经径心官亭歇息时，因翻阅延安出版的进步书刊，被国民党军警查获逮捕入狱。不出 3 天，国民党当局即派出武装人员围捕李戈伦、廖立民、罗亚辉。在此情况下，李戈伦、廖立民、罗亚辉不可能再在兴宁公开活动，三人一致决定，共同北上延安。

1938 年，兴宁抗日救亡运动在城乡进一步兴起，但没有党组织的领导，不能适应形势发展的需要。根据中共中央《关于大量发展党员的决定》，广东省委和梅县中心县委都非常关注兴宁党组织的重建工作。同年 10 月，梅县党组织发展在梅县读书的曾庆廉入党，接着发展了兴宁一中到梅州军训的何捷芳、廖浩民入党，廖浩民则吸收伍志超入党。何捷芳在兴宁一中先后吸收了王月龙、袁灼华等人入党。与此同时，中共梅县中心县委派陈华前来兴宁发展党员，首先吸收曾在新运剧社任总务的陈季钦入党。广州沦陷前两天，中共广东省委分派尹林平、饶彰风、张直心、陈婉聪（女）、陈维岳五人，由尹林平领队到东江各县开展党的工作。同年 11 月，尹林平派张直心回到兴宁恢复党组织，他首先吸收当时主办南国战时艺术学园的负责人王道生入党，紧接着发展了李焕文、何田昌、张达群、张卓良等 23 位党员。1939 年春节，陈瑾芳（陈家震）从梅县回到石马，除了培养入党对象外，还发动青年学生组织醒狮队，以舞狮形式向群众进行抗日救亡宣传，除在石马活动外，还到梅县南口一带活动。

1939 年 2 月，中共兴宁县支部成立，支部书记陈季钦，组织委员李焕文，宣传委员何田昌，共有党员 30 余人，机关驻地在兴城东门城脚抗战书报社。经请示上级，兴宁党组织归属梅县中心县委领导。

二、党组织迅速发展壮大

1939 年 2 月，东江特委成立，书记尹林平。不久，东江特委召开扩大会议，东江地区各县县委书记出席会议，会上讨论了当前形势，指出：武汉、广州沦陷后，国民党消极抗日，加紧反共，抗战后全国规模的第一次反共逆流已经到来，要求各地党组织更加隐蔽起来，有理、有利、有节地进行斗争。此时，兴宁党组织为了加强对县青抗会的领导，派李焕文、何田昌等主持该会工作，并动员广大进步青年参加这个组织。这样，青抗会实质上成为中共领导下团结教育广大青年，开展抗日救亡运动的重要阵地，还对发展地下党组织、掩护党的行动起了重要作用。同时，还成立青抗会工作团，团长马添荣，团员王汉涛、袁文宏、罗进祥、叶松芳等，主要任务是建立与巩固各乡青抗会，教育培养骨干。

1939 年 3 月 19 日，经上级批准，中共兴宁县支部扩设为中共兴宁县区委员会，机关驻地设在兴城李家祠抗战书报社内，区委书记陈季钦，组织委员李焕文，宣传委员何田昌，党员有 60 多人。

1939 年夏，潮汕沦陷后，兴宁区委会利用青抗会这个合法团体，组织兴宁战地服务团，全团 12 人，成立了临时党支部，支部书记张达群，党员有李楚、曾其洪（曾志）、王汉涛、罗进祥等 6 人。组织派他们到前线（在丰顺汤坑一带）工作了两个多月，他们组织抗日锄奸队、担架队，演出活报剧，募集了一大批物资支援前线。同时，设立流动书报社，秘密发行大量进步书刊。

下半年，兴宁一中党组织有了较大的发展，成立了党总支，总支书记何捷芳（以后分别是傅孝芬、罗道新），总支下设 3 个支部，党员有 20 余人。在党组织领导下，兴宁一中的抗日救亡运动主要有：（1）充分利用学生会这个合法组织开展抗日救亡活动；（2）积极开展小型多样的社团活动，组织松啸、晨钟、夜莺歌咏队和悲风剧团、前锋读书会等；（3）利用学校出面举办的各种活动进行抗日宣传，如学校开展作文比赛、讨论宪法等，党组织指派党员去帮助同学拟稿，通过他们宣传抗日，揭发反动势力；（4）勤交朋友，进行个别教育，在三四读书会会员中培养入党对象；（5）通过各区同乡青年开展各种活动。

8 月，何迺英接任兴宁县长后，即下令解散青抗会。100 多位青抗会会员在地下党的领导下，在东门纶彩小学举行集会抗议。抗议结束后，全体与会者列队示威，并到专署、县政府和国民党部请愿，还派代表到县政府质问为什么要解散青抗会，要求收回成命。但县长何迺英只是把派去的 5 位代表的名字记下，对解散青抗会问题，既不敢收回成命，又不敢马上执行命令。这样，青抗会活动一直延续到寒假，直至县政府下达命令后，才被迫停止活动。

10 月，日寇向华北各个敌后抗日根据地发动大"扫荡"。国民党的反共面目已大大暴露，兴宁的政治斗争形势也越来越恶化。国民党的三民主义青年团（简称"三青团"）在兴宁开始活动并占用了城内的植基小学，《小学教联通讯》等进步刊物被迫停办。为了争取舆论阵地，党组织指派卢怀光打进当时兴宁发行量较大的《天下报》报社，专为该报写"时事评述"。卢怀光参照一批进步报纸，每星期写一篇评论文章在《天下报》发表，受到群众欢迎。同年 11 月，中共梅县中心县委根据省委关于"为了应付可能发生的突然事变，4 个月内完成对干部审查教育工作"的指示，多次举办学习班，中共兴宁县区委会派罗宝崇参加。每次学习 7 至 10 天，地址设在梅城附近农村，学习内容重点是党员教育。第一次，学习秘密工作条例、党员革命气节、统战政策、斗争策略等；第二次，学习《中国共产党在民族解放战争中的地位》等。每次都要学习讨论国际国内形势和党的任务问题。学习结束时，中心县委还印发了不少宣传资料，并部署了工作任务。

1940 年 1 月，中共兴宁县区委员会改为中共兴宁县中心区委员会，仍隶属梅县中心县委领导，中心区委机关迁至兴城西河背竟新布厂内。1940 年 6 月，中共梅县中心县委派梁集祥来兴检查党的工作，在兴宁县中心区委会上宣布调整领导班子，把一些公开面目过多的干部调离兴宁。何田昌离开兴宁到韶关，调罗宝崇任组织委员，李焕文改任宣传委员，增补刘亚云为工运委员，朱逸谦为青年委员。这期间，梅县中心县委宣传部长在兴宁指导工作时，看到兴宁党组织发展很快，建议中心区委把全县分为 4 个工作片，设 4 个总支：城东党总支部，书记张卓良，后为罗仕彦；城南党总支部，书记郑清兰；城西党总支部，书记张达群；一中党总支部，书记何捷芳。陈季钦、罗宝崇、朱逸谦、李焕文分别负责城东、城南、城西、一中各片党组织领导工作。下设培英、新陂、植基、龙中、水口、一中、竞新布厂等党支部近 10 个，共有党员 60 多人。

三、中共兴宁县工作委员会的建立

1940 年春，在国民党当局发动反共高潮的形势下，中共兴宁中心区委决定把区委机关由城内转移到寨子脑植基小学，作为中心区委的重要活动据点。区委下面仍分城东、城西、城北和城南 4 个片。区委要求各支部健全支部生活，党员要起模范作用，积极开展党的工作，并向山区发展党员，坚持继续办好妇女夜校，注重组织武装力量，广泛深入开展抗日民族统一战线工作；区委对全县的支部书记及党小组负责人进行审查，予以调整。同年夏，中心区委书记郑敦，组织委员由朱逸谦接任（罗宝崇主要负责植基小学工作），青年委员陈瑾芳（又名陈家震），妇女委员陈雪璋、李焕文调离兴宁到梅县教书。兴宁一中总支书记傅孝芬，青抗会支部书记何鼎隐（后为李楚），新陂小学支部书记张达群，龙田支部书记陈穆民，支委罗仕彦、胡廷芳，龙田中学支部书记李巨村（李菊生），支委罗卓才等。

随着形势的变化，过去在县城参加抗日救亡工作的同志纷纷转入乡村。在乡村一面教书，一面做抗日宣传工作。此时，全县党员已达 120 人左右，大部分分布在乡村小学。各小学党支部负责人如下：正本小学（即文峰小学）罗震亚，庆平小学郑清兰，以彩小学张卓良，纶彩小学马焕云，崇新小学张达群，新圩小学廖浩民，坭陂小学王汉涛。林仕欣受中心区委的委托，写了不少宣传资料和提纲，对党员的学习和教育，有一定的帮助。罗科明（罗鹤鸣）、李博仁（艾烽）参加南兴小学支部，负责编辑出版《笔部队》刊物，出版了三期，颇受群众欢迎。

　　为了适应形势的需要，党组织决定加强党员教育，利用清明前后放农忙假的时间，陈季钦到寨子脑纯贞小学举办党员培训班，主要学习党的秘密工作条例、党员革命气节、各种斗争策略、统战政策、群众路线等。此时，中共兴城文化支部，编辑出版新民歌《打倒汉奸汪精卫》，由义贤堂承印 700 本，由北街大众书报社（负责人王汉涛）秘密发行。这本书选录了 29 首新民歌，歌中唱出了人民的心声，深受读者喜爱，很快销售一空。

　　6 月 10 日，梅县中心县委成员梁集祥到兴宁（随同的有陈瑾芳），主持召开兴宁中心区委会议，传达全国政治形势及中共中央关于在国民党统治区实行"隐蔽精干、长期埋伏、积蓄力量、等待时机、反对急性和暴露"的方针。结合兴宁的实际情况，决定对中心区委进行调整，调整后的中心区委书记为郑敦，组织委员朱逸谦（兼），青年委员陈瑾芳，妇女委员陈雪璋。同年秋，石马成立了石马党支部，支部负责人陈伟光，该支部一直由陈瑾芳联系。

　　1940 年 12 月，郑敦奉命调离兴宁，梅县中心县委派陈华前来兴宁主持工作。陈华传达了上级党组织关于应付形势突变需在组织内进行整党决定的会议精神，时间 4 至 5 天。主要内容是：了解党员的家庭出身，如何应付被捕及革命气节的教育，开展批评与自我批评教育，最后还对党员作出鉴定。经过整党审干后，上级决定把中共兴宁中心区委改为县工作委员会，县工委书记由陈华担任，组织委员朱逸谦，青年委员陈瑾芳，宣传委员廖浩民（1941 年 3 月调离后由陈瑾芳兼），妇女委员陈雪璋。全县党员共有 120 人，机关无固定驻地。

第四节 反击国民党反共逆流与坚持隐蔽斗争

1941 年 1 月，国民党顽固派制造了震惊中外的"皖南事变"。事变发生后，中共梅县中心县委的电台收到新华社消息。当时，梅县中心县委书记马士纯来兴养病，即由他传达给兴宁县工委，要求立即对下属党组织传达，提醒党员严防国民党当局的突然袭击。那时国民党的报纸歪曲事实真相，造谣说新四军已被全部消灭了。春节前，马士纯在三育小学主办了干训班，通过兴宁县工委把新华社有关此事的真实报道秘密印成传单 5000 份，分别投寄、散发给各机关、商店、学校和知名人士，使大家明白事件真相。国民党当局看了传单，四处侦查，一无所获。

"皖南事变"后，党组织提高了警惕性，县工委机关已没有固定地址，传单、报告只用口头传达，上级领导来指导工作时也使用假姓名，不说居住地址。同时，党组织还指示党员要分别调查好本村地主豪绅的枪支，必要时可以夺取枪支，为武装斗争做准备。同年 3 月，中共南方工作委员会兴宁交通站在兴城东街 31 号成立，对外挂牌为健生医院，由吴凯、吴士良负责。他们以医生身份掩护方方等上级领导同志来检查布置工作或接待过往的同志，使地下党的活动能顺利进行。

1941 年，国民党统治区政治形势日益恶化，为贯彻中央"埋藏隐蔽，蓄力待机"的方针，应付可能发生的突然事变，同年 4 月，奉中共潮梅特委指示，中共兴宁县工作委员会改设特派员制，隶属中共潮梅特派员领导，派曾广（化名高王，潮汕人）任兴宁特派员，朱逸谦、曾适、王平（王华）任副特派员，全县共有党员200多人，大多数分布在农村和学校。那时，城东、城南、新陂、刁坊、龙田、一中等地的党组织较有基础。地下党活动比较薄弱的石马、罗岗、黄陂等地及宁中、宁西、宁东等中学也都建立了党组织。虽然白色恐怖日趋严重，但由于斗争策略的转变，新陂力行小学党组织仍坚持活动，在李雪梅（王映芬）领导下，举办过三期妇女识字班（七八十人），先后发展了伍辉英、钟淑群、李琼珍、钟华英、丘凯珍等进步妇女入党，这批妇女党员后来成为各级领导骨干。"皖南事变"后，面对严峻的形势，兴宁一中党支部团结进步学生，先后在群乐戏院演出《凤凰城》《黄河大合唱》《吕梁大合唱》等大型歌剧，收到了较好的政治效果。

1941年上半年至1942年暑假，兴宁一中总支书记罗道新（罗新）、副书记李启文。总支分工如下：罗道新负责领导高中支部，李启文直接领导初中支部及宁西、新陂中学支部。罗道新领导的支部有李宇光（李煌荣）支部、谢光支部、罗华康（罗道文）支部、刘隐泉支部等，高中二年级以上支部有党员李英群（李群）、刘水松（罗克）、李汉煌、肖俊林、廖汉中（廖一鸣）等。李启文领导的支部有宁西、新陂中学支部和黄荫泉支部等。1942年，陈祥吉分教处成立了支部，党员有罗妙、罗章、陈威博，支部书记罗妙。总支地址设在佛岭彭屋。兴宁一中另设有女生支部，该支部不属于兴宁一中总支领导，而是由县工委指定李雪梅直接领导，支部书记罗宝莲。党员有李芳（李仕芳）、廖瑞群、李玲珍、伍秋兰等。兴宁一中共有党员40多人。是年五四青年节，在党组织的推动下，由学生会出面，在大饶屋背草场举行盛大集会，刘水松在会上发表演讲，宣扬科学民主，要求团结抗日。

1941年至1942年春，震动全县的两件大事都是在党组织领导下进行的。第一件大事是 1941 年冬，国民党广东省第六行政督察专员公署（设在兴宁）及国民党县党部、县政府都想争夺坪塘的天主教堂。兴宁一中党总支针对这种情况，提出进驻天主教堂的意见，经请示县特派员同意后，即刻通过党组织领导和控制的学生会（主席袁柳青）、晨钟歌咏队和前锋读书会及教师代表何新发等，发动全校师生停课，随即组织约 400 人的雄壮队伍，步行到坪塘进驻天主教堂。这一行动虽然受到国民党当局的阻挠，但师生们毫不惧怕，冲进教堂并邀请群众举行晚会。在会上纷纷揭露帝国主义是怎样利用宗教来侵略中国的，群情激愤。天主教堂的马牧师和谷牧师在一片"德国佬滚回去"的怒吼声中，灰溜溜地逃走了。第二件大事是 1942 年春，著名进步民主人士何香凝从香港脱险到兴宁龙田鸳塘村罗翼群家中住了两个月。为了扩大党的影响，领导兴宁一中女生支部的李雪梅奉命安排支部书记罗宝莲（罗英）、伍秋兰等人，特往罗翼群家中拜访何香凝，并邀何香凝到洋垫段（宁中镇竹一村）大彭屋一中分教处向广大师生作报告。何香凝在罗翼群陪同下前来分教处向大彭屋兴宁一中全体师生讲话。在讲话中，她一方面严厉控诉日寇侵略中国，残杀百姓的罪行；另一方面揭露蒋介石消极抗日，积极反共的态度，宣传中共关于"坚持抗战，反对投降；坚持团结，反对分裂；坚持进步，反对倒退"的主张，宣传实行真三民主义，反对假三民主义等。何香凝的讲话极大地鼓舞了广大师生群众，提高了大家对时局的认识。

"南委事件"的影响及兴宁党组织的恢复

一、"南委事件"的发生和应变措施

1940 年 11 月，中共南方局根据中共中央的指示，决定成立中共南方工作委员会，作为南方局的派出机构，统一领导南方各地的党组织。方方为书记，张文彬为副书记，郭潜为组织部长，涂振农为宣传部长，王涛为委员，南委机关初驻广东梅县，后移驻广东大埔县境内。

1942 年 6 月，中共南方工作委员会因叛徒出卖遭受严重破坏。原南委组织部长、叛徒郭潜带领国民党特务破坏了粤北省委后，6 月 6 日又带领特务抵大埔高陂逮捕了南委副书记张文彬、宣传部长涂振农，破坏了南委高陂交通站，逮捕了交通员和途经该站的师生 10 余人。当晚奔袭南委书记方方住地大埔角，洗劫了南委的据点天成商号。7 月 9 日，带领特务到桂林，破坏了中共广西工委，逮捕了副书记苏曼等 30 余人。

由于大埔县境内的中共南方工作委员会遭到严重破坏，1942年 6 月，南委兴宁交通站被查封，兴宁党组织采取应变措施，立即疏散党员。

南方局书记周恩来获悉粤北省委被破坏的消息后，于 1942 年6 月 8 日发出《对南委行动的批示》，要南委与江西、粤北断绝一切来往，南委负责同志立即分散隐蔽，首求自保，对直接管辖的党组织暂作停止，不动声息，不做任何活动。8月，周恩来经请示中央同意，又向广东军政委员会书记尹林平发出电报指示，指出：除敌占区、游击区党组织照常活动外，国民党统治区党组织一律暂停活动，已暴露身份的党员干部一律转移到游击区工作，其余干部应利用教书、做工、做小商贩等各种社会职业作掩护，实行勤学、勤业、勤交友的"三勤"活动，何时恢复组织活动，等待中央决定。与此同时，潮梅特委派委员张克（陈勉之）到重庆向南方局汇报请示，周恩来指示：继续贯彻中央的"隐蔽精干、长期埋伏、积蓄力量、等待时机"的十六字方针，南委所辖组织暂时停止活动，上下级不发生组织关系，不发指示不开会，不收党费，党员之间互不发生关系。何时恢复活动，等待通知决定。潮梅地区党组织由林美南、李平负责传达贯彻上述指示。9月，中共兴宁特派员根据上级指示，暂时停止组织活动，坚决执行"隐蔽精干、长期埋伏、积蓄力量、等待时机"的方针，尽量要求党员转移到外省外县去，寻找职业掩护隐蔽下来，并要求每个党员都要实行"三勤"。先后到云南、广西、韶关、江西等地的党员有40多人。

二、党组织遭到破坏，党员被迫转移

1942年10月，兴宁党组织遭到破坏。曾担任过中共兴宁中心区委书记的陈季钦，在敌人威逼利诱下向国民党县党部和粤赣边区司令部（驻兴宁）投降叛变，递交了兴宁地下党员和进步人士20多人的名单，出卖了兴宁党组织。随着形势的不断恶化，兴宁党组织决定：党员分几路疏散，一部分到五华，如李启文（李克）、李月光、李煌荣、罗道文、罗汉基、李维权、李海、彭洪元等三四十人；一部分到赣南，如李烈光、朱文、刘隐泉、廖超凡等。疏散到各地的党员后来大部分找到了党组织。兴宁也留下一批党员坚持地下斗争,如陈穆民、罗妙、罗章等;石马党支部停止组织活动后,多数党员仍留在家乡隐蔽下来,当时虽无组织关系,但仍与原领导人陈瑾芳保持联系。

"南委事件",可以说是国民党掀起的第二次反共高潮,继"皖南事变"之后,又一次严重反共事件。这次"南委事件"对兴宁党组织破坏比较大。因为国民党广东省第六行政督察专员公署和粤赣边区司令部均设驻在兴宁,特务横行,信息灵通,兴宁革命人民深受其害。1943年3月,中共兴宁县副特派员(曾任过县中心区委组织委员)朱逸谦躲避在家中,被国民党当局逮捕后,背叛革命,出卖了党组织,致使兴宁党组织受到更严重的破坏。当时,有60多位党员和一批进步青年(包括陈季钦出卖的20多人),受到国民党兴宁县政府通缉,被逼星夜离开兴宁,分别到五华、梅县、粤北、赣南、湖南、云南、桂林和重庆等地远避。兴宁党组织被破坏后,先后转移到广西的何捷芳、廖浩民、罗宝莲、罗道新、陈瑾芳等先以桂林的进步文艺出版社、南天出版社为掩护,后与昆明的卢华泽等人联系,转移到云南工作。未被通缉的部分同志,继续留在本县,执行"勤学、勤业、勤交友"的方针,坚持斗争,从事小学教育工作的党员通过课堂教学,加强对学生的政治思想教育;在校读书的党员采取各种秘密方式进行活动,继续组织读书会、歌咏队,从事抗日救亡活动。

4月,兴宁发生大旱灾,灾民万千。国民党当局不但不想办法救济灾民,粤赣边区总司令香翰屏反而颁发了"借机抢米者处死无赦"的布告,维护投机倒把的地主、资本家利益。当时,留在兴宁的共产党员和进步学生都自觉地发动募捐,组织救灾,并利用时机揭露国民党当局的反动本质。

5月,兴宁抗战书报社负责人、龙田党支部书记陈穆民,被国民党军统特务逮捕,关押在粤赣边区司令部监狱内,他在狱中受尽严刑拷打审讯，仍坚强不屈，未泄露党的秘密，最后被敌人折磨致死。7月，罗汉基在叶塘富祝径举办了星期学习班，有韶关、梅县等地回来的党员和进步人士30多人参加。后为避敌破坏，学习班转移至五华城外三角地继续举办。

1944年7月，在原兴宁一中学生回兴宁度假的中山大学部分学生发动下，兴宁一中掀起了"倒朱运动"。兴宁一中校长朱宗海上台后禁锢学生思想，压制进步学生运动，取缔了悲风、松啸等进步诗社、歌咏团，甚至指使一些人出面，要学生签名献鼎，为他祝寿。进步学生义愤填膺，中共党员罗章和"倒朱"骨干罗俊珍等人发动广大同学参加这一斗争，在社会上广泛散发传单，发起罢课签名运动，逼迫朱宗海离校，取得了"倒朱"斗争的胜利。

三、抗战后期的形势

1944年秋冬，国际国内的政治形势出现了对中国革命空前有利的变化。为了适应形势发展的需要，中共闽粤赣边区党委召开各地党组织负责人会议，决定恢复组织活动。不久，中央复电指示闽粤赣边区恢复党组织活动，开展武装斗争。

当时，世界反法西斯战争进展很快。在欧洲战场，苏联军队取得斯大林格勒战役胜利后，转入全面反攻，把战争推进到德国本土及其占领区；英美军队在法国诺曼底登陆，开辟了欧洲的第二战场。1945年5月8日，德国法西斯无条件投降。在亚洲和太平洋战场，美国在太平洋发起越岛进攻，中美英等国盟军组织缅北战役，取得攻占密支那的胜利。日本帝国主义陷入了空前的孤立。1944年，华北、华中、华南各抗日根据地普遍发起对日伪军的局部反攻，扩大原有根据地，并向河南、湘粤边、苏浙皖边敌后进军，开辟新的抗日根据地。到1945年春，共产党领导的抗日根据地已有 19 块，总面积 95 万平方千米，人口 9550 万人，八路军、新四军及其他人民抗日武装上升到 91 万人，民兵 220 万人。广东东江纵队大力打击日伪军，取得了重大胜利，给华南人民以很大的鼓舞，形势要求潮梅地区大规模地开展抗日武装斗争。

兴宁地处粤东北，战前兴宁城镇人口不过万人，抗日战争开始后，由于地理位置特殊，人口倍增，最多时（日军投降前）近 5 万人。兴宁虽未沦陷过，但被日机狂轰滥炸，死伤不少群众。不过当时兴宁的工业生产、交通运输、商业贸易也出现少有的战时繁荣，这些都给兴宁的抗战文化运动（包括教育的发展）提供了有利的条件。1945 年春，广东战时临时省会韶关沦陷，一直活跃在第一战区的军事委员会政治部第三厅剧宣七队，由江西来兴，先后演出大中型歌剧《新年大合唱》《农村曲》《军民进行曲》和多幕话剧《法西斯细菌》，再次在兴宁掀起演出高潮，给兴宁人民留下了深刻的印象。演出期间穿插演唱《丈夫去当兵》《走私的人》《你这个坏东西》《傻大姐》《开会来》等歌曲，博得满堂喝彩。当时群众评说，这是兴宁历史上艺术水平最高的演出。

四、中共兴宁组织的恢复

1944 年冬，日本侵略军向粤东潮梅地区进犯，打到猴子崬时，原转移五华隐蔽的罗华康回到兴宁，在大坝里体育馆召开了准备组织革命武装的秘密会议，到会的有罗汉彬、彭洪元、陈丹、李益宏、温华、陈英等人。会议决定组织武装队伍，指派温华、陈英到五华买枪支；以叶塘富祝径和西山下为据点，经常与五华方面联系。武装队伍建立不久，日本侵略军撤出猴子崬后便自行解散。就在此时，兴宁国民党当局加紧向进步势力开刀，首先逮捕了在县城开会的石马中学校长张直心（原东江特委特派员），接着又逮捕了吴永发、吴夏村、蓝展坤、黄华蒂等。

1945 年春，为适应形势发展的需要，兴宁地下党员在家庄围、古塘等据点，分析形势，将何汉衡、罗汉彬、李根、李群、彭洪元等人撤退到连平山区。由温华联系和动员本县的进步学生、青年到游击区。后来，又决定派温华、罗华康、李根三人到五华工作。到五华后，党组织安排温华在五华附城区德义小学教书，负责联系兴宁的任务。不久，将兴宁地下党员李甦仁、李清坚、李雪章、刘素娟、陈瑛、肖惠珠等输送到东江纵队，接着又输送廖超凡、饶均才等人到大南山游击区的韩江纵队去。同年春夏间，朱文、刘隐泉、罗俊珍等领导的兴宁一中进步学生，在兴宁城内建立地下活动据点励进学社、润根书屋、萧屋、黄家祠等，不定期进行集会，传递红色书报、传单等活动。罗俊珍还在黄家祠成立了秘密的进步组织，名叫兴宁民主促进会，会员共 10 人，目的是加强进步学生中的骨干力量，发展进步势力。

1945 年 5 月，中共五华县委为了尽快恢复兴宁地下党的活动，经请示东江特委批准，指派温华回兴宁负责恢复地下党的工作，并指定中共五华县委宣传部长钟志文直接领导兴宁地下党。6 月，原分散撤离到江西和其他地方的同志，听到进入游击区的线路联系上了，都纷纷回来。先后回到兴宁的有李烈光、刘隐泉、陈尚、廖超凡、陈国球等人，打算到东江纵队去。经温华请示五华县委钟志文同意，将这批骨干留在兴宁，帮助恢复地下党工作。

1945 年 7 月，中共兴宁支部在叶塘富祝径水口围温华家的牛棚里成立，共有党员 10 余人，温华被指定为支部书记，李烈光为副书记兼组织委员，朱文、刘隐泉为宣传委员，隶属五华县委领导。接着，在这里召开了首次支部会议，对兴宁形势作了分析，批准陈丹、黄荫泉、袁锡坤、朱辉珍、廖超凡等人重新入党，安排支委几个人的职业掩护。温华是脱产搞党务工作的，但从工作方便出发，改在新陂茶塘小学，李烈光在龙田凤汉小学，朱文在坭陂四育小学，刘隐泉在新陂力行小学，均以教书为掩护，开展地下党的活动。党组织恢复不久，吸收李根、刘洪涛、罗俊珍、陈文汉、李洁超、罗汉雄、沙岳生、李其欣等人入党。

兴宁地下党建立后，支部便组织全体党员和发动基本群众，利用公开、半公开和秘密的各种方式，大造革命舆论，将当时的形势和党的任务、主张及时传播到广大群众中，以争取和教育群众，团结到党指引的道路上来，开创兴宁革命的新局面。

1945年4月23日至6月11日，中国共产党第七次全国代表大会在延安隆重召开。党的七大的工作方针是：团结一致，争取胜利。党的七大闭幕后，党中央预见到抗日战争的反攻阶段即将到来，便于1945年6月、7月先后发出了关于城市工作的指示和整训军队的指示，要求中国人民解放军大力扩充和积极整顿提高部队战斗力，准备夺取敌人占领的大中小城市。解放军为了在行动上取得主动地位，逐步实现由游击战向运动战的转变，为转入全面反攻创造了重要条件。7月26日，中、英、美三国发表《波茨坦公告》，促令日本无条件投降。8月8日，苏联发表对日作战宣言。苏联百万红军进入中国东北，向日本关东军大举进攻。9日，毛泽东代表中共中央号召解放区军民立即发起对日大反攻。8月14日，日本政府照会中、英、美三国政府，表示接受《波茨坦公告》。15日，日本天皇裕仁宣布无条件投降。9月2日，日本代表在投降书上签字。至此，中国抗日战争胜利结束。

9月13日，广东日军在广州市中山纪念堂签字投降，广东人民抗日战争从此结束。抗日战争的胜利，是近百年来中国人民在反对外国侵略斗争中所取得的伟大胜利。兴宁各界人民听到日本投降的消息后，星夜奔走相告，大放鞭炮，大家欢呼雀跃，锣鼓喧天，举行盛大游行，庆祝抗日战争的伟大胜利。

第五章

积极斗争　谋求解放

第一节 争取和平民主反对内战

抗日战争胜利后，国内政治形势发生了根本的变化，中国共产党领导的革命斗争进入了一个新的时期，兴宁人民的革命斗争也掀开了新的一页。

广泛开展争取和平民主反对内战的斗争。1945年8月底，中共兴宁支部（7月在叶塘成立中共兴宁支部，9月改为中共兴宁中心支部，同时成立龙田、叶塘、新陂河西、附城4个党支部，有党员30多人，温华任书记，隶属中共后东特委五华县委领导）领导群众，广泛掀起争取和平民主反对内战的斗争。龙田中学、兴宁一中、宁西中学和工校等在党的领导下，先后成立教师联合会、学生会、读书会、同乡会等组织，利用演戏、出墙报、印发传单、举办读书讨论会、时事座谈会等各种形式，深入宣传争取和平民主、反对内战的方针。同时，为了配合形势发展的需要，党在全县散发东江纵队送来关于宣传中国共产党争取和平方针政策的传单，引起广大群众关注形势的发展，影响很大。

营救钟志文出狱。钟志文是中共五华县委宣传部长，1945年11月14日在五华县被捕入狱。他是中共兴宁党的直接领导人，为重建兴宁第一个党支部做了大量工作。他入狱后，中共后东特委领导到了五华大田张日和（中共五华县委书记）的家里，研究善后工作，制定四条措施，其中一条是要求兴宁中心支部，尽快了解钟志文在狱中的表现，并要求当地党组织提高警惕，应付突发事变。为防止国民党以"土匪"的名义陷害共产党员，杀害钟志文，由后东特委领导起草一份《控告国民党非法逮捕中国共产党员钟志文》的文告，以中共五华县委的名义印发，在五华、兴宁等地大量散发张贴。国民党五华当局慌忙把钟志文押送至兴宁广东第六区行政督察专员公署关押。事件发生 10 天后，温华从五华赶回兴宁，到了李烈光任教的龙田凤汉小学后，通知朱文、刘隐泉、陈丹、李烈光等 5 位支委召开紧急会议，分析了钟志文被捕后的形势发展，研究一些对策，会上决定：（1）迅速将钟志文被捕的消息，传达到有关同志，并且要求提高警惕；（2）迅速找到关系，了解钟志文在狱中的表现；（3）迅速与上级取得联系。接着，温华与徐丹华到五华请示，五华县委指示兴宁党组织要尽力设法营救。党员李根、彭洪元等争取了看守人员袁仕华，帮助钟志文于 1946 年正月十六日下半夜越狱成功。这是兴宁党组织出色地完成上级党组织交办的一件重大任务。

1945 年 9 月 19 日，中共中央制定的全国战略方针，是"向北发展，向南防御"。其主要任务是：继续打击敌伪，完全控制热河、察哈尔两省，发展东北并争取控制东北。中共中央同意让出广东等 8 个省的根据地，并将应整编的部队北撤，正是体现了这一方针。据此，广东党组织在东江纵队北撤后，停止了武装斗争，进入了分散隐蔽阶段。但是党并没有停止活动，而是采取各种形式，秘密活动，利用各种条件，坚持斗争。

创办《自由风》月刊。1946 年 4 月 21 日，中共兴宁中心支部在后东特委的领导和鼓励下，团结党外进步人士，创办了《自由风》月刊。宗旨是宣传和平民主，反对内战，建立自由民主的新中国。《自由风》主编是进步教师陈启贤。创刊号刊登了《正视东北问题》一文，抨击国民党反动派搞假和平、真内战的阴谋，遭到国民党兴宁县党部的查禁。新民、启新书店和各杂志报摊出售的《自由风》创刊号全部没收。接着，兴宁的《时事日报》登了一篇题为《共产党的应声虫——评"自由风"》的反动文章，大肆攻击诬蔑，《自由风》仅出版了一期，便被迫停刊了。

新社团接受党的领导。1946 年 4—5 月，中共兴宁中心支部了解到龙田有一个进步青年的秘密组织新社团，成立于 1944 年冬，主要成员有刘小村、刘陶汉、刘仲良、刘丁、刘俊文等。新社团在章程中写道："团组织拥护共产党的主张，自愿为实现共产党的主张——在中国实现新民主主义社会和社会主义社会而奋斗。"并且规定了当前的任务：学习宣传马克思列宁主义和共产党的方针政策。据此，中共兴宁中心支部便决定派朱文、李烈光、罗俊珍等和刘陶汉接触。刘坚通过李清渊的关系，了解到他们活动的背景和活动的内容，经过一段时间的考察，一致认为刘陶汉等人都是爱国的进步青年，并根据实际情况，李清渊先被吸收到党组织。1946 年 9 月间，又由罗俊珍介绍刘陶汉加入中国共产党。这样，中共兴宁组织在全面掌握了新社团的章程和全部成员的表现后，确认该团是进步的群众组织，并指示刘陶汉妥善解散该组织。1947 年 2 月间，新社团接受了党组织的建议，通过决议宣告解散。此后，该组织的大部分成员加入了中国共产党。

贯彻隐蔽待机方针。1946 年 6 月，按照国共两党达成的协议，东江纵队举师北撤。与此同时，蒋介石悍然撕毁"双十协定"，全面发动内战。广东国民党当局亦实行大规模的"绥靖""清乡"政策，到处搜捕中共党员。后东特委要求中共兴宁中心支部按"分散隐蔽，长期潜伏，保存力量，坚持据点"的原则，将一些政治面目暴露过多，不适宜地方工作的党员撤出。李烈光、陈丹、朱文等撤退到香港，刘隐泉撤退到五华。留下的党员均通过各种社会关系寻找职业隐蔽起来。隐蔽在小学当教师的中共党员以学校为阵地，深入农村、大办夜校、组织妇女识字班等，宣传革命，发动群众。如新陂力行小学、水口光华小学、叶塘富祝小学、田心小学等学校举办的妇女识字班，办得有声有色，成为党联系群众的重要渠道，为党的事业培养了大批骨干。

在此期间，广东区党委先后派王维（从延安回来的"七大"代表）、朱曼平（闽粤边临委副特派员）到闽粤边地区传达"长期潜伏，积蓄力量，等待时机"方针。根据这一指示，中共闽粤赣中心县委决定对中心区委机关和各县委实行精简，将最需要的部分同志留下，其余疏散到地方，寻求职业掩护，做好革命工作。

8月间，中共梅县工委派罗妙为兴宁特派员，到兴宁农村开展工作，与罗妙一起回兴宁工作的党员有罗章、罗克明、彭迪帆、范佑民、李中平、曾德信、王仕周、吴宏、张涛（张金茂）、范冰、彭焕祥和一位梅县籍的党员教师共13人。另外还有一些梅县学联会员。当时，确定在兴宁的工作方针是打好基础，站稳脚跟，摸清情况，稳步发展，以小学为据点，大力开展农村工作，同时在工人中做好宣传发动工作。

罗妙回到兴宁后，改名罗远休，与彭迪帆隐蔽在坭陂汤湖村，范佑民在城东井头岭第四保小学，王仕周在城南培英小学，张涛和梅县籍的党员教师在永和黄石乡中心小学，范冰在坭陂合湖小学，罗章在坜陂东观小学，吴宏在刁坊大桥小学，曾德信在刁坊下潭通海小学，他们均以教书作掩护，建立据点，开展农村工作，先后在各小学举办妇女识字班，贫儿补习班，组织读书社、校友会等活动，对广大农村妇女和青年进行革命宣传教育，使广大群众团结在党的周围。罗克明则在其家乡大岭上开办小型布厂，以便在工人中开展工作。罗妙与其他党员单线联系。坭陂合湖村范佑民、范添泉的家，是他们联系和商量工作的活动据点，后来成为党的地下交通站。

1947 年 4 月，党员陈世清在江西寻邬被捕，为确保安全，罗妙奉命调离兴宁。与罗妙同时离开兴宁到外地工作的还有范佑民和李中平。兴宁党组织交由范添泉负责。

恢复和发展党的组织

抗日战争后期开始，中共东江后方特别委员会（简称"后东特委"）中共九连工委和中共闽粤赣边区工委属下的梅县工委就先后派党员到兴宁继续恢复和发展党组织并建立新的据点，1948年至1949年，根据斗争形势发展，先后建立了几个边县委、区委组织，开展革命斗争，直至新政权建立。1945—1949年6月在兴宁活动过的党员有130多人（不完全统计）。党组织及活动情况如下：

中共兴宁县工作委员会成立。1946年夏，为适应日益严重的斗争形势，中共东后特委指示五华县委，撤销兴宁中心支部，改升为中共兴宁县工作委员会。任命温华为特派员，李烈光为副特派员，隶属中共后东特委领导。后李烈光转移到外地工作，由刘陶汉接任副特派员。

中共兴宁县中心区委员会成立。中共五华县委在河源、五华边区，举办白区党支部书记训练班，兴宁由特派员温华率队参加学习班。其间，中共五华县委书记张日和宣布，经上级党委批准，撤销兴宁县工委，成立中共兴宁县中心区委员会，任命区委领导成员：区委书记温华，组织委员刘陶汉（刘志祥），宣传委员刘洪涛，青年妇女委员陈韬（陈菊华）。

1947年夏至1948年春，中共兴宁县工委（中共兴宁县中心区委）先后恢复和建立了6个党支部：

中共新陂福兴支部，重建于 1947 年夏至 1949 年 6 月上旬，主要活动地区有新陂、福兴、附城、叶南、县立四中等地。支部机关设在力行小学。支部书记先后为刘隐泉、刘陶汉、李华、李清渊，组织委员刘涤心，宣传委员刘碧泉。先后有党员 29 人。

中共鹅湖支部，新建于 1947 年秋冬，主要活动地区在附城宁中及女子中学等地，支部机关设在鹅湖灌新小学。共有党员 3 人。支部书记刘洪涛。同年冬，因党员张艾（张雨泉）离兴至九连游击区，支部停止活动。

中共叶塘叶南支部，重建于 1948 年春至 1949 年 6 月上旬，主要活动地区为叶塘、叶南、大坪、新陂、宁西中学等地。支部机关设在富祝小学、田心小学以及西山下等处。支部书记陈韬，副书记兼组织委员李月光，宣传委员温玉盛。先后有党员 23 人。

中共附城坭陂支部，重建于 1948 年春至 1949 年 6 月上旬，主要活动地区为兴城、宁中、宁新、刁坊、坭陂、兴宁一中、女子中学、宁中中学等地。支部机关设在兴城、宁中古塘村等处。支部书记朱展球，组织委员陈琇瑸，宣传委员刘冠群。先后有党员 14 人。

中共龙田罗岗支部，重建于 1948 年 2 月至 1949 年 6 月上旬，主要活动地区为龙田、合水、坪洋、岗背、黄陂、罗岗、大坪、罗浮、龙北、宁中鹅湖、兴城、龙田中学、黄陂中学、罗岗中学、罗浮中学等地。支部机关设在龙田曲塘协安围、双溪小学、龙田圩等处。支部书记刘小村（刘卿云），副书记兼组织委员刘仲良，宣传委员刘丁（刘丙灵）、刘碧光（刘亚黄）。先后有党员 19 人。

中共水口支部，新建于 1948 年秋，主要活动地点为水口、下堡、坭陂等地。支部机关设在光华小学。由于党员流动大，半年后即撤销。

隶属中共梅兴丰华边县（工）委领导的中共兴宁支部。1948

年 1 月，中共梅县（白区）党组织决定，范添泉从梅县调兴宁工作，同时成立中共兴宁支部。支部书记范添泉，先后有党员 17 人。下设 2 个党小组，党小组长彭迪帆和游世珍。

此外，仍有中共梅县中心县委驻兴宁工作单线联系的党员，由兴宁县特派员、区委单线联系的党员，兴宁输送到九连游击区入党后回兴工作的党员以及从香港达德学院、中山大学、广州市学联回兴工作的党员。

一、中共梅兴丰华边县（工）委员会成立

1948 年 1 月，在梅县梅南黄礤村，成立梅（县）兴（宁）丰（顺）（五）华边县工作委员会。工委书记熊培，副书记肖刚，组织部长叶芬（女），宣传部长杨山，执委姚安、陈华。隶属粤东地委（后为梅州地委）领导。同年 10 月，撤销边县工委，成立梅兴丰华边县委员会。县委书记姚安，副书记陈学；组织部长杨山，宣传部长叶芬（后为陈华），妇女部长叶芬（兼），以上均为常委；执委陈德念、李海（张海）、叶明章、陈华。1949 年 3 月陈华调任宣传部长（常委），增补李理章、熊长生、丘璋、陈运章为执委。

梅兴丰华边县（工）委下属 6 个区委员会，与兴宁相关的有以下两个：

中共畲江区委员会。中共畲江区委于 1947 年 10 月成立，原属中共梅县特派员领导，1948 年 1 月划归梅兴丰华边县委领导。1 月以前区委书记姚安，组织委员李海（后任副书记），宣传委员陈佳旺（1948 年夏由张涛接任）。1948 年 10 月至 1949 年 6 月上旬，区委书记李海，副书记范佑民，组织委员罗克明，宣传委员陈燕。

中共华区委员会（兴丰华区委员会）。中共华区委员会于

1949 年 2 月成立，至 6 月上旬。书记陈运章，组织委员罗章，宣传委员张涛，妇女委员李惠。

上述两个边区委员会，主要活动在兴宁东南部的水口、下堡、宋声、新圩、坭陂，以及梅县西南部、丰顺北部、五华东部等地。党员人数包括县委领导机关及两个边区所属共约 70 人。

二、中共梅兴平蕉边县（工）委员会成立

1948 年 1 月，成立中共梅（县）兴（宁）平（远）蕉（岭）边县（工）委员会，领导四县边境地区的革命斗争。机关流动于梅西大坪、瑶上等地，隶属中共粤东地委（后为梅州地委）领导。县工委书记黄戈平，组织部长黄旋，宣传部长叶雪松，委员程严（兼独四大队长）。

同年 5 月，由于黄旋、程严在对敌作战中，受伤被捕（程严被杀害），为加强领导，根据粤东地委指示，县工委改为边县委员会。书记仍是黄戈平，叶雪松改任组织部长，陈悦文任宣传部长，叶寒生任执委兼任独四大队队长。8 月，增补肖刚为副书记，执委刘安国、彭炎兴、陈质兴（未到职）。下属 6 个边区委员会，与兴宁相关的有梅兴边区委员会。

同年冬，撤销梅兴平蕉边县委员会。分别成立中共梅兴平边县委和蕉岭县工委。中共梅兴边区委划属梅兴平边县委领导。

三、中共梅兴平边县（工）委员会成立

1948 年 12 月，在梅县西部，成立梅（县）兴（宁）平（远）边县工作委员会，至 1949 年 6 月上旬。主要活动地区有梅县西部、平远西南部和兴宁东北部的黄槐、黄陂、岗背、龙北、石马、罗岗、径心、永和等（包括边区委活动地区）。隶属粤东地委（后为梅州地委）领导。

边县委书记陈悦文，副书记兼宣传部长肖刚，组织部长叶雪松，副部长章日新。次年 3 月增补执委陈百涛、章日新、李发英、曾方元、赖森文、蔡双福、陈玉堂，陈玉堂接任宣传部长。下属若干个边区委，与兴宁相关的是梅兴边区委。

中共梅兴边区委成立于 1948 年 8 月，至 1949 年 6 月上旬。区委书记陈质兴，陈质兴牺牲后，由叶焕泉接任书记，副书记李光，组织委员先是叶焕泉，后为叶名贤、曾宏中，宣传委员余意（刘莹）。

上述边县委领导机关及边区委，先后有党员约 50 人。

四、中共丰华兴边县（工）委员会成立

1948 年 10 月，成立丰（顺）（五）华兴（宁）边县（工）委员会，至 1949 年 5 月。隶属中共潮汕地委领导。主要活动地区为兴宁、丰顺、五华三县相关的边境乡村。工委书记廖志华，次年 3 月廖志华调动工作，由丰顺县委书记蔡洛明兼任工委书记，组织委员李娥，宣传委员张九。

1949 年 6 月中共兴宁县委成立前后，全县还有一批从中共华南分局、兴梅地委等上级组织派来的和本县新吸收入党的党员陈汉欣、陈恩、陈永安、徐达、饶辉、邹子昭、李英、刘镜等人。

第三节 大力支持游击区的斗争

一、建立秘密交通线　大力支持游击区

从 1947 年起，根据中共中央的战略方针，解放战争从战略防御转入战略进攻。人民解放军挺进中原，直接威胁南京。1947 年 5 月，中共香港分局号召广东省各级党组织，大胆放手发动群众，为建立解放区而斗争。广东党组织决定大规模恢复武装斗争，中共兴宁组织积极响应，派罗俊珍、刘洪涛率领陈韬、李少平、蓝海、罗捷文、陈瑛到游击区参加武装斗争。他们在五华、河源交界处受敌围攻，罗俊珍壮烈牺牲，其他同志折返兴宁。

从 1947 年 7 月至 1949 年 5 月，中共兴宁组织（由温华领导的中共兴宁县工委，后改中心区委）发动了两次参军高潮。第一次是 1947 年 7 月至 1948 年 3 月，动员参军人数达 130 多人，大多数到了九连山的连平、和平地区。第二次的参军、军训高潮，是在 1948 年 8 月至 1949 年 4 月，这次参军人数达 200 人之多，除连平、和平之外，主要是在河源、紫金、龙川、五华等地。在这两次参军高潮中，中共九连地区工委先后有罗汉基、陈文芳、刘史桢等人回到兴宁，和党组织配合，共同组织革命青年到游击区。

为完成这次光荣而艰巨的任务，中共兴宁组织先后开辟了四条秘密交通路线：一是由叶塘至龙兴亭，再到赤岗找邓伯引路，到川北大队再转送；二是由新陂至叶南再到铁场，转到河源船塘

找黎伯文转送；三是由叶塘至五华新桥再转潭下大田至黄村找黄四姐转送；四是由筠竹至新桥转潭下中心坝。1948 年末至 1949 年春，从叶塘富祝径到五华县新桥潭下和大田等地的参军人数就有 100 多人。负责护送参军人员的任务，在此之前除少数由部队派来的人亲自带领外，其余多由武工队派出人员护送。仅五华武工队郭金就先后护送过 5 批。后来，兴宁党的武工队李冰、李平、李战、刘碧光、李月光等同志经常分担护送任务。在此之前，还有少数的参军同志，如张慧星、张岳强、黄忠、唐瑜、张帆、张元曼、陈辉、卢燕、卢雁、陈萍等就凭党组织的介绍信，到连平、忠信大湖等地找党组织，转入到部队。大多数革命青年到部队后，分别在九连山的青州训练班和嶂下训练班，以及后来在紫金、河源的政治大队训练班学习，结业后，少数分配到地方，大部分被分配到连队去工作，任服务员、文化教员、班长、排长等职。在部队的前线锻炼后，任指导员的有陈丹、陈金、李根、罗仑、罗择、刘波、刘善泉、袁若方、朱欣、刘云、罗突、张艾等。刘波、陈金到了九连山部队，经过艰苦磨炼，成为东二支队的模范指导员。1949 年在连平县高陂镇指挥作战中陈金光荣牺牲。再如朱振汉，是陈金亲自培养的革命战士，在 1948 年大湖战斗中光荣牺牲，牺牲时年仅 16 岁。

1948 年春夏之际，梅县党组织从游击区派罗章到兴宁建立了单线联系的关系，并派蓝明光为专职交通员，以范添泉家（坭陂合湖上莹）为固定交通点。从此，游击区和白区之间的书信往来、人员交往、物资输送等，均经过上述交通点。随着革命形势的发展，还建立了两条秘密交通线：一是从县城（联系人朱展球、李甦仁）经城南义尚小学（党员游世珍所在地）至刁坊的通海小学和横江小学，坭陂的合湖新校和月湖小学，新圩的崇文小学至游击区；二是从县城经城北的鹅湖瑶楼上虹光楼张屋（张晋

平家)、坜陂的东观小学、新圩的崇文小学至游击区,先后输送
至游击区的革命青年总数在 200 人以上。高峰时期(1948 年冬至
1949 年春),有时一天经过交通站(范添泉家)到梅南游击区的
就有二三十人。一批批青年进入游击区,有的是游击队定时定点
直接派人带去梅南或梅西,有的则是定时集中由交通员带去,一
年多的时间总数约 200 人,一路安全,从未发生过事故。1948 年
以后,送进韩江游击区的物资,多为步枪、机枪子弹、炸药雷管、
导火线和少量手榴弹,此外还有寒衣和医药用品。这些物资都由
县城朱展球、李甦仁负责购买回来送至交通站(范添泉家),然
后蓝明光带领当地农民赴坜陂圩挑运,以稻谷或番薯藤掩护,少
则一二担,多则三五担,一路安全送进游击区,出色地完成上级
党组织所交给的任务。在交通站出色地工作的有范安华、范添进、
曾利芳等人。曾利芳还负责接待罗妙等同志,以及众多出入于游
击区和白区之间的人员的接待工作,任务完成得十分出色。

二、扩大游击区 开展武装斗争

1947 年 9 月,中共粤东地委派原中共梅县特派员廖伟到梅兴
丰华边组建边县武装,建立了粤东支队独立第三大队,全边县党
政军脱产干部战士 600 人左右,民兵 1000 余人,有力地控制着梅
江上游水运和梅畲兴揭公路交通干线,牵制着国民党地方武装近
千人的兵力,成为闽粤赣边区的重要军事基地和游击根据地之一。

1. 畲江游击区的建立及其活动

1947 年 6 月下旬,梅县党组织派李海去梅县畲坑,与梅南区
特派员姚安一起开辟畲江游击区。同时,梅县党组织又从兴宁调
范佑民、罗克明到畲坑工作。兴宁党组织先后送去几批青年学生
和中小学教师参加游击队,使畲江游击区很快建立起来。1948 年
10 月下旬,姚安奉调梅兴丰华边县委工作,畲江区委进行调整,

书记李海，组织委员罗克明，宣传委员范佑民。

1948年夏，国民党闽粤边"清剿总指挥"涂思宗率部疯狂"进剿"游击区，梅兴丰华边畲江区武工队为了抗击敌人的进攻，减轻人民负担，解决部队给养，在揭兴公路水口至径义地段设立税站。一面向过路商贾征收合理税金，一面保护过往客商的安全，很受老百姓欢迎。税站每月可收税金150担谷，除供应整个区中队吃用外，其余全部上交粤东支队独三大队。

1947年10月，成立畲江区委后，除了保留原有区武工队外，还组建了区中队。区委把区武工队升格为区中队，中队长李海，指导员姚安，共20多人。区中队主要活动在畲坑、水口、宋声、上下堡、新圩、坭陂一带。

9月18日，闽粤赣边区工委根据形势发展需要，向粤东支队及各地委发出"今后武装斗争应当是普遍进行小搞，准备大搞"的指示，提出"发动群众，加速准备力量，迎接南下大军，壮大人民武装，配合全国总反攻，推翻闽粤赣边蒋军统治，解放闽粤赣边苦难人民"的号召。

9月30日，国民党任命宋子文为广东省主席，制定阴谋消灭华南人民武装的所谓"清剿"计划，企图将广东变为最后的内战基地。中共香港分局为打破宋子文新的"清剿"计划，发出《迎接大反攻，加强农村斗争》的指示信，指出"开展群众斗争，游击战争，创造出广大农村根据地与武装组织，才能打破蒋宋进攻的包围"。

根据上级这一指示精神，区中队不断袭击敌人，取得胜利。1948年元旦，廖伟率梅兴丰华边县游击队在畲江区中队配合下，突袭梅兴丰华边松林坝国民党自卫中队刘守胜部，毙伤、俘敌18人，收缴长枪18支及子弹等物一批。同年7月至12月，梅兴丰华边畲江游击区遭到梅（县）兴（宁）丰（顺）三路敌军的

"会剿"，畲江区中队开展了"反清剿"斗争，在宋声、下堡等地多次发生战斗。7月中旬，新调驻梅兴边峭陂之敌省保安十二团某连，以"护路"为名经常出动武装前往梅子潭兵营仔一带，侵害群众利益。游击队畲江区中队在粤东支队独立第三大队的支持和当地民兵配合下，出动武装近百人，前往伏击，共毙伤敌人4人，缴获长短枪4支。在战斗中，中队长李海和刘金方受伤。

2. 独三大队的组建及其活动

1948年初，国民党顽固派在广州成立了"闽粤边清剿总指挥部"（后移驻梅县松口），他们拼凑反动武装5000余人，向闽粤边区发动疯狂"围剿"。在军事上实行所谓"十字扫荡"和"重点进攻"，在政治上开展所谓"自新不杀"的自新运动，妄图在3个月内扑灭人民武装力量。

针对敌人的疯狂扫荡，粤东地委发出指示，要求各部队坚决按既定方向冲出重围，争取主动，乘敌空虚，以优势兵力粉碎敌人的"围剿"。

为适应武装斗争形势发展的需要，根据中共粤东地委第二次（扩大）会议（即马图会议）的决定和部署，1月中旬，成立梅兴丰华边县游击队（后改编为粤东支队独立第三大队，简称"独三大队"），陈德念任大队长，政委熊培（兼），副政委肖刚。下旬，针对敌人发动"十字扫荡"，为了加强党的领导，上级决定成立中共梅兴丰华边工委，书记熊培、副书记肖刚、组织部长叶芬、宣传部长杨山。四五月间，兴宁发生严重粮荒。为了解决群众疾苦，水口、宋声、下堡等地在梅兴丰华边工委领导下，开展向地主富豪"借粮度荒"的斗争。一是由游击队出面向地主豪绅强借；二是由群众出面派代表向地主大户说理借粮。另外，组织游击队袭击官塘、新塘、水东等地方的乡公所，打开粮仓，把粮食分给挣扎在饥饿线上的广大贫苦农民，激发了群众的斗争热情。

8 月，粤东地委决定将梅兴丰华边工委改为中共梅兴丰华边县委，书记姚安，并决定今后兴宁和梅城白区党的工作，归属中共梅兴丰华边县委直接领导。在梅兴丰华边县委领导下，边区军民英勇斗争，连续粉碎敌人多次围攻，取得反扫荡斗争的重大胜利。

3. 独四大队的组建及其活动

1948 年 1 月，程严率领的小分队与梅兴平蕉边人民游击队合编为独立第四大队，共 50 多人。独立第四大队在粤东支队副支队长程严和政委黄戈平的指挥下，频频出击，打了很多胜仗，缴获了大批枪支弹药及物资，队伍不断壮大，发展到 160 多人。从 1948 年 9 月至 1949 年 1 月，中国人民解放军进行了辽沈、淮海、平津三大战役，取得了决定性胜利，国民党陷入全面崩溃的绝境。1949 年 1 月 1 日，毛主席发出"将革命进行到底"的号召，中国人民解放军总司令部发出命令，正式成立中国人民解放军闽粤赣边纵队，粤东支队独立第四大队改称中国人民解放军闽粤赣边纵第一支队独立第四大队（简称"独四大队"）。同日，香港分局向各地发出"关于迎接大军渡江和准备解放广东"的指示。

1949 年 2 月，根据地委、支队的指示，为适应新形势的需要，独四大队在甜竹坑整编。一部分命名为程严独立营，代号"铁流"，营长刘安国，政委叶寒生。另一部分为独四大队，代号"曙光"，大队长叶志祥，副大队长吴汉超，政委陈悦文，副政委肖刚，政治处主任叶志明，下属两个连，共 70 多人。1949 年初，独四大队转入对敌人的全面进攻，把游击队由山区推向人口稠密的平原地区，抓住战机，不断给敌人以沉重打击。

1949 年 4 月中旬，为了配合扩展兴宁北四区工作，独四大队在肖刚、叶志祥、叶志明率领下在兴宁黄陂一带宣传发动群众。兴宁反动武装头目谢海筹率部 200 多人前来围袭。大队领导一面调动兵力,一面指挥抢占黄泥坪高地,组织反击,敌人依仗兵力和装备优势,连续发起进攻,均被打退。从下午1时激战到4时,敌人见无机可乘,被迫撤退,游击队亦安全转移。这次战斗毙敌22人,伤敌多人,游击队连长卓大明负伤。

5月13日,独四大队派蔡淼泉带1个短枪班,由袁兵(袁驾欧)当向导,前往兴宁罗岗地主潘家收缴枪支。中午经甘砖,遇到正在征粮征税的兴宁自卫队1个班12人,游击队出其不意攻其不备,仅发3枪,就迫使敌人乖乖缴械投降,缴获步枪12支,被俘人员经教育后释放。

1948年5月,独四大队组织了两个武工队,一队由李贞荪率领,有10多人,到黄陂、黄槐、罗岗一带活动;一队由叶焕泉率领,有20多人,到石马、永和、径心、径南一带活动。武工队的主要任务是扩大游击区,组织群众反"三征"运动,同时,调查了解有钱、粮、枪的对象及敌情等。武工队在上述地区组织了农会和民兵,领导群众开展减租减息和反"三征"运动,配合独四大队攻打瑶上国民党自卫队,拔除敌人据点。这样,石马至径心宝山一带的反动武装全部被瓦解,成为武工队可以公开活动的地方。

独四大队建队以来,历经20多次大小战斗,摧毁国民党区乡政权14个,歼敌县警中队、自卫队8个,毙、伤、俘敌280多人,缴获轻机枪4挺、冲锋枪3支、各式长短枪300多支、军用望远镜5部、弹药物资一批。

4. 独五大队的建立

1949年5月,根据形势发展的需要,临时建立闽粤赣边纵第一支队独立第五大队。大队长李海,政委李白(姚安)(兼),政治处主任陈尚。大队由畲区、梅南、华区抽调70多人组成。

5. 华区的建立及其活动

1949 年春，梅兴丰华边县委开辟华区。华区包括兴宁、五华、丰顺三县的边区，人口 8 万余人。中共华区区委书记陈运章。华区党组织与梅县工委和兴宁中心区委均有联系。主要任务是：宣传党的宗旨和政策，宣传解放战争形势，揭露国民党反动统治的黑暗；反"三征"，开展减租减息运动；策反国民党地方政权，打击反动武装，收缴民枪；为边纵部队输送人力、物力、财力和枪支弹药。华区活动一直坚持至 1949 年 5 月 18 日兴宁解放。

1949 年初夏，兴宁出现严重粮荒。华区工作队发动群众向地主富豪开展"借粮度荒"的斗争。在"借粮"斗争中，华区工作队除巩固宋声、茂兴、坪畲、桐梓洋、照月岭等原有据点外，继续向郭田、布尾、上下江、邹洞、璜江、下井、青潭、环清、建桥等处扩展。工作队在扩展区广泛宣传党的政策，广泛发动群众，组织农会、组织民兵，通过各种形式反对敌人的"三征"，并与当地保甲长约法三章。另外，开展对敌方人员的分化、瓦解、教育工作。当时，在游击队活动的地方，保甲长基本上为游击队所用，使国民党的"三征"无法进行。当地的一些国民党军政人员还为游击队做了些有益于群众的工作。

6. 组建东二支四团第五大队开展武装斗争

1948 年三四月间，中共兴宁县工委特派员温华在叶塘富祝径主持召开党员骨干参加的秘密会议，时间 7～10 天。参加会议的有刘洪涛、刘陶汉、陈韬、李清渊、刘隐泉等人。会上，温华介绍了九连游击区的斗争情况，并对如何进一步发展党组织，深入开展农民群众运动，发动武装斗争等重大问题进行了讨论，并作出相应的决定。对壮大革命队伍力量，迎接全国的解放，在思想上和组织上都做了很好的动员准备。

5 至 6 月间，盘踞东江和兴梅地区的敌军，对九连山为中心的广大地区进行空前规模的"大清剿"，上级领导考虑到精简部队的需要和在兴宁建立武装牵制敌人的重要性，先后派出了一批兴宁籍武装骨干，计有李战、李冰、李平、李翠英、罗俞凡、吴维坤、黄忠、蓝海、李本荣、陈萍、李学渊、罗广明、陈晴等人回到兴宁，这对兴宁武装斗争的开展起了很大的推动作用。

1948年下半年，解放战争进入夺取全国胜利的决定性阶段。在东江游击区反扫荡的斗争已经胜利结束，游击战争转入在敌占区进行。解放区、游击区的不断扩大，部队迅速发展，需要大批军队干部和地方干部。党组织动员广大青年参加部队。这次参军的有李华、刘隐泉、刘作人、陈彬华、陈瑞春、陈思平、陈菁、李迪香、陈耀贤等几十人。地方党委根据这一新形势认真调整力量，整顿组织，巩固原有据点，积极开辟新的据点。党组织决定调刘洪涛到水口；派陈韬到留桥，与蓝劲、李月光、李本荣、李长江等人进一步巩固叶塘的工作；调刘仲良到富祝与温华一起；调刘陶汉到力行小学，与李清渊、李清达、黄绍明、吴绍星、谭学金、刘涤心一起。这样把叶塘、新陂、福兴、福庆一带的革命力量串连在一起，刘丁、刘小村与刘俊文、黄荫泉、陈衍清等一起，继续开展罗岗、罗浮、龙田和岗背据点的工作。兴宁一中的刘冠群、王云天，宁中的陈琇瑸、刘美芙先后参加了兴宁一中、宁中两间中学和党在县城中的工作。同时党组织还进一步在工人、农民中发展党员，新陂支部发展了肖俊英、刘莲英、李荣华、刘绍新、李观金等人；叶塘支部发展了温佛良、温佛树；龙田支部发展了刘碧光、刘荣祥、刘伍明、刘亚金、许少洪等人；水口光华小学支部也有所发展。

随着兴宁党组织不断发展，武工队的对敌斗争更加活跃。其时，兴宁武工队改编为粤赣湘边纵队东二支四团第五大队，由李战、李冰、李平、李月光等同志负责，成员20多人。有一次，武工队利用李宋（游击队员）写给他母亲朱观娣的一封信，由温华、李战、李平到慈恩庐（李洁之屋）动员她献枪。她乐意献出冲锋枪 1 支、大号美式左轮手枪 2 支、驳壳手枪 1 支、子弹 100 多发。这次行动的成功，大大鼓舞了武工队员的斗志。李仁彬参加游击队时，也动员他的父亲李文澜主动献出美式左轮手枪 1 支、驳壳手枪 3 支、子弹 100 多发。为了镇压地主豪绅的反动气焰，武工队员对新陂叶塘的地方恶霸张敬伍、李超寰，进行当面警告，震动极大。从此，武工队（即第五大队）采取既集中又分散方式在叶塘、新陂、龙田、龙北、大坪、罗岗、罗浮、福兴、县城、刁坊一带活动，不断扩大和巩固据点，大大打击了敌人的气焰，取得了胜利。

第四节 广泛开展统战工作

兴宁地处粤东北，交通方便，经济、文化发达。解放战争期间，国民党广东省第六区行政督察专署及其保安司令部和闽粤赣边区司令部均设在兴宁，兴宁成为粤东北政治中心。兴宁县自卫大队属下的三个中队共有300多人，梅兴平龙寻五县联防自卫大队谢海筹部200人，加上独九营（约500人）、警察等反动武装共2000多人。面对敌强我弱的情况，中共兴宁组织认真广泛组织群众，做好统战工作，使群众提高觉悟，积极主动输送人力物力，支援解放战争。

一、广泛宣传发动反对国民党独裁统治

兴宁党支部组织全体党员发动群众，利用公开和半公开及秘密各种形式，大造舆论。在群众中掀起反内战、反迫害、反"三征"（征粮、征兵、征税）的高潮。通过传阅进步书刊，印发传单、贴标语、大唱革命歌曲、演戏等形式，传播进步思想，扩大政治影响。从1945年7月至1948年暑假期间，兴宁党组织利用香港出版的《华商报》《正报》，使毛泽东的《新民主主义论》《论联合政府》、朱德的《论解放区战场》和部分革命文艺作品在思想进步的群众中广泛流传。

支部党员以小学教师的身份作掩护，以农村小学为阵地，秘密印发文件、传单，大造革命舆论，取得了很大的成绩。如彦明

小学党员朱文、陈金、罗择、朱展球等组织了五四读书会，经常秘密翻印文件和传单散发到各中学；新陂茶塘小学的党员袁若方、李国超，力行小学的李清渊，福兴敬文小学的吴绍星、黄绍明，坭陂月湖小学的罗妙、彭迪帆等把翻印的传单和文件广为散发，他们经常在晚上到附城及新陂一带，张贴散发文件、传单，使人民群众看了高兴，敌人读了惊慌。

大唱革命歌曲，制造气氛是提高群众政治觉悟的方式。开头只限于有党员任教的学校，后来影响到各校，几乎在全县各区乡的小学都唱了起来。反映民众疾苦的歌曲有《茶馆小调》《五块钱》《要饭吃，吃不起》《古怪歌》《薪水是个大活宝》等；揭露国民党顽固派搞内战阴谋、争取和平民主的歌曲有《民主是那样》《中国需要联合政府》《不要打》等；歌颂解放区军民生活，走上光明道路的歌曲有《山那边好地方》《开会来》《李大姐》《傻大姐》等。这些歌曲响遍了整个县城和农村。新陂小学、力行小学和新陂中学的党员李华、李载辉、李清渊、李锡坤等，组织附近进步教师60多人成立歌咏队高唱革命歌曲，获得很好的社会效益。而国民党顽固派，对大唱革命歌曲传播革命思想怕得要死，于1946年4月，逮捕了爱唱革命歌曲的教师李锡坤。

大演进步话剧，广泛宣传教育群众。1947年暑期，中山大学兴宁同乡会进步学生陈琇瑸等一二十人，先后回到家乡，会同其他大学回乡的学生，在兴城成功地演出了大型话剧《朱门怨》，产生了很大的社会影响。

二、组建革命群众组织

为团结教育广大知识分子和人民群众，认清形势，准备迎接南下大军，兴宁党组织积极组建形式多样的革命群众组织。1948年春，创办《团结报》，由刘坚主持，温华参与编辑。办报地点先在新陂力行小学后转移到叶塘富祝小学，后改为《红星报》，由刘洪涛主编。每周出版一期，印数 200 多份，在全县散发、张贴。1948 年冬，兴宁党组织指派陈琇瑸、刘冠群、刘美芙在县城内组织了新民民主促进会，会员以工商界人士中的知识分子为主，向他们宣传国内形势和党的政策方针；同年 4 月，龙田罗岗支部派黄荫泉前往罗浮，领导罗浮青年读书小组（1947 年由党员袁若方在罗浮组织），成员刘济邦、刘东万、黄志坚等 10 多人。他们分别到浮中、浮南、浮北、石蕉、浮西、北塘等地开展活动，散发传单、掌握敌情、组织农会、开展减租减息等，一直坚持到 1949 年 6 月初罗浮解放；1949 年 3 月，根据兴宁中心区委指示，黄忠等人在福兴建立了党的外围组织耕耘读书会，先后有 20 多人参加，对推动福兴等地的革命活动起了积极作用。

解放战争时期，在坭陂、刁坊、新陂、叶塘、龙田、水口、新圩、附城、罗浮、罗岗等革命据点，通过举办妇女识字班等形式开展革命活动，全县参加学习的妇女 2000 多人；1946 年至 1949 年上半年，先后输送 50 多名妇女到九连山、八乡山游击区工作。1948 年夏天开始，刘小村在龙田曲塘村把群众组织起来，成立了以刘陶汉、刘碧光、刘荣祥为会长的兄弟会、穷人会。同富祝径的团结会、力行小学的姊妹会、富和的读书会、小学教师联谊会等组织，进行阶级教育，大大提高了知识分子与工农群众的思想觉悟，壮大了革命力量。

三、成立地工团和新工团

1. 成立兴宁地方工作团

1948 年二三月间，党组织指派李甦仁、余华基等四人，在新陂塘头下余屋背公路旁余华基的小茶店组建兴宁地方工作团（简称"地工团"），由李甦仁主持召开第一次会议，宣布地工团正式成立，并传达党组织有关决定，会上确定：李甦仁为总负责，曾浪负责组织，李焕良负责军事，余华基负责总务和宣传。商定余屋路边小茶店为主要的开会地点和联络点。该组织主要任务是宣传革命理论和党的方针政策，动员青年参军，协助游击队采购弹药及生活用品等。"地工团"成立后，很快在新陂、刁坊、城镇、宁中、龙田、坭陂、新圩等区乡成立了地工团小组。至1949年1月，全县发展了10多个地工团小组，有团员120多人。

1949年2月1日，中共梅兴丰华边县委畲江区委书记李海在新陂上长岭李甦仁（李祥泰）家主持召开地工团领导成员扩大会议。到会的有李甦仁、范添泉、李思平、李焕文、李焕良、叶斯伦、罗奎才等。会议确定了工作任务：除执行地工团党支部交给的任务外，尽快组织武工队，开展武装斗争，并与粤赣湘边所属的兴宁党组织取得联系，学习他们组织武工队的经验。会上还调整了地工团的领导机构。会议结束后，地工团党支部书记范添泉立即抓紧组织武工队的工作，用最快速度向地工团小组传达。行动最快的有两个小组，一是以邹芳子为首的福兴小组，其成员有陈捷、宋福贵、郑清兰等七人，仅一个月就准备了长短枪3支，待命行动；一是以刘炽君、刘伟宏为首的坭陂黄垌小学小组，他们以祖尝的枪支为目标，解决武器来源，同时对水口等山区的行动路线作调查研究，为武装斗争做了充分准备。

2. 成立兴宁新民主主义工作团

1949年春，兴宁县工委改为中心区委，并决定建立外围组织新民主主义工作团（简称"新工团"），并将各外围组织群众，有条件地转入新工团。

在宁中中学，陈琇瑸、刘美芙等组织了一个秘密的学生会，并发展了不少学术性团体，在这个基础上发展了彭丽天等一批进步教师加入新工团。在学生中吸收了当时的学生会主席陈宽阳为骨干，再发展了罗炯文、朱景伟（游击战争时光荣牺牲）、陈映梅、何胜基等一批同学加入新工团。

罗志元、罗俞凡在附城、刁坊以以彩小学为据点，积极团结多间小学的教师，发展了一批新工团团员。曾亚桓、陈碧云等人是当时的积极分子。新陂由李清渊、黄绍明负责发展了一批新工团团员，如陈万章、陈惠珍等。

兴宁一中在已经发动组织起来的共鸣音乐会、师生同乐会等及各种名称的读书会基础上，在刘冠群的主持下，发展了大批新工团团员。李迪香、陈秀宗等都是当时的积极分子。

此外，新陂、叶塘、叶南、龙田、罗岗、罗浮、合水、坪洋、岗背等区镇，在党组织领导下，发展了新工团组织，共有团员70多人。新工团由中心区委直接领导，具体负责管理、指导工作的是各区镇的党支部或党小组，区委分工由陈韬负责。

新工团在大造革命舆论方面，做了大量的工作，有的个人捐资或集体筹款印制各种宣传资料，散发到群众中去，对宣传共产党的政策及揭露国民党反动腐朽方面起到了积极的作用。

四、开展统战工作，分化瓦解敌人

1948年，共产党员李侃民通过上层人物罗梓材、廖鸣欧的关系打进国民党兴宁县政府担任教育科长、秘书室主任等职，将县府内的秘密情报，及时传到刘小村（单线联系）手里，成为重要情报据点。在刁坊宁强中学派刘余文打进该校的"防奸小组"，掩护了4位进步师生开展革命活动。在福兴，党员谭学金、黄正天把张凤天安插到国民党乡公所后又通过竞选成为乡长，乡政权为共产党所用。为了做好统战工作，发展革命据点，共产党员刘小村、刘陶汉亲自出动或布置各点负责人，通过各种关系，争取团结一批乡村族姓中的知名人物、开明人士和旧政权中的中下级官员及乡、保、甲长，利用他们的影响与关系，配合群众的力量，采取选举、聘用、公开合法与不公开等方法，控制了20多所中小学和10多个村保的领导权，以此为据点发展周边农村的革命势力，建立起以龙田的曲塘、双溪、富和，罗岗的潭坑、甘村、霞岚、官庄、溪美，罗浮的浮中、浮北，岗背的寺岗为中心的点线面连成一片的据点，活动还扩展到叶塘的麻岭、附城的鹅湖等地。

利用"五同"（同村、同屋、同姓、同族、同亲）关系，打进去拉出来，搞两面政权。1946年8月间，梅县党组织派罗妙为兴宁特派员，转入农村工作。上级党组织要罗妙设法打进坭陂汤湖村月湖小学争取掌握学校权力。罗妙进去后便介绍党员彭迪帆及一部分进步青年教师打进去。罗妙等党员在月湖小学办起妇女识字班和贫儿补习班，搞得热热闹闹。兴宁党组织为扎稳根基，完成秘密交通线选点布线，做了大量的工作。新圩是通往游击区的必经之路，但没有地方可设联络点，特派员罗妙指示党员彭迪帆："你家乡正在兴建小学，你必须做好统战工作，利用'五同'关系，积极帮助筹款，尽快把学校开办起来。"彭迪帆按指示回到新圩家乡，通过村里人推举当上校长，地下联络点也就设在那里了。

1948年初，为了对付敌人的"十字扫荡"，梅兴丰华边县委和独三大队在巩固畲江游击区根据地的同时，进一步做好分化瓦解敌人的工作。同年2月，根据边县委的布置，在游击根据地成立一个特殊的"监护所"，指派古柏茂负责，与古柏茂一起工作的有陈运康、吴顺、饶顺、吴××等5人，地点设在鳄鱼嶂矮嶂子，这里山高林密，不易被敌人发现。这个"监护所"是秘密的，主要任务是：看管好在战斗中抓来的俘虏和被"吊参"（绑架）人员（指富户人）；做好这些人的思想政治工作；教育抓到的"吊参"人员，动员其家里为解放战争献钱、粮、枪、药品等物资，为部队解决给养。先后监护了 10 多个对象，经过教育大部分思想有了转化，为游击队筹集了一批钱、粮和枪支及其他物资。

　　1946—1949 年，中共兴宁组织积极开展统战工作，为共产党工作的国民党乡政权的乡长有 10 多个，如水东乡、福兴乡、坜陂乡、叶南乡、岭湖乡、西安乡、罗南乡、罗浮乡等，保长近百个，如新圩有 4 个保长，龙田曲塘有 4 个保长，合水双溪有 3 个保长，叶塘富祝径有 3 个保长，西山村有 2 个保长，麻岭有 1 个保长，坭陂汤湖有 1 个保长，合湖有 1 个保长，罗浮有 2 个保长等。

策反起义 兴宁解放

一、粤东起义

经过辽沈、淮海、平津三大战役，国民党政府在长江以北的政权已瓦解，中国人民解放军挥戈南下，解放华南指日可待。在此形势下，各级党组织适时地开展统一战线工作。而国民党一些军、政、警、宪负责人亦能顺应历史潮流，认清形势，先后率部起义，著名的粤东起义就是其中之一。

1949 年 3 月，李洁之被广东省政府任命为广东省第九区行政督察专员兼保安司令。李洁之为爱国民主人士，思想进步，倾向共产党，反对蒋介石，为取得共产党的支持，赴任前 3 次由穗赴港，与中共香港分局取得联系，商谈起义事宜。

3 月 23 日，李洁之以处理家务为名，前往香港，通过陈卓凡的关系，见到了中共香港分局饶彰风、黄声。李洁之汇报了自己的思想和起义意图，提出，在他出任专员时，希望游击队暂时不要攻城，以免国民党加派军队"进剿"。

中共香港分局统战负责人曾先后 3 次在香港会见了李洁之，每次都根据情况给予具体的指导。为了进一步做好策动工作，1949 年 4 月 9 日，中共香港分局书记方方通过地下党员陈汉欣约李洁之谈话，陈汉欣带李洁之会见了方方。方方对李洁之的行动表示支持和鼓励，并对李洁之作了四点指示：接任专员后，尽可能释放政治犯；设法向外采购粮食接济民众和准备迎接南下大军；至于起义时间，考虑实力，为避免国民党反动派的进攻，最好在大军到达边境时再行动；要利用向上级述职的名义，策反余汉谋，以缩减战争的祸患。方方还指派陈汉欣作为联络员协助李洁之工作。在香港分局的具体指导下，李洁之对起义更加充满了信心。他根据共产党的指示积极开展工作，很快就与兴宁县长陈郁萍、驻兴宁的省保安独立第九营营长赖侠、驻梅县保安十二团营长孔昭泉等取得联系，加紧准备起义。

李洁之于 4 月 24 日抵达兴宁。5 月 1 日，根据广东省国民政府命令，原第六行政公署和保安司令部改称广东省第九区行政督察专员兼保安司令公署，设在兴宁，管辖五华、兴宁、梅县、平远、蕉岭、大埔六县。区内有兵力 5500 人。其中，兴宁境内有专署保安连 150 人，省保安独立第九营 500 人（驻兴宁神光山兵房及畲坑、水口等地），张英的自卫大队 300 多人，谢海筹为队长的联防自卫队 100 多人，驻兴宁、平远边境以及兴宁县警察大队。

李洁之接任广东省第九区行政督察专员兼保安司令职后，根据中共华南分局书记方方指示精神，于 5 月 2 日下令释放政治犯，并用电话通知各县暂时停止征兵、征粮，有目的地把分散各地的保安队，以连为单位调集于各圩镇，并规定凡出击游击队的，须经请示报告；并派秘书陈汉欣与兴宁党组织取得联系，交换情报，以免发生误会。紧接着，李洁之又派秘书陈汉欣等人与中共梅兴丰华边县委负责人联系，并派人与中共梅县地委代表接洽。

5 月 5 日，李洁之打电报给香港的陈卓凡，请中共香港分局早日派人前来兴宁指导起义工作。

5 月 14 日，粤赣湘边纵东二支部队主力顺利解决了坚持反动立场的列应佳团。广东省保安十三团团长曾天节首先在龙川老隆提前起义，并与吴奇伟（广东省绥靖公署副主任）、李洁之、曾天节、魏汉新（广东省保安十二团团长）、蓝举初（保安独立营营长）、魏鉴贤、萧文、张苏奎等八人，联名发表《我们的宣言》，宣布脱离国民党反动阵营，投靠人民，拥护中国共产党，原定20日举行的粤东起义提前举行。

5月16日，彭迪帆奉命送叶斯伦、陈汉欣到梅兴丰华边游击区找梅县地委联系告知李洁之起义事宜。

5月17日，李洁之请县长陈郁萍在县政府邀集兴宁各界代表，由陈郁萍代表李洁之宣布命令所属各部起义，接受中国共产党领导。并分析了形势，阐明中共中央对起义人员既往不咎，立功受奖的政策，大家表示拥护。

5月18日，李洁之、陈郁萍代表国民党军政人员宣布起义。陈郁萍以县长名义在县城、各圩镇张贴布告，宣布兴宁解放。

6月21日，中共中央、中央军委领导人毛泽东、朱德对粤东起义复电嘉奖：电文称"接读诸先生5月14日宣言，决心脱离国民党反动派，加入人民解放军行列，极为欣慰。希望你们遵守人民解放军制度，改造部队，与人民解放军整个力量协同一致，为解放全广东而奋斗，同时，告诉广东的一切国民党，凡愿脱离反动派加入人民解放军方面者，我们将一律既往不咎，表示欢迎。"

为紧密配合李洁之起义，闽粤赣边纵方面根据中共香港分局的指示，除了加强武装队伍的进攻不断打击顽敌气焰外，也采取了一系列相应的政治攻势配合起义。一方面向国民党军政人员不断宣传党的政策，先后于1949年3月10日和5月2日分别向敌军发出《劝降信》和《命令书》。《劝降信》和《命令书》均由梅兴丰华边、梅兴平边游击队和边县委通过各种形式送至专员公署及其所属县、区、乡各级国民党政军人员手中，在这些人员中引起很大的反响。闽粤赣边纵党委在政治上和军事上所采取的攻势，使他们进一步认清政治形势，对投诚起义、接受共产党的领导的决心更加坚定。

与此同时，中共梅县地委指定陈柏麟（李洁之的旧同事）专职负责军事指导工作，陈柏麟在李洁之到任不久则致函联系，要李洁之派员商谈起义事宜。李洁之即于5月12日派代表谢维汉找到陈柏麟汇报了有关起义的准备工作，陈柏麟根据梅县地委指示，告知谢维汉兴梅专区整个形势及蕉岭将于5月14日首先发动蓝起初营的两个连起义，叫谢雄汉马上赶回兴宁，请李洁之有所准备。这些具体和周密的部署促使粤东起义成功。

粤赣湘边纵方面同样做了大量的具体工作，解决了李洁之起义进程中碰到的不少问题。1948年初，粤赣湘边纵便安排从香港分局回来的李焕良到兴宁专门负责协助起义。当时，国民党兴宁县自卫大队有3个中队，仍有一定的实力，这一隐患如不解决好，对起义是一个很大的威胁，李焕良根据粤赣湘边纵党委和兴宁中心区委的指示，认真进行策反工作。5月17日，中共兴宁中心区委派出代表温华、刘洪涛、陈韬等与国民党兴宁地方武装代表举行谈判，使他们脱离国民党，举行起义，接受中共地方党组织的领导。此举，使李洁之"深感如释重负"。

李洁之和陈郁萍率部起义后，李洁之被委任为潮梅行政委员会副主任，大部分起义人员都得到很好的安置，体现了共产党的政策。对李洁之的起义，闽粤赣边纵致信表示祝贺，毛泽东、朱德来电嘉奖等等，党对粤东起义成功前后的一切做法，对李洁之和其他起义人员来说，无疑是一种莫大的鼓舞和鞭策，也充分说明两个边纵和兴宁地方党组织协助李洁之的起义做了大量工作。

粤东起义成功，震动省内外，并带动周边地区的起义，给国民党反动统治以致命的打击，加速了国民党统治的灭亡。随着人民解放战争的节节胜利，在党的统一战线政策的感召下，一些国民党将领和地方实力派纷纷弃暗投明，发表起义宣言。粤东起义后，闽西地区在练惕生、傅柏翠、李汉冲（他们均是李洁之的好友）等领导下，于5月21日亦宣布起义，从而使两个区16个县的广大地区连成一片，给粤、闽两省国民党反动当局一个沉重的打击。粉碎了蒋介石利用胡琏、刘汝明兵团，妄图在福州、长汀间设防固守的计划，打破了广东省国民政府主席薛岳、广州绥靖公署主任余汉谋等把持广东苟延残喘的幻想，逼使他们的二十一兵团15万人南逃海南岛。同时，这次起义约近万名官兵加入革命队伍，通过教育和整编，投入了新中国的怀抱，壮大了革命力量。

粤东起义的成功，对配合南下大军解放华南地区，以物力人力支前，创造了有利条件。粤东起义，使粤东人民避免了一场战争的灾难，保护了人民生命财产安全，从而调动人力财物支援前线，加速解放华南地区创造了十分有利的条件。1949年5月25日，香港《华商报》社论所述，此举使当时"数十万平方公里苦难的大地，200多万受难的人民，已经解除了血腥的统治，而重新回到人民自己的手里，如今美丽的阳光，照耀着欢笑的土地，欢笑的人民！"尤为重要的是此次起义，保护旧政府属下的各种公共财物和文档等不受损失。兴宁县是当时粤东地区所接管的地方中最富裕的一个县，当时接收国民党兴宁银行、国民党专署和兴宁县政府属下的财政物资机构，以及民间的土地、土豪财产中，有白银大洋和毫洋539000多元，黄金400多两，稻谷150多万担，洋纱250多条，电台13架，汽车20余辆，还有一批医药用品和被服。此外，还动员兴宁城的工商大户，借出洋纱250条，用以支援前线，每天用100多辆汽车运送粮食、洋纱、金银和军用品等到闽粤赣边纵队，或到区党委指定的地方人民机关、部队，还支援了在东江起义的曾天节部队和东二支友邻部队。1949年6月3日，香港《大公报》指出："特别是文化最发达的梅县与手工业最发达的兴宁，将使人民军队在干部问题上与物质问题上获得大大的补充，从而大大增强人民的力量，而领导上的集中与指挥上的统一也就更为有利了。在广东，长期存在的城市与乡村发展不平衡的状态已在粤东这一广阔的地区上突破了。"

二、县自卫大队起义和整编

1949 年春夏间，全国革命形势迅速发展。在此形势影响下，中共兴宁中心区委通过李焕良的关系，做兴宁县自卫大队大队长张英的工作，策动他起义。曾天节率领保安十三团在老隆起义的消息传来，中心区委认为起义时机已经成熟。5 月 17 日晚上，中心区委派党代表温华、刘洪涛、陈韬、陈瑛、李清渊等与兴宁自卫大队的代表李志宏、罗造英、黄湘宏、陈茂青等还有李伴英，在新陂力行小学对面河圳上举行第一次谈判。经过谈判，对方同意立即起义。谈判后第二天，国民党兴宁县自卫大队三个中队和新陂自卫队宣布起义，接受共产党领导，并把队伍拉到新陂、叶塘。这时，中心区委看到了李洁之、陈郁萍的起义文告。当晚，中共代表温华、刘洪涛、陈韬、陈瑛、李战、李冰等 10 多人，又与李伴英、李志宏、李楚权及李焕良等人在新陂圩忠烈祠举行第二次谈判，双方达成协议，并作出三条决定：

（1）同意 3 个自卫中队，包括两个小分队，即日起撤出原驻地；

（2）正式宣布起义，成立一个团的建制，3 个中队及两个自卫队改为四个营，暂不扩充兵员；

（3）撤出原驻地后，部队的给养由李伴英代为垫付解决。

县自卫队宣布起义后，中心区委按照原来计划，把他们改编为一个团，名称为兴宁人民解放军第一团，团长李焕良，副团长李志宏，参谋长李楚权。黄湘宏、罗造英、陈茂青分别任第一、第二、第三营营长，第四营的营长由李楚权兼任。

　　兴宁县临工委成立后，由县临工委委派罗晓维为该团政委，陈璞（陈琇瑸的化名）为副政委，政治部主任为陈璞（兼）、刘丁。此后，调集大批党员进去，加强连队的建设，改造起义部队。蓝海、陈瑛、曾浪、李清渊等任营教导员；陈平、罗明、李冰、丁毅村、黄忠、陈彬华、陈晴、吴绍星、张迪平、李华等任连指导员。

　　不久，该团即改编为中国人民解放军闽粤赣边纵队直属（暂编）第三团（简称"边三团"）。1949 年 11 月中旬，在汕头专区澄海县的东湖整编为一个营。

第六节 接管旧政权 建立人民政权

一、兴宁县临工委和军管会的成立

1949 年 5 月 18 日，兴宁县长陈郁萍代表国民党军政人员宣布起义后，兴宁宣告解放，中共兴宁组织积极主动做好接管工作。5 月 21 日，中共兴宁中心区委派罗晓维、陈琇瑸 2 人到兴城金宾旅店三楼由陈汉欣引见起义领导成员。会见时对李洁之提出的两项问题，中共代表作了答复：各机关单位暂时由原负责人维持，专署各处室由中共派一人实行联合办公，以求得"上求团结，下求安定"的局面，待请示上级后再行接收；梅兴平寻龙五县联防主任谢海筹本人身家性命，由中共负责担保安全，不受侵犯，其政治态度要由李洁之担保。但李洁之考虑谢海筹的为人刚愎自用，不敢担保。谢海筹顽固坚持反动立场，率队逃往江西寻邬一带。

5 月 19 日至 24 日，中共兴宁中心区委多次派人到龙川请示上级关于起义部队的安排和接管县城急需解决的问题。由于没有联系上，区委决定把第五大队 40 名短枪队开进县城，驻扎在大坝里青年馆，并以粤赣湘边纵东江第二支队第四团第五大队政工队名义挂牌开始办公。接着组织了一次打击特务和恶霸地主分子的行动，逮捕了几十人。24 日，中心区委书记温华主持在城里召开附城的全体党员会议。到会的有区委成员及李清渊、朱展球、陈琇瑸、刘仲良、刘小村、刘碧光、李月光、李载辉等30多人。会上，温华总结了政工队进城一周来的工作成绩，并决定成立新陂、叶塘、龙田、大坪、罗岗、罗浮、福兴、福庆、附城等9个工作队，任命了各工作队的负责人，要求工作队到各区认真宣传贯彻党的城市政策、农村政策以及保护工商业政策等，这次会议对稳定城乡群众情绪，安定社会秩序发挥了较大的作用。

不久，中共兴宁中心区委接到东江第二支队领导的指示，由于一时派不出人员到兴宁，要求中心区委各项工作自行酌情处理。于是，中心区委决定，一面派温华偕同李焕良到老隆粤赣湘边纵队司令部，请示严尚民和东二支队司令员钟俊贤，得到指示后立即返回兴宁；派陈韬、刘洪涛等率领一连武装部队到新陂、叶塘、大坪、罗岗、罗浮、龙田等地接管政权。

5月18—22日，姚安和李海受闽粤赣边区党委的派遣，率领70多人前往畲坑、水口、新圩、坭陂接管；与此同时，肖刚也受命率领独四大队部分武装及干部约80人从平远南下，接管南口、黄陂、石马、永和、径心。这两支接管队伍在永和会师后，一齐开赴兴城接管。

粤赣湘边区和闽粤赣边区所属的各路武装队伍在兴城胜利会师，并肩战斗。

5月16日，闽粤赣边区党委书记魏金水派李戈伦回兴宁，主要任务是接管旧政权。20日晚，李戈伦在金宾旅店邀集温华、叶斯伦、李甦仁等10多人一起开会，了解兴宁的情况，在这个基础上，决定成立兴宁县临时工作委员会，研究了工作机构的设置和主要人事工作安排。主任李戈伦，副主任罗晓维、卢怀光，委员有温华、叶斯伦、李甦仁、李冰、陈琇瑸等。隶属梅县地委领导。下辖工作机构人员有：办公室主任罗晓维（兼）；秘书科长李楚，副科长李焕文；组织科长温华，副科长叶斯伦；组织审查员李甦仁、刘陶汉；总务范添泉（未到职）；财粮科长罗应芳，副科长陈文芳；宣教科长张直心，副科长陈菲村（女）、李庆华；交通科管理处主任赖运儒，副主任林俊光；军事科长罗耀琪；调查科长李侃民，副科长刘冠群；物资供应处由李思平、刘淑文负责；人民银行由李若沧、刘文冠负责。21日在大坝里体育馆挂出兴宁县临时工作委员会招牌，开始办公。临工委成立后，根据方方关于"安定上头，发展下头"的指示，经研究作出如下决定：稳定起义人员的情绪，给起义部队发军饷，向他们宣传党对起义人员的政策，不要轻信谣言；没收官僚资本；出版《兴宁人民报》，由姚明负责，后由陈汉欣负责；收缴民枪；救济春荒，并要求闽粤赣边区党委派遣部队进驻兴宁。

5月下旬，中共东江地委书记梁威林，偕同五华县委书记张日和、副书记郭汉邦到兴宁与梅县地委书记王维会见。张日和将原属粤赣湘领导的兴宁中心区委的50多名党员及其工作关系全部转移给梅县地委管辖，由兴宁县委领导。

5月28日，闽粤赣边纵副司令员铁坚率边一团、边二团，王立朝率一支队二团进驻兴宁县城，受到群众夹道欢迎。李洁之、陈郁萍等在金宾旅店举行欢迎宴会。边纵部队进城后，闽粤赣边区党委决定在兴宁成立兴梅地区联合工作委员会，主任铁坚，副主任李洁之，委员有廖伟、魏鉴贤等。不久，由于形势发展的需要，闽粤赣边区党委决定撤销兴梅地区联合工作委员会。7月28日，成立潮梅人民临时行政委员会，林美南为主任委员，李洁之、廖伟、黄声为副主任委员，魏鉴贤、杨世瑞、罗明、黄维礼、方东平、陈明等为委员。潮梅人民临时行政委员会辖潮汕、兴梅所属17个县市，人口共300余万。

6月1日，兴宁县成立兴宁军事管制委员会，主任李戈伦，副主任徐达，顾问陈郁萍，隶属于梅县地委和第一支队领导。同时，根据工作需要成立各科室：财务科长罗晓维；财粮科长刁惠博，副科长陈文芳；交通科长罗耀琪，副科长林俊光；政治指导员杨手、张基；文教科长卢怀光，副科长张直心、陈菲村（女）；公安科长马添荣，副科长陈琇瑸；社会科长温华，副科长刘冠群；军事科长徐达（兼），副科长罗耀琪；训练科长余华基；政治指导员李华，副指导员吴立天；卫生科长蔡伯诚；秘书科长李楚，副科长李焕文；人事室代理主任罗汉基，代理秘书叶斯伦；主任室秘书廖楚思、董泮文。

6月5日，兴宁县军管会派公安科长马添荣、副科长陈琇瑸正式接管兴宁县警察局，国民党警察局长刘光麟率全局60多人热烈欢迎，并召开交接大会，把全局所留人员、公物、枪支、服装等逐一列册点交清楚，马添荣在会上作了讲话。

二、中共兴宁县委和兴宁县人民民主政府的成立

1949年5月30日，中共闽粤赣边区党委领导人王维、陈明在兴宁附城鹅湖张屋召开闽粤赣和粤赣湘系统的负责人联席会议，成立中共兴宁县委员会。县委书记姚安，副书记肖刚，组织部长温华，副部长罗章，宣传部长姚明，副部长刘洪涛。县委常委姚安、肖刚、温华、姚明、马添荣（兼副县长）、罗章、刘洪涛。

新县委成立后，委派了15个区人民民主政府的指导员（党代表）：龙田区李祯荪，新陂区李清渊，刁坊区曾宏中，永和区李光，坭陂区范佑民，新圩区彭迪帆，水口区黄露光，径心区邓其生（邓萍），石马区叶焕泉，黄陂区余意（刘莹），罗岗区陈衍清，罗浮区袁若芳（代），大坪区刘小村，叶塘区蓝伯欣（蓝劲），附城区张涛。

6月19日，兴宁县人民民主政府成立，机关设在旧县政府

内，隶属于兴梅专员公署领导。县长李戈伦，副县长马添荣。下辖工作机构，设13个科、室、处，派出15个区署的正、副区长。县政府机构：秘书科长李楚，副科长李焕文；财粮科长刁惠博，副科长陈文芳；交通科长罗耀琪，副科长林俊光、刘仲良（未到任）；文教科长卢怀光，副科长张直心、陈菲村（女）；公安局长马添荣（兼），副局长陈琇瑸；社会科长温华，副科长刘冠群；军事科长徐达；训练科长余华基；卫生科长蔡伯诚；税务处主任罗应芳，副主任吴巾、吴应旋；人事室主任罗汉基，秘书叶斯伦；物资供应处主任李思平；交通管理处副主任罗欣华。各区署正、副区长：龙田区区长刘仲良，副区长刘映球；新陂区区长李焕文，副区长刘涤心、黄绍明；刁坊区区长罗志元，副区长曾碧艻；永和区区长李光；坭陂区区长范佑民；新圩区区长彭迪帆；罗岗区区长彭子健，副区长刘竞生；石马区区长何彬荣；黄陂区区长曾绮春；叶塘区区长李益宏；大坪区区长刘小村；水口区区长黄露光，副区长刘超寰；罗浮区区长黄荫泉；径心区区长幸科（幸振仪）；附城区区长朱展球。与此同时，县妇联、县工会、青年团等组织机构也相继建立起来。

6月上旬，党组织接收了《时事日报》，继而创办《兴宁人民报》，作为县委、县政府的机关报。社长由宣传部长姚明兼任，总编辑为陈汉欣，副总编辑刘俊文、罗钧才。

7月1日，中共兴宁县委在兴宁一中礼堂（大成殿）举行七一纪念大会。参加大会的有县委委员，各区指导员、区长及直属机关党员、干部共200多人。县委主要领导姚安、温华、姚明等在大会上讲了话。最后，全体与会者在南院门口的广场上合影留念。

三、边三团和边六团的组建

1949年5月底，中国人民解放军闽粤赣边纵决定，由兴宁自卫大队起义人员改编的兴宁人民解放军第一团正式编入闽粤赣边纵直属第三团（简称"边三团"），部队扩充到900多人。团长李焕良，政委饶辉，副团长刘镜，政治部主任陈韬，副主任高原。一营营长黄湘宏，教导员蓝海；二营营长罗造英，教导员陈瑛；三营营长陈茂青，教导员曾浪。同时，粤赣湘边纵东二支队调排以上政治干部丁毅村等20多个党团员充实连队和团政治处及政工队等机构。接着又派陈平等10多人到连队任政治干部。正式成立团党委，党委书记饶辉，副书记陈韬，委员有高原、刘镜、蓝海、陈瑛和曾浪。各营分别成立了党支部，从组织上保证了党对部队的领导权。闽粤赣边纵还派梅县地委副书记陈仲平到兴宁参加边三团的整编和检阅队伍。边三团隶属闽粤赣边纵司令部领导，由边纵司令部调遣，主要在兴丰华边活动。

6月4日，中国人民解放军闽粤赣边纵队第一支队第六团成立（简称"边六团"），团长李海，政委姚安（兼），副政委肖刚（主管部队），政治处主任余华基（余项）；后勤供应处主任毛伟达；一连连长刘源（后为赖坤华），指导员袁驾欧；二连连长马坚，指导员李英（后为张福祥）；三连连长陈达，指导员李史辉；四连连长黄兴，指导员张智；五连连长袁加文，指导员罗克明（后为陈道、肖洪）；保卫排长赖坤华、刘兴林。同时建立了团党委，书记肖刚，副书记李海，宣传委员余项，组织委员毛伟达，委员罗克明、袁兵（袁驾欧）、马坚、陈达、陈道。边六团党委辖4个党支部，党支部书记分别为袁兵、马坚、陈达、陈道，从组织上保证了党对部队的领导权。边纵一支队第六团主要在兴宁活动。全团发展到600多人，隶属闽粤赣边纵第一支队司令部领导。

　　与此同时，县警卫部队（警卫连）、公安大队、各区武装中队也相继建立起来，公安大队长为房泰山，警卫连连长为张启勋。

抗击胡琏、谢海筹残军窜扰 保卫胜利果实

1949 年 7 月初，从淮海战役败退到江西赣南的国民党嫡系胡琏兵团残部 4 个支队（代号是"洪都""抚河""会昌""上饶"）约 1.5 万人，由兴宁地方反动头子谢海筹带路，向粤东地区窜犯。7 月 3 日，中共兴宁县委书记姚安到梅县请示地委后，回到兴宁，立即召开县委紧急会议，研究部署撤退计划。

7 月 6 日，中共梅县地委发出"保卫夏收，保卫家乡，消灭南溃残匪"的号召，兴宁县委按照计划部署撤退。各区乡响应县委提出的"快收、快打、快藏，不让敌人抢走一粒粮"的口号，发动群众抢收早稻。当时县委会决定，姚安、李戈伦、温华、陈汉欣由县公安纠察队和边六团二连随同县委机关撤退到叶塘山区一带活动；李海、肖刚率边六团主力开往北四区龙田、黄陂、罗岗、罗浮一带，坚持游击战，伺机阻击胡、谢残军；边三团一部开往南四区水口、坭陂一带活动；马添荣带领警卫队和边六团三连两个班，押解重要犯人，向五华、龙川边境转移。与县机关一起撤入山区的还有省青年团负责同志等。

7 月 13 日晚 10 时后，从电话中获悉，胡、谢残部已进入石马、永和地区，县委、县政府主要领导姚安、李戈伦、温华、陈汉欣和华南分局来兴指导工作的陈恩，在边六团二连和县公安纠察队护送下，登上了事前调集的 6 部汽车撤离兴城，向叶塘山区转移。当晚，胡、谢残部占领县城。7 月 14 日，谢海筹自封为兴

宁县县长，进城后向工商界大肆派钱派粮、筹募军需，同时在一些区乡恢复旧政权，派出军队到各区乡抢粮、拉丁和搜捕共产党员，派重兵向兴宁县委撤退的方向叶塘、黄陂、罗岗、罗浮、石马、水口、坭陂等地进攻。兴宁县委按照梅县地委7月6日和15日两次下达的指示，深入发动群众，组织农会、民兵和武工队，支援边六团，狠狠打击胡、谢残部。16日，县委、县政府部分领导在五华新桥朝果寺小学召开战地会议。与会者有姚安、李戈伦、温华，华南分局派来指导工作的陈恩，及县政府干部刘炳华，会议研究部署不与敌人硬碰，到兴华边山区打游击。7月26日，县委、县政府主要领导批准在五华下五砾（大田）处决了在押要犯13人。事后，队伍随即离开，在五华转水角击退了尾追而来的胡、谢残军，向龙川鹤市转移。

1949年7月至8月，闽粤赣边纵第一支队第六团在兴宁县北四区不断粉碎敌人的进攻。7月13日，边六团二连和县公安纠察队护送县委机关干部转移，次日凌晨，在叶塘富祝径与胡、谢残部展开激战，在边六团二连和县公安纠察队英勇阻击下，打退敌人多次进攻，毙敌4人，边六团4位战士、县公安纠察队2位战士牺牲，保卫了县委党政干部和一批档案物资安全转移。这一仗打得好，大大鼓舞了广大军民的战斗信心。胡、谢残部到处强占民房、骚扰百姓，调戏奸淫妇女，无恶不作。县城附近区乡人民群众，深受其害。胡琏部队主力洪都支队千方百计配合地方反动势力，极力找寻边六团主力决战，企图一举消灭。而边六团则采取"敌进我退，敌驻我扰，敌疲我打，敌退我追"的游击战十六字方针，打击敌人，拖垮敌人，保存自己。

7月18日，胡琏洪都支队1000多人在谢海筹部配合下向驻在罗岗的边六团部队进攻，包围了罗岗土磜下的边四团一连（属六团指挥）。边四团一连在副政委肖刚指挥下与敌人展开激战。

六团一连、二连、五连及警卫排共 300 多人在李海团长指挥下投入战斗，首先占领黄毛嶂有利地形，掩护边四团一连突围。这次战斗打死打伤敌军 26 人，其中敌军一营长被击毙，缴获长短枪 20 多支，子弹 600 多发，敌军被迫当天退出罗岗返回县城。此次战斗，边六团牺牲 4 人，伤 6 人。阻击战结束后，边六团集中在白水进行休整。为鼓舞士气，在白水举行追悼大会，悼念光荣牺牲的战友，以教育广大战士，提高斗志，更勇敢地消灭敌人。7 月 25 日早晨，在罗岗镰子寨，边六团 300 多人为阻击胡、谢残部 500 多人北上罗浮，与其激战，持续了 3 个多小时，毙敌 30 多人，伤 40 余人，边六团牺牲 2 人，伤 3 人。8 月 9 日，边六团在大信边界的方塘肚（地名，属寻邬县）袭击了寻邬县国民党自卫队，战斗中毙敌 3 人，俘敌 8 人，缴获战马 2 匹，长枪 10 余支。

7 月至 8 月，边三团在兴宁县南四区一带痛击胡、谢残部。7 月 23 日，边三团一个营在水口与胡部主力柳河师 4000 多人展开激战，打了几个小时，敌死伤 26 人，边三团的文化教员朱景伟和水口副区长刘超环等 5 人光荣牺牲。8 月 28 日，刁坊区武工队长曾碧芗带领武工队在宁江黄花庙附近的竹林中与边三团警卫连一起，伏击一艘企图逃往水口的胡、谢残部木船，歼敌 17 人，缴获木船一艘和大批物资。边六团在坜陂一带亦展开几次战斗，打退了敌人的进犯，缴获长短枪 10 多支，汽车一辆，稻谷 2000 多千克。

8 月 28 日，在边六团、边三团的有力阻击下，胡琏兵团及谢海筹部队撤离兴宁，溃退丰顺、汕头。是日，边三团、边六团和县委、县政府机关干部返回县城。9 月初，胡、谢残部在水口、新圩等地农村大肆抓丁抢掠，县委决定边六团、边三团追击在水口的敌人，从 9 月 3 日至 5 日，持续数天。因敌军装备精良，火力较强，边三团、边六团与敌隔河交战。这次战斗，歼敌 7 人，边纵部队伤亡 5 人。胡、谢残部撤离至丰顺。

9 月 10 日，中共兴宁县委接到中共梅县地委发来的紧急电报，得悉逃至丰顺的谢海筹被任命为"反共救国军闽粤赣边游击纵队司令"，由胡琏兵团派一个加强营护送，回窜兴宁，妄图再作垂死挣扎。县委立即召开紧急会议，决定派边六团和边三团到水口阻击敌人，县委、县政府机关暂时撤出县城。18 日至 19 日，边三团和边六团一、二连在水口阻击敌人，边六团派出短枪排烧毁新圩石陂角公路桥，截断敌人通道。20 日至 21 日，敌人强渡水口大河，到了新圩、坭陂、坜陂，沿途均受到边六团的阻击。为了保存实力，边六团撤至永和板子岗，边三团撤至新陂、叶塘一带。21 日，谢海筹残部 200 多人重新占领兴宁县城。胡琏部队返回丰顺。

9 月 25 日，边六团、边三团按边纵一支队司令部的命令，在粤赣湘边纵队东二支部队的协同下，部署围攻兴宁县城，以全歼谢海筹残部。此时，兴城外围的敌人已被歼灭，城内只剩下谢海筹部队 200 多人，夺回兴城的条件已经成熟。县委书记姚安根据上级指示，当机立断，即与边六团、边三团、东二支队有关领导研究，按当时各个部队所在驻地方位部署围攻县城计划，边六团围攻东门、北门，边三团围攻新西门、南门，东二支二团在刁坊、坭陂布防，阻敌南逃。总攻时间为 9 月 29 日上午。

29 日上午 9 时左右，由县委统一指挥部队发动总攻。边六团在东门、北门发动攻城，边三团一营在新西门同时向敌人猛烈开火，边三团二营冲过坝尾桥，向高华路进攻。顿时，全城枪声大作。谢海筹看到解放军火力猛烈，胡琏方面援军无望，即派兵假作从南门攻出，谢海筹率领 100 多人仓皇从新西门突围，向高华路、兴田路方向逃窜，新西门未设重兵伏击，给残敌逃脱的空隙，谢海筹带着 100 多人，向龙田、罗岗方向逃去。边六团攻入东门、北门，直捣县政府，把红旗插在县政府钟楼上。攻城战斗到中午胜利结束，兴宁城再次收复。这一仗共毙、伤敌40多人，俘虏30多人，缴获一批枪支、子弹、手榴弹、电话机等军用物资。是日下午，县委派东二支二团一营一连和边六团二连追击北逃的残敌。至第二天下午3时，在岗背羊古颈截击敌人，展开了将近3个小时的战斗，大败敌军。谢海筹带着剩下的60多个残兵向罗浮方向逃窜，最后被兴梅军分区第四团的剿匪分队消灭。谢海筹于1950年农历五月十四日被解放军战士击毙在罗岗溪美村炭窑洞里。

9月29日，在边六团、边三团武装攻城的同时，胡琏派出一个加强营的兵力企图增援谢海筹部，从新圩、坭陂向兴城逼进，受到边六团一连的截击。在夺回县城后，9月30日，边六团随即派兵围歼这股敌人，在坭陂展开激战，打了几个小时，胡琏部队向畲坑大湖洋方向败退。战斗中，胡琏部队死伤20多人（其中2个连长，1个营长），边六团牺牲2人，受伤6人。兴宁全境收复。兴宁人民在兴宁党政领导下，在抗击胡、谢残部的斗争中取得全面胜利。1949年10月1日，适逢伟大的中华人民共和国成立之日，兴宁人民为欢庆新中国的诞生和兴宁的解放，县委决定，将10月14日至20日定为兴宁解放庆祝活动周。19日这一天，兴宁县党政军民3万多人，在兴宁县城大坝里举行庆祝中华人民共和国成立和兴宁人民彻底解放的大会。各区乡在此期间，也先后召开庆祝大会，欢庆胜利。从此，兴宁人民在中共兴宁县委、县政府的领导下，走进了社会主义建设的新时代。

第六章

翻身作主　探索发展

第一节 恢复发展经济

一、工农业初步发展

中华人民共和国成立后，全县进行广泛深入的社会主义改造和大规模经济建设。1949 年全县工农业总产值 3733.4 万元，工业总产值 1135 万元。经过土地改革，废除封建土地所有制，全县经济得到恢复。1952 年，工农业总产值 4409.8 万元，比 1949 年增长 18.12%。1953 年开始，兴宁执行第一个五年计划，完成了对农业、手工业和资本主义工商业的社会主义改造。此后，经过 20 多年的建设与发展，至 1978 年，工农业总产值 2.85 亿元，其中农业占 49.73%、工业占 50.27%，比 1949 年增长 7.63 倍；财政预算收入 1771.68 万元，比 1950 年增长 5.27 倍；基本建设投资完成额 1032 万元，比 1950 年增长 26.16 倍；基本建设新增固定资产 681 万元，比 1950 年增长 24.22 倍；全民所有制单位职工年均工资 632 元，比 1950 年增长 0.64 倍。

除了继续发展纺织、制药等工业之外，兴宁还特别注意发展与本地资源开发、为本地农业服务有关的能源、冶金、采矿、机电化学等基础工业。1952 年兴办第一家国营印刷厂，先后兴办兴宁电力厂、煤炭厂、电机厂、农械厂、通用机械厂、钢铁厂、农药厂、化肥厂、水泥厂、氮肥厂等。20 世纪 70 年代中期起，开始调整工业结构，加速发展纺织、食品、味精、球阀等行业。工业经济快速攀升，小工业正向现代化大工业转变。1978 年，企业单位达 381 个，职工 2.74 万人，工业总产值 1.31 亿元，比 1949年增长 10.56 倍，其中轻工业占 50.4%。此后，工业逐步发展壮大，从星罗棋布、数以万计的家庭手工业和作坊式小工业起家，依靠农、工、商相互促进，依靠自身的教育、文化和科技优势，依靠自身的积累资金滚动式向前发展，工业结构调整不断优化，产量不断增加，质量不断提高，产值不断增大，初步形成内外并举、轻重结合、门类齐全，多种经济成分、多种经营方式并存的工业体系，镇办、村办企业异军突起、蓬勃发展，个体私营企业逐渐成为工业经济的主流。兴宁味精、珍珠红酒、不锈钢球阀、新型机械立窑、水轮发电机、异步电动节电器、小儿八宝惊风散等 30 多个品种成为名、优、新、特产品，在省内乃至全国享有盛名。

随着国民经济的不断发展，人民生活逐步改善。被称为"老三件"的手表、自行车、缝纫机已遍及城乡，收音机、录音机、电视机、洗衣机、电冰箱、电风扇、摩托车等中高档商品逐步进入普通家庭。此外，城乡住房条件也大有改善。

二、大力兴修水利

中华人民共和国成立前，兴宁 80% 的耕地缺乏水利设施，易旱易涝。新中国成立后，全县大力兴修水利，通过整治宁江，建设以合水水库为中心的水利网，兴建山塘，开挖排灌渠道，建立机电排灌设施，治水与治土结合，基本上改变了"大雨大灾，小雨小灾，十日无雨成旱灾"的状况。

县内受涝地区主要在宁江两岸，新中国成立前，全县有大小内涝区 35 处。1949 年冬，政府开始设计开发利用岳桥湖，翌年 1月动工，开掘叶塘岳桥湖排水沟，4 月竣工。岳桥排水工程建成后，极大地调动了全县人民兴修水利的积极性，陆续兴建了东沟、西沟、舍塘围、鸳塘、环陂、甘塘、曲塘等处排涝工程。

兴宁河溪众多，河道弯曲，源短流急，水土流失严重，河床日渐淤高，有些甚至成了地上河。新中国成立后，县人民政府把整治宁江等河流列为重要防洪工程，以消除或减轻洪水灾害。1949年12月，人民政府拨出一批粮食，以工代赈，打桩抛石护岸，加固宁江鹅椒堤、游鱼上水、罗坝、大桥围、三潭等堤段。1952年9月至11月，在专业技术人员勘测规划的基础上，对龙田曲塘至新圩河堤全面加固加高，个别地段甚至加厚3至4米，从而经受住1953年夏季三次大洪水的威胁。1968年起改造宁江，裁弯取顺，扩宽河道，加固围堤。1971年经受洪水考验，效益良好。此后，全县每年冬春都进行兴修水利，对弯曲狭窄、排泄不畅或高出地面的河道，结合农田基本建设，裁弯取顺，扩宽河道，降低河床，至1978年先后完成刁坊、坭陂、新圩、蓝布、望江狮、曲塘等水利工程。经改造，共缩短河道13.5千米，增加耕地199.06公顷，完成土方1796万立方米，石方13.97万立方米，混凝土近800立方米。

中华人民共和国成立前，全县仅一个10万立方米的水口区兴华水库，蓄水1万至6万立方米的平塘20多个，抗旱能力差。中华人民共和国成立初期，通过加高宁江围堤和开挖岳桥沟、东沟等排涝工程，对防洪排涝起到重要作用，但是未能根治水旱灾害。1951年4月，动工兴建了兴宁县第一个水库福兴石㞦水库，翌年完工。1955年，县水利部门联合群众，广泛调查摸清水情，依据详实资料，确定"以抗旱为主，抗旱、防洪、排涝相结合"的治水方针，制订"以蓄水为主，蓄引排相结合"的治理规划。从此，兴宁的水利建设由局部治理转向全面治理。

蓄水工程以宁江流域为重点。为控制宁江的两大支流黄陂河和罗岗河（含大坪河），1956 年 10 月动工兴建合水水库，翌年 7 月建成，总库容为 5300 万立方米。1959 年冬进行第一次扩建，按 100 年一遇设计，200 年一遇校核，最大库容 7300 万立方米，比增 2000 万立方米。1964 年进行第二次扩建，防洪标准按 100 年一遇设计，1000 年一遇校核。扩建后，主坝加高至 21.5 米，坝长增至 700 米，坝顶宽仍为 7 米。两次扩建后，最大库容为 1.1 亿立方米，属大（二）型水库。

1957 年 9 月，动工兴建石壁水库，控制宁江的第三支流石马河。1958 年冬，动工兴建宁塘和山水库和黄陂温公水库，其余 28 条山溪小河，按防洪灌溉需要，兴建了大小不等的山塘和水库。

1960 年，广东省水利厅在合水水库举办全省水利工程管理培训班，充分肯定宁江水网控制运用经验，并在全省推广。1962 年 10 月，中共中央政治局委员、国务院副总理贺龙，国务院副总理聂荣臻在广东省委第一书记陶铸陪同下到合水水库视察，对合水水库综合利用表示赞赏。1963 年，水利部在北京召开全国水利会议，特邀兴宁代表在会上作专题经验介绍。

巩固新政权的斗争

一、开展清匪反霸

中华人民共和国成立前，兴宁是粤东北的政治军事中心，第六行政督察专员公署和闽粤赣边区司令部均设在兴宁。同时县内社会情况复杂，1949 年 7 月，国民党胡琏兵团、谢海筹部队窜扰兴宁，经解放军和兴宁人民的奋力反击，胡琏部队溃逃，谢海筹残部大部分被歼，一小部分则潜伏下来。他们不甘失败，与地主恶霸互相勾结，制造谣言，张贴反动标语，破坏交通，抢劫民财，扰乱社会治安，甚至组织反动武装，妄图暴动。针对这种情况，兴宁县政府广泛发动群众，开展了一系列对敌斗争，稳定了社会治安形势。

1949 年 7 月 14 日，胡琏兵团窜犯兴宁，公安机关侦查到恶霸分子李载朋、李超寰图谋不轨，当机处决。

1949 年 9 月，原盘踞在兴城的"粤赣边游击司令"谢海筹、"华南反共救国军闽粤边游击司令"刘仕钦在军民追击下，率残兵 60 余人，分别逃至黄陂、罗浮、罗岗、水口等山地落巢，日伏夜出，伺机反扑。

1950 年 5 月，县公安大队和黄陂区民兵积极配合中国人民解放军闽粤赣边纵第一支队六团全力剿除谢海筹残部。经大力宣传"首恶必办、胁从不问、立功受奖"政策和利用亲朋故旧、各种社会关系对其下属进行劝降，其大队长巫觉民、钟醒明、钟振声纷纷下山投诚。与此同时，县公安大队各区武工队和民兵，在军分区一营兵力的支持下，分成 100 多个小组，军分区司令员高健亲临指挥，对谢海筹出没的 20 多平方千米的地方，实行军事搜捕。农历五月十四日，在罗岗溪美村炭窑里发现谢海筹，谢海筹负隅顽抗，被当场击毙。

1950 年 8 月 16 日，刘仕钦带领 4 名土匪到兴城图谋抢劫商号，藏于城南胡屋。公安机关及时侦破，把匪徒一网打尽。匪首刘仕钦、古水昌等 4 人被捕。至 8 月底，全县土匪基本肃清，共歼匪特 300 余人，收缴各类枪支 4000 余支。

1950 年 4 月始，全县开展反霸运动。各区乡召开农民代表大会，宣传反霸政策。1950 年 5 月 1 日，兴宁县人民法院成立，副县长马添荣兼任兴宁县人民法院院长，各区成立了人民法院，受理反霸案件。5 月 16 日，县委在坭陂举行全县斗争恶霸现场会。经法庭宣判，判处罪大恶极的陈必显死刑。会后，全县掀起反霸斗争高潮，各区乡先后惩处了刘济乡、余亚壬、张敬五等恶霸 30 名。至 5 月底，反霸斗争结束。

中华人民共和国成立后，兴宁县处决了为非作歹、恶贯满盈的反革命特务流氓邓平波、幸中幸、阿晋麻等罪犯。1950 年 8 月 16 日，县人民法院宣判了刘仕钦、古水昌为首的"华南反共救国军闽粤边游击司令部"匪特 4 人。

1951 年 4 月 11 日，破获以原国民党保安处政工队长罗敬棠为首的"中南区兴宁武军兴石区政治部"反革命集团案，将首犯罗敬棠、张仁标、何艳超、张火秀等全部捕获，并依法判处 23 名主犯死刑。至 1953 年，共侦破反革命集团案件 11 宗，逮捕和判处了一批反革命分子。

二、推行土地改革

1950 年 10 月，兴宁推行土地改革（简称"土改"），成为广东省土地改革 3 个试点县（兴宁、龙川、揭阳）之一。省土改工作总团长李坚真，副总团长罗明、陈维实、林美南带领 439 名干部来兴指导和参加土改工作。兴梅专区土地改革分团团长廖伟、副团长罗亚辉分别任兴宁县土地改革委员会主任和副主任。土改分两步进行，第一步，1950 年 10 月 17 日至 12 月 25 日，由省、专区、县三级 800 多名干部分别到宁中区宁新乡、水口区柏树下（光夏）乡、罗浮区浮东乡进行土改试点，并从试点乡抽出工作队每区拓展 1 个乡为附点；第二步，于 12 月底始，全县组织干部 2117 名，分成 49 个工作队到各区乡开展土改，历时 4 个月，至 1951 年 2 月 15 日全县土改结束。

整个土地改革分四个阶段：第一阶段，宣传发动，组织宣传队伍。第二阶段，划分阶级成分。第三阶段，没收征收。第四阶段，土改成果分配。

1951 年 5 月至 10 月，为了检查落实土地改革政策，在全县范围内开展"补上一课"运动，解决土改中的漏划、错划阶级成分和土改果实的收缴、分配等遗留问题。县、乡、村普遍召开农民、青年、妇女等代表大会，分别整顿健全县、乡、村农民协会和青年、妇女等群众组织。农民协会和各群众组织认真贯彻省人民政府发布的农业生产十大政策，掀起生产高潮，巩固和发展土地改革的成果。

1952 年 2 月至 5 月，先后两次开展"土改整队"，解决兴宁土改所谓"右倾保守，队伍不纯"的问题。接着全县进行以查田、查阶级和民主团结为主要内容的土改复查运动。

三、支援抗美援朝

1950 年 6 月 25 日，朝鲜战争爆发。1950 年 10 月 19 日中国人民志愿军跨过鸭绿江，赴朝鲜战场揭开抗美援朝战争序幕，兴宁人民积极响应政府号召，掀起全民抗美援朝运动。

（一）宣传活动

1950 年 8 月 22 日，兴梅地委宣传部发布了《关于结合夏征工作，广泛展开和平签名运动的指示》，开展广泛的和平签名运动。利用演戏、球赛、纪念日、圩日、乡村庙会和各种群众性的大小会议等，在学校、工厂、电影院、戏院、车站、渡口、码头等各种场所，运用各种不同的工具与方式，如电影、广告、展览、漫画、墙报、演讲、街头广播等进行宣传工作。

（二）成立机构

1950 年 12 月 5 日，兴梅人民抗美援朝保家卫国分会筹备委员会在专署礼堂举行了第一次筹委会。1951 年 6 月 30 日，兴宁县抗美援朝分会成立，各区镇成立支会。兴宁县军事干部学校招生委员会号召青年团员响应政府号召，积极参军，由公立学校发展到私立学校，由附城推进至乡村，报名参军人数与日俱增。至 1951 年底，全县共 676 名热血青年参加志愿军。

（三）捐款捐物

1951 年 1 月，中国人民志愿军和朝鲜人民军队在朝鲜战场并肩作战，通过一、二、三次战役，取得决定性胜利。2 月 2 日中共中央发出《关于进一步普遍开展抗美援朝爱国运动的指示》。为贯彻中央指示，中共兴宁县委旗帜鲜明地开展爱国运动，号召大家响应"千元捐献"运动（当时 1 万元相当于新版人民币的 1 元）。随后，兴宁人民举行了声势浩大的示威游行和投票活动。仅五一劳动节，全县就有 20 多万人参加示威游行，占全县总人口的 54%，举行过纪念和示威游行的区镇和乡村共有 307 个，占全县区镇村的 96%，其中农民占总人数的 80% 以上。至 5 月 1 日止，签名投票拥护缔结和平公约人数占全县总人口 50% 以上。

1951 年 7 月，兴宁县委成立县区抗美援朝支会与小组（乡级），提出"家家户户，男男女女，老老少少都来抗美援朝，都来捐献武器"。到 1951 年 10 月，兴宁人民共捐"兴宁号"飞机、大炮款 3 亿元（旧版人民币，等于新版 3 万元）。

（四）发展生产

为了响应党中央提出的"抗美援朝，保家卫国"的伟大号召，兴宁县委动员全县人民搞好水利，大力生产，交好公粮，自觉纳税，促进农业、家庭手工业及其他副业生产，增加收入。

兴宁虽处战争大后方，但全县人民在县委的领导下，对抗美援朝保家卫国做了许多工作，作出重要贡献，在党史上留下了光辉的一页。

四、中央慰问团来兴宁

在战争年代，老区人民热心支持革命，为壮大革命力量，取得革命胜利，提供了坚持长期斗争所需要的人力物力财力，付出了巨大牺牲，作出了极大贡献。1951 年，中华人民共和国刚成立不久，中央为关怀老区人民，褒扬革命老根据地在历次革命战争中所建立的丰功伟绩，派出了以内务部部长谢觉哉为总团长的中央人民政府南方老根据地访问团奔赴各根据地，代表中共中央、中央人民政府对老根据地人民进行慰问。

在兴梅地区，兴宁是重点访问地区之一。1951 年 8 月，中央人民政府南方老根据地访问团莅临兴宁县革命老区北部的罗浮、罗岗和南部的水新区宋声、叶华、坪畬、茂兴等区乡访问。罗浮、罗岗各访问了七天，水新区访问了十天。访问团采取普遍布置、全面撒网、面中有点、分区包干、同时完成的方式进行，主要有八项活动：一是召开群众大会，说明访问宗旨，传达党中央和毛泽东主席的关怀，表演文艺节目；二是举行小组会，了解一般材料及优抚工作；三是深入访问，住到烈军属及"保垒户"家里；四是召开各种讨论会（烈军属会、赤卫队员会、组干及贫雇农代表会等）；五是发放纪念品及慰问品；六是公祭革命烈士；七是举行人民代表大会；八是为老区群众治疗疾病等。

访问团还着重讨论了镇反工作，并深入到个别烈军属、残疾军人、老革命群众乃至一般群众中间，询问乡情、访贫问苦、征求意见、搜集材料。所到之处，群众老幼列队，敲锣打鼓热烈欢迎，有的甚至远出一二十里迎接，群众都以争取访问团先到村里为荣。

第三节 农业、工商业的社会主义改造

一、农业合作化与人民公社化运动

互助合作组（1951年夏至1953年冬）。土地改革后，农民按照自愿互利原则参加各种形式的互助组。一种是季节性临时互助组，即在农忙时自愿组合，临时劳动互助，以换工形式进行，是互助组的雏形；另一种是常年互助组，即参加互助组成员、户数固定下来，常年共同劳动，有简单的生产计划，有评工记分、清工结账，对劳动力的安排也较合理。1952年夏收时，全县有互助组300个，年底增至1100个，占全县总农户7%。1953年有互助组8227个，占总农户40.9%。到1954年夏收前，互助组达到13373个、91310户，占总农户132231户的69%，其中常年互助组2879个，占总互助组21.52%；临时互助组10494个，占总互助组78.47%。

初级农业生产合作社（简称"初级社"）。以土地入股统一经营分红，耕牛、农具私有租用的生产形式。1954年1月初，县委挑选基础较好、干部队伍较强的叶塘区李桂英、坭陂区黄清云、罗岗区彭屋排彭广祥和石马区新群乡朱龙招互助组作试点，成立第一批试办的农业生产合作社，入社户数314户，耕地79.94公顷。1954年春，建立第二批合作社，由23个基础较好的常年互助组和6个季节性互助组组合成10个社，入社农户174户730人，耕地33.4公顷。至翌年2月，全县共建社147个，入社农户4846户，占全县总农户3.69%。兴宁是广东办社重点县之一，中共华南分局农村工作部、广州军区、省妇联领导人安平生、赵紫阳、余惠等来兴宁，与县委干部一起蹲点办社。1955年春，全县组织办社专职干部80多人，分住各区，掀起办社高潮。至1956年1月，全县共建立初级社2055个，入社农户10.71万户，占总农户81%。

高级农业生产合作社（简称"高级社"）（1956年春至1956年冬）。高级社是在初级社的基础上，通过并社，扩大规模，耕畜、大农具折价归集体，取消土地分红，实行按劳分配的生产形式。1955年10月，宁中区宁安乡试办高级社，入社500多户，接着试办坭陂区笃陂一社和新陂区三新一社。1956年春，开展批判"小脚女人"（办社慢慢来如同小脚女人走路一样）后，便急于求成，一哄而起普及高级社。3月底，全县共建高级社120个，入社农户37533户，占全县总农户28.4%。从9月下旬开始，大规模地升级并社，到12月底，合并高级社648个，入社农户132150户，占总农户99.4%。

由于生产关系急剧转变，大部分社员对入高级社没有思想准备，占77.5%的农户刚加入初级社，还没有参加分配便升为高级社，有18.2%的单干户直接加入高级社，以致带来劳动组织混乱、部分中农吃亏、地多劳力少的农户收入减少等问题，一些地方出现退社风。1957年，用"大辩论"的方法批判"富裕中农""资本主义"思想，遏止了退社风。1958年春，农村结合整风整社，高级社继续并大，一般以1个小乡为一个社，全县648个高级社并为351个大社，总户数132150户，每社平均376户。

人民公社化运动。1958年9月18日，中共兴宁县委根据中共中央《关于在农村建立人民公社问题的决议》，首先成立红旗（宁中）、新陂、合水人民公社。接着在全县掀起大办人民公社高潮，仅用8天时间，将351个高级社合并组成罗浮、罗岗、黄陂、大坪、叶塘、新陂、龙田、红旗、石马、刁坊、合水、永和、坭陂、水口、径心和城镇 16 个人民公社（每社 7000 至 8000 户），实行"政社合一"，"一大二公"，"工、农、商、学、兵"五位一体。

人民公社化后，全县建立生产大队 179 个、生产队 1296 个作为基层劳动组织，经济由公社统一核算，建立公社、大队、生产队三级财务管理制度。不久，为适应"大兵团作战"，进行军事化编制，全县按劳动组织编成 16 个团 179 个营 1296 个排，实行"组织军事化、生产战斗化、生活集体化"。10 月起，各公社陆续办起"公共食堂"2661 个（参加户数 137033 户）及一批托儿所、幼儿园、敬老院，盲目推行"吃饭不要钱""放开肚皮吃饱饭"的供给制，同时组织十万群众"大炼钢铁"。在"大跃进"运动中，大刮"一平二调"（平均分配，无偿调用劳动力和物资财力）的"共产风"，高指标、瞎指挥、浮夸风和强迫命令一度严重泛滥，极大地损害了集体经济和社员个人利益，挫伤了群众的生产积极性，正常的农业生产秩序遭到严重破坏。1959 年开始，连续三年出现了全县性的严重经济困难。

1961 年 4 月至 1962 年，兴宁县认真贯彻中共中央《关于农村人民公社当前政策问题的紧急指示信》（简称"十二条"），以《农村人民公社工作条例（试行草案)》为中心内容，开展"整风整社"运动，处理"共产风"，纠正"一平二调"；实行体制下放，改公社一级核算的所有制为以生产队为基本核算单位的公社、大队、生产队三级所有制，并将劳力、土地、耕牛、农具"四固定"给生产队使用；生产队恢复按劳计酬，评工记分；农业生产试行定额管理，固定地段，包工到组到人或专业承包，联产计酬；取消食堂，退还自留地；恢复城乡圩期，开放农贸市场，使农村经济逐渐得到恢复和发展。1963 年冬至 1964 年，按中央和中共广东省委的部署，在农村广泛开展以清账目、清仓库、清财物、清工分为内容的社会主义教育运动。与此同时，对公社、大队、生产队规模作适当调整。1964年，全县分为27个公社384个大队9个管理区。

"文化大革命"前期，由于"左"的错误影响，人民公社的各项经营管理制度被破坏，致使劳动管理和财务管理十分混乱。在1969年至1971年的"斗批改"运动中，取消自留地，普遍推行山西大寨大队的"政治评分""政治评粮"的方法，严重挫伤了农民劳动积极性。1973年至1978年，连续开展党的基本路线教育运动，强调以"阶级斗争为纲"，"大批促大干"，不准社员搞副业，统一圩期，限制集市贸易，不顾客观实际进行开山造田，搞"人造平原"。不少地方花去大量人力、物力，而农业生产长期徘徊不前，集体和农民收入逐年降低，超支户、缺粮户年年增多。1978年，社队规模作了调整，全县由27个公社分设为43个公社539个大队。1981年改公社革命委员会为管理委员会。1983年调整区划，43个公社合并为29个区（镇），结束了"政社合一"的人民公社体制。

二、对私营工商业的改造

中华人民共和国成立后，县工商科于1950年初对私营商业进行普查，全县私营商业有棉布、国药、百货等3034户，从业人员11189人，其中城镇1221户、5493人。1951年，核准行商73户，资金28635元，主要经营土布、百货、颜料等，经营地区划定为本省东、北部和赣南、闽西等地。国民经济恢复时期，私营商业有起有落，至1953年冬清理登记，全县私营商业2753户，其中县城825户。

1953年始，对私营商业实行"利用、限制、改造"的方针，把私营商业逐步纳入各种形式的社会主义轨道。首先控制私营批发业务，至 1954 年 4 月，城镇私营批发商由 1953 年的 159 户减为 48 户，批发比重从 46.4% 降为 24.5%。1954 年下半年开始，有计划有步骤地发展一批经销、批购零销、代购代销店和合作小组，稳定私营零售商，动员城镇私商 70 户 201 人下乡经营，增设农村销售点 58 个，解决农村商业空白点。1955 年底，再次对私营商业清资核产登记，全县计有私营商业、饮食业、服务业 1281户，从业人员 3888 人，资金额 46.36 万元（含流动资金 14.59 万元），营业额 702.69 万元。

1956 年春，在对私改造中，掀起全行业公私合营高潮，是年底，基本完成对私营商业的社会主义改造任务。全县私营商业1051 户，从业人员 3434 人，纳入各种形式合营的 802 户，占总户数 76.3%。其中城镇私商 473 户，分别纳入公私合营商店和合作商店的 463 户，占 98%；未纳入改造的 10 户，占 2%；另外组建百货、棉布、五金、药材、饮食、照相等 13 个公私合营商店和烟酒、百货、理发、饮食等 10 个合作商店。圩镇私营商业 578 户2008 人中，过渡至供销社 90 户 343 人，加入合作商店、代销店、合作小组的 239 户 1312 人，合计 329 户 1655 人，占总户数 57%。未改造的 249 户 353 人，占总户数 43%。至 1958 年，对私商的改造全部完成。然后，进行清资核产，债权债务处理，对资本家贯彻"赎买"政策，发给股票，每年付给股息 5 厘，1956 年起支付，定期 7 年，后延长 3 年，1966 年 9 月停止支付。合营后的企业，逐步实行社会主义商业经营管理，对合营企业范围内全部实质人员，采取包下来的办法；对工人中的积极分子提拔为企业的领导，对私方代表性人物作适当安排，发挥其专长，"参照原职，量才录用"。城镇 13 个公私合营企业的从业人员中，私方人员任副局长的 1 人，任经理的 4 人，任副经理的 12 人，任门市部正、副主任的 80 人。

7

第七章

改革开放　迸发活力

经济体制全面改革探索发展

一、实行家庭联产承包责任制

1978 年，中共十一届三中全会以后，农村逐步推行和完善各种形式的生产责任制。1979 年，部分山区的生产队先实行包产到户的责任制，按常年产量包产、包工、包成本、包报酬到户，1980 年开始逐步推广。这种责任制虽有不完善的地方，但取得了显著的效益，凡实行这种制度的队，几乎队队粮食增产，户户粮食增收。实行生产责任制，不但克服了集体经济中长期存在的平均主义，而且改进了劳动组织和计酬办法，权、责、利紧密结合，纠正了长期存在的管理过分集中、经营方式过分单一的倾向，有利于促进生产力的发展和发挥群众的生产积极性。1981 年初，县委总结经验教训，由包产到户逐步完善为家庭联产承包责任制，即按常年产量包干到户，除完成公余粮和集体提留外，剩余归户所有。是年，全县形成建立大包干责任制的高潮。年底，包干到户的队（组）1.2 万个，占全县总生产队数的 98.9%。对农田实行家庭联产承包责任制的同时，对鱼塘、旱地、果园、茶园、桑园、加工厂也相继推行专业承包责任制。

实行家庭联产承包责任制后，按照中共中央、国务院一系列有关农村经济政策，不断完善和稳定农村以家庭承包经营为主的统分结合的双层经营体制。1983 年，县委按照"大稳定、小调整"的原则，对承包土地分得过于零碎、人口和劳动力增减变化较大的作适当调整。1984 年，按照中共中央《关于一九八四年农村工作的通知》的部署，继续稳定和完善联产承包责任制，将农户承包集体的土地承包期延长至 15 年。1989 年，针对因征地、劳力、人口变化及出现弃耕丢荒等问题，对部分农户承包土地进行小调整，解决承包过程中暴露出来的问题。1998 年第一轮土地承包到期后，按照中共中央和省委关于第二轮农村土地承包期为30 年的政策及工作部署，全市 20 万农户全部与农村经济合作社签订土地延包合同，进一步稳定农村土地承包关系。

实行家庭联产承包责任制后，涌现出一批专业户，部分区乡还涌现了一批专业村、专业队和新经济联合体。随着专业户和农村分工分业的发展，部分农民从耕地上分离出来，从事种植业、养殖业、工业、运输业、商业、建材业、建筑业、饮食服务业及其他行业。1985 年，全县专业户有 6147 户、31964 人，占全县总农户 3.18%；新经济联合体 236 个，从业人员 6011 人、总收入791.7 万元，比 1984 年增长 71.2%。

在坚持稳定粮食生产的前提下，以市场为导向，以经济效益为中心，大力推进农业产业结构调整，发展高产量、高质量、高附加值的"三高"农业，提高农产品的商品率。1985 年开始，组织实施"四大农业商品基地"建设、"治理水土流失和绿化荒山、造林种果"两大社会系统工程。1993 年，组织实施"八三一五"工程，即至 1997 年，发展优质茶叶、龙眼、荔枝、李果、鱼塘、生姜、蔬菜、烤烟等 8 个各 3 万亩（约 2000 公顷）的生产基地和1 个 5 万亩（约 3333.33 公顷）的沙田柚生产基地。1997 年又组织实施"三八一二"工程，"三"就是茶果面积每年递增 3 万亩（约 2000 公顷），其中种茶 5000 亩（约 333.33 公顷），龙眼 1.3万亩（约 866.66 公顷）、其他果类 1.2 万亩（约 800 公顷），

"八"就是当年收益的其他种养业面积保证 8 万亩（约 5333.33 公顷）以上，其中养鱼面积每年保证 3.6 万亩（约 2400 公顷）以上；"一二"就是到 2000 年全市农业总产值达到 12 亿元（按 1990 年不变价计算），使农村经济结构不断优化升级，初步改变"以农唯一、以种植业唯一、以水稻唯一"的单一结构，推进农业向多层次、多元化方向发展。

基本消灭荒山，从根本上改变"晴天张牙舞爪，雨天头破血流"的状况，生态环境得到改善，茶叶、龙眼等农产品，在粤东乃至全省、全国享有盛名。开展大规模农田水利基本建设，完善配套农业基础设施，建设田间渠系"三面光"工程，因地制宜进行山、水、田、林、路综合治理，先后维修加固大中小型蓄水防洪工程，建成黄畿塘排涝泵站、望江移民电站、旺兴移民电站、旺兴水闸、城区防洪堤（东堤）等重点水利工程，农业生产条件好转。加快农业机械化步伐，完善农村社会服务体系，努力推广新技术、新品种，加大扶贫扶建力度，全面实施农村税费改革，减轻农民负担，促进农村劳动力向非农产业转移，从而使全市农村经济得到长足的发展。

二、推动工业调整改制

经过多年的发展，至 1979 年，县内国营（全民所有制）工业已有一定的基础，在全县工业生产中居主导地位，共有企业（含非独立核算工业企业）72 家，占镇及镇以上工业企业总数的 17.69%；产值 8876 万元，占工业总产值 1.41 亿元（不含村及村以下工业产值）的 62.95%。1980 年，国营企业 71 家，占镇及镇以上工业企业总数的 16.55%；产值 8937 万元，占工业总产值 1.48 亿元（不含村及村以下工业产值）的 60.39%。

20 世纪 80 年代，逐渐下放企业的经营管理权，建立多种形式的经济责任制，国营企业逐步适应社会主义市场经济的要求，朝着更有利于社会经济发展的方向变化。1990年，国营企业（含非独立核算工业企业）51个，占镇及镇以上工业企业数的13.18%，比1981年下降3.41%；产值2.15亿元，占工业总产值的43.3%，比1981年下降16.26%。

20世纪90年代初期，进一步完善多种形式的经济责任制，开始探索转换企业经营的机制，国营企业产值所占比重继续下降。1995年，全市共有国有企业58个，占镇及镇以上工业企业数的15.47%，比1991年上升1.6%；产值3.86亿元，占工业总产值的20.26%，比1991年下降24.68%。

20世纪90年代中后期，落实"保持稳定，有效增长"的经济工作方针，开展"质量效益年"和"练内功，增效益"活动，加强各项管理，采取提质、降耗、增产保效益的各项措施，但由于国有企业的深层次问题特别是体制和机制问题没有真正得到解决，仍存在老企业、老设备、老产品、技术含量低、管理水平低、经济效益低、历史欠账多、离退休人员多、管理单位多等"三老三低三多"现象，较为脆弱的国有企业在市场经济大潮中经不住冲击，竞争力不断下降，经济效益明显趋弱，导致不少企业陷入困境。为走出困境，采取关、停、并、转，优胜劣汰，新产生多家股份制集团有限公司，走向市场，效益提高。

2002年，市委、市政府规划土地面积10平方千米，建设兴宁新兴工业园区，2005年8月由兴宁市政府和东莞市石碣镇政府合作共建，2006年9月被省政府认定为省产业转移工业园，更名为东莞石碣（兴宁）产业转移工业园。园区2012年度在省考核中被评为优秀，并被评为"广东省小企业创业基地"，是梅州市首家获得ISO 14001国际环境管理体系认证的工业园。园区以"装备制造、食品药品、五金电子"为主导产业。园区规划调整于 2011 年 4 月获得广东省政府批复，形成"一园两区"（分为南区和北区）的发展格局。南区建成投产的重点企业包括：广东富农生物科技股份有限公司、广东联康药业有限公司、兴宁兴盛玩具有限公司、广东三丰禽业食品有限公司、广东鸿源机电股份有限公司、兴宁立讯精密有限公司。北区建成投产的重点企业包括：广东云山汽车有限公司、广东金雁电工科技股份有限公司、广东华雨金属制造有限公司。

三、搞活商贸流通行业

兴宁人善做生意，小手工业者、小商贩经营者遍及城乡和赣南、粤东、粤北、广州、香港乃至东南亚，素有"无兴不成市"之说。中华人民共和国成立以后，国营商业和供销合作商业迅速发展，并占据绝对优势。兴城成为粤东重要的商品集散地，素有"小南京"之称。

1979 年以后，贯彻"改革、开放、搞活"的方针，发挥传统优势，改革商业、供销、物资、外贸以及粮食、烟草、食盐流通等体制，加强商贸整顿，增加商业网点，调整购销和供应政策，摆脱计划经济模式的束缚，制定优惠政策，鼓励农民进城（圩镇）经商。从此，大批农民走出农村，商业经营网点星罗棋布，集市贸易蓬勃发展，相继建成东岳宫、商业城、东风市场、万宝街市场、茶都等一批档次较高的大型市场，建立起城市与农村圩场相配套的服务网络，涌现出一批超市、连锁商店、中高级批发市场等，经营品种有 10 大类 1000 多种，旅游及饮食、旅馆、美容美发、照相、维修等各类服务业齐全，档次逐步提高，初步形成多种经济成分、多条流通渠道、多种经营模式并存，国际国内、城市乡村、综合专业、批发零售全方位拓展的商贸新格局。比如东岳宫市场，自 1988 年开业以来，先后获得了"中国 50 大批发市场""中国百家诚信建设市场"等荣誉称号,吸引了邻近三省八十多个县(市)的客商前来经商贸易。2012 年第三产业产值50.03 亿元(当年价),占全市生产总值的 40.5%,比 1978 年上升 13.6%;社会消费品零售总额 60.39 亿元,比 1979 年增长67.3 倍。各类集贸市场 9 个,集市贸易成交额 9.38 亿元。有出口经营权的企业 41 家,出口商品有 10 大类 700 多种,自营出口总值 9578 万美元。港澳台及外商投资企业 54 家,实际利用资金1163 万美元。接待旅游总人数 97.05 万人次,比 1998 年增加了86.62 万人次(旅游局最早的旅游统计数据从 1998 年开始,接待总人数含酒店住宿接待人数和景区接待人数)。

第二节 推动教科文事业发展

一、科教文全面发展

（一）教育事业

兴宁素来教育事业发达。20 世纪 50 年代以后，人民政府接管了中小学校，经过十几年建设，形成了每个公社 1 所以上初级中学与全县十几所完全中学相配套的教育体系，教育质量闻名遐迩。改革开放以后，兴宁教育更是迎来了快速发展的春天。县（市）委县（市）政府坚持以"让广大人民群众的子女有书读、读好书、多出人才"为工作目标，将教育工作列为优先发展的战略位置，积极落实上级部门的教育部署，打好了一场又一场教育攻坚、教育发展硬仗。1979 年，经广东省验收，被评为"基本扫除文盲先进县"；1982 年，实现普及小学教育目标；1987 年，被广东省教育厅评为普及初等教育先进县；1991 年，中小学校舍危房改造工作通过省级验收；1993 年，高标准完成扫除青壮年文盲任务；1995 年，实现普及九年义务教育目标；1999 年，超额完成了省下达的教师住房建设任务，基本实现了"教者有其居"的目标；2002 年，改造薄弱学校建设、规范化学校的工作通过省级验收；2007 年，全面完成了第二轮危房校舍的改造任务；2008 年，启动创建教育强市的工作；2010 年，普及普通高中阶段教育通过了省级验收；2012 年，兴宁市的教育强市通过验收，提前 1 年实现了创建教育强市的目标。

上述每一场硬仗，都是县（市）、镇两级党委、政府领导亲自抓，广大人民群众和海内外乡贤踊跃参与，声势浩大，深入人心；每一场硬仗，兴宁市都超额完成上级下达的任务或者以接近满分提前通过上级验收。兴宁市政府在财政经济不宽裕的情况下，坚持加大政府投入，健全了以财政拨款为主、其他多种渠道筹集经费为辅的教育投入机制，保证了教育发展的需要。"小财政办成大教育"的经验曾在全省进行推广。创办了济平中学、市电视大学、田家炳中学、沐彬中学、市第二中学、市职业高级中学、市第二小学、市爱兴幼儿园、汉芬小学、宁江中学、黄槐中学、侨光中学、陂西中学、司城中学等26所较大规模的学校；异地高标准新建或者重新规划扩建兴建了市实验学校、市第一小学、市第一幼儿园、市特殊学校、石马中学、永和中学、市华侨中学、罗岗中心小学、石马中心小学等100多所学校。拆除了学校的所有瓦房、危房、破旧房，全市校舍实现了钢筋混凝土楼房化，按照标准配齐了功能场室。放眼城乡，最抢眼的建筑就是学校。2012年，教育总投入9.5亿元；中小学校占地面积437.51万平方米；中小学建筑总面积935982平方米，在校中小学生人均占有建筑面积10.22平方米。其中：中学建筑面积320506平方米，在校中学生36035人，人均建筑面积8.89平方米；小学建筑面积615476万平方米，在校小学生55543人，人均建筑面积11.08平方米。

20世纪初以来，根据城市化进程加速，农村人口减少，农村中小学生源逐年减少的情况，加大了撤并"麻雀"学校、调整农村学校布局的力度。完善教育管理体制，深化教育改革，建立起学前教育、九年制义务教育、高中教育和成人、职业、特殊教育等种类齐全的教育体系，基本实现了四个均衡发展：农村教育与城区教育均衡发展，山区教育与平原地区教育均衡发展，职业教育与普通教育均衡发展，高中教育、幼儿教育与基础教育均衡发展。2012年有各级各类全日制学校318所，其中包括：普通高中13所，职中2所，初级中学31所，小学270所，九年一贯制学校1所，特殊教育学校1所。有1所国家级示范性高中、3所广东省一级学校、6所梅州市一级学校。此外，还有电大、党校各1所，民办职业技术学校4所。

不断加强教育管理和教师队伍建设，教育质量形成了"长盛不衰，平衡推进，全面发展"的态势，历年输送大中专新生的数量名列全省山区县前茅。1986年高考录取人数超过1000人，1994年突破3000人大关，2012年大学录取6480人，比1979年增长29.7倍。

（二）科技工作

1979年以后，科技管理工作不断加强，科技队伍日益壮大，科技培训和交流频繁，科技投入逐年增加，科技人员的科研、攻关水平迅速提高，广东明珠球阀集团股份有限公司、华威化工实业有限公司等企业，先后被认定为省级高新技术企业。2012年，全市有科技协会和科技学会7个，实施省级以上各类科技计划18项，其中省级星火计划2项、省级攻关计划3项；获各级各类奖励的科技成果4项；申请专利146项，授权专利113项。

（三）文化事业

文化事业进入稳定、繁荣的时期。1979年以后文化机构进一步健全，文化管理不断完善，文化体制改革逐步深入，文化娱乐设施大量涌现，经营性文化娱乐场所遍布城乡，影视、音像业有新的发展，客家山歌、民间杯花舞等得到继承、创新和发展，文艺创作繁荣。随着人民群众对文化生活需求的日益增长，送戏下乡、广场文化、社区文化、企业文化、校园文化等活动形式多样，群众自发组织的自娱自乐文艺团队如雨后春笋般诞生，文化、学术团体门类齐全，内外交流活跃，全国文联属下的各协会有兴宁籍会员 454 人。在众多艺术长廊中，兴宁的版画令人瞩目，被誉为"版画之乡"。2012 年全市发行报纸 4.8 万份，发行杂志 2.1 万份，比 1979 年增长 3 倍；广播人口覆盖率 100%；市有线电视台每天播出节目 70 套，镇广播电视站每天播出节目 28 套，电视人口覆盖率 98.75%。

2012 年全市档案全宗 108 个，比 1979 年增长 1.76 倍；市图书馆藏书 2.5 万多册，比 1979 年增长 5 倍，村级图书室（农家书屋）468 个；文物收藏 5876 件，文物保护单位 60 处，其中省级 9 处。

二、旅外乡贤助力家乡建设

兴宁素有"华侨之乡"之称。2012 年，兴宁籍海外华侨华人约有 18 万人，主要分布在马来西亚、泰国、新加坡、印度尼西亚、越南等东南亚各国，侨居西欧、北美、澳洲等地者亦有一定数量。他们在所在国以经营商业或纺织、采矿、藤织、橡胶等行业为多，从事文教、科技的专家、学者也不少。

2012 年，兴宁籍旅港同胞有 21 万人，主要社团有港九永兴堂藤器同业商会（1870 年成立）、旅港嘉应商会（1916 年成立）、藤业竹木职工总会（1921 年成立）、旅港兴宁同乡会（1939 年成立）、港九染业九龙俱乐部（1969 年成立）、"新界"兴宁联谊会（1973 年成立）、侨港吴氏宗亲会（1977 年成立）、荃湾兴宁同乡福利会（1981 年成立）、香港兴宁一中校友会（1983 年成立）等；旅澳同胞有 4800 多人，社团有澳门嘉应同乡会（1992 年 8 月成立）。兴宁籍台胞约 8 万人。

广大华侨和港澳台同胞，是建设家乡振兴兴宁的重要力量。他们远离故土而怀拳拳赤子之心，素来热爱祖国，热心桑梓，为支持家乡建设慷慨解囊。党的十一届三中全会以后，兴宁贯彻落实党和国家有关侨务政策的方针，加强与侨胞、港澳台胞的沟通联系，帮助他们寻亲找友，进一步激发他们爱国爱乡热情，他们为祖国的改革开放所鼓舞，捐资兴办文教、福利事业，为家乡建设作出新的贡献。1979年开始，有李济平李亮宏父子、刘宇新、罗焕昌、何肇陵张淑婉伉俪、蓝钦文、林尚聪、陈振炎、罗应强、石善光、曾宪梓（梅县籍）、田家炳（大埔籍）、曾沐彬、杨如彭、范伟、张胜标张庆华父子、林茂发、黄清林、林初耀、温学濂、伍肇仁、罗庆南、区剑雄、郑克和、刁贵麟、张赞鸿、张志荣等数以万计的华侨华人、港澳台同胞为教育、体育、卫生、文化、电视广播、旅游等事业慷慨捐资。其规模之大、数量之多超过历史上任何时期。据不完全统计，1979—2012年，累计捐资（含赠物折算）人民币近3亿元。

其中，教育文体事业捐资1.4亿元以上。教育捐资项目或项目所在单位有济平中学、坭陂中学、田家炳中学、沐彬中学、汉芬小学、石马中学、杨如彭教育基金大楼、兴宁一中、兴民中学、宁中中学、华侨中学、侨光中学、张庆华教育基金、范剑冰奖教基金、兴南小学以及几百所中小学；文化体育项目有谢玉英培训大楼、兴宁广播电视台、兴宁体育场、松柏园等。

医疗卫生事业捐资近1亿元。较大型的项目集中在人民医院、第二人民医院、第三人民医院、中医院、妇幼保健院、兴宁残联大厦、兴宁民主大楼等。

交通道路捐资近2000万元。较大型的项目有清林大桥、海燕大桥等桥梁75座；贵峰大道、兴宁至坭陂公路等道路300多千米。其他公益事业捐资2420万元。

据不完全统计，自中华人民共和国成立以来，兴宁共接受华侨、港澳同胞的捐资达 3 亿多元，捐资项目 500 多个，项目遍布全县（市）20 个镇（街）。至目前，全市有欧尚集团、鸿隆集团等侨资企业 20 多家。

第三节 撤县设市加快发展

1994年6月8日，在省和梅州市委、市政府的支持下，经国务院批准，撤销兴宁县，设立兴宁市。这是兴宁发展史上新的里程碑，也是百万兴宁人民和几十万海内外乡亲期盼的大喜事。兴宁设市，拉开了农村经济向城市经济迈进的序幕，进一步加快兴宁经济向工业化、城市化发展的步伐。12月8日，兴宁设市挂牌暨经贸洽谈大会在体育场举行。中央、省、梅州市领导和海内外嘉宾、当地干部群众两万多人参加，广东电视珠江台向全省直播大会盛况。当日举行的经贸洽谈会，剪彩、奠基和签约项目89个，投资总额16.8亿元。

全市改革开放步伐进一步加快，国民经济持续高速向前发展。工业生产稳步发展，农业结构进一步调整。城乡市场繁荣活跃，财政收入、城乡居民储蓄余额有所增长，人民生活水平不断提高。1994年，全市工业总产值达到23.05亿元，比上年增长24.7%。镇及镇以上工业总产值为11.74亿元，比上年增长10.2%；全年农业总产值5.76亿元，比上年增长21.4%；主要农副产品中粮食340408吨，比上年增长7.2%。农业机械总动力264979千瓦，比上年增长8.2%；国有经济和城镇集体固定资产投资完成8522万元；全年实现社会消费品零售总额83876万元，比上年增长34.5%；城乡集市贸易成交额56047万元，比上年增长52.3%；全市城镇居民人均生活费收入3042元，比上年增长26%；农村人均纯收入 1998 元，比上年增长 33.5%；市财政收入为 9248 万元，比上年增长 21.4%。

改革开放带来兴城面貌迅速改观，城区逐步向西、北部扩展，不断开辟新的街道，新型楼房拔地而起，职工住宅群、商品住宅小区陆续兴建，文化娱乐、供水、供电、交通等公用设施逐年增加，城市管理日益完善，城区面积不断扩大。1979 年，改变原来用畚箕收集垃圾的状况，购置大型拖拉机、板车，在福兴赤岭兴建第一个简易垃圾场。1979 年，进行第一次城区总体规划编制，规划区面积为 3.3 平方千米。1984 年，进行第二次城区总体规划修编，规划区面积为 5.46 平方千米。1989 年，进行第三次城区总体规划修编，把城区建设成为布局合理、设施完善、环境优美的现代化城市，城市发展方向主要向南（火车客运站）、向西（火车货运站）。城区功能布局主要分东片生活区和西片工业区，中间留下一片预留发展用地，道路格局以"十"字形轴线加三个环路（集中在东片且三环重叠路段较多）为骨架，基本上呈方格网格布局。1994 年 1 月，省政府批准城区控制面积由 10.9 平方千米扩大到 51.9 平方千米。撤县设市后，城市建设进入快车道。1996 年，进行第四次城区总体规划修编，着力打造粤赣闽边际重要交通枢纽和经济中心，粤东北部主要商品集散地，全市的政治、经济、文化中心，重点发展商业贸易，以商促工，以商兴市，以商贸为龙头带动发展相关产业，把兴宁建设成为商贸发达的花园式现代化城市。1997 年，对宁江河"一河两岸"进行控制性规划。2012 年，城区建成面积 19.35 平方千米，比 1993 年增加 13.95 平方千米，比 1985 年增加 15.85 平方千米，比 1979 年增加 17.65 平方千米；城市人均居住面积 36.33 平方米，比 1979 年增加 33.19 平方米。城市规模不断扩展，功能布局趋于合理，基本确定为"东文体、西工业、南行政住宅、北商贸"的布局。

建筑业和房地产业发展迅速，行业管理向法制化方面转变。2012 年，全市有建筑工程公司 29 个，建筑设计、施工力量增强，质量和安全得到保障，工程竣工验收合格率 100%；房地产开发企业 55 个，商品房结构和质量提高，规模扩大，交易活跃；公房采取改建与维修并用的管理方式，面积 21.12 万平方米，比 1979 年减少 6.92 万平方米；住房制度改革成效明显，公积金缴存人数 2.45 万人，归集总额 5.91 亿元；房地产权管理不断规范，促进了建筑业和房地产业的发展。

扎实推进精神文明建设

按照中央"两手抓，两手都要硬"的方针，以公民思想道德建设为重点，以三大创建活动为载体，全面实施"文明在兴宁"战略，开展各种群众性精神文明创建活动，不断推动全市精神文明建设取得新成效。

（一）开展公民道德建设活动

一是积极开展各种宣传和实践活动，认真学习、宣传、贯彻《公民道德建设实施纲要》，通过报纸、电视、广播等大众传媒以及各种文艺形式，大力宣传"爱国守法、明礼诚信、团结友善、勤俭自强、敬业奉献"的公民基本道德规范，普及道德知识，倡导文明新风，加大舆论监督力度，对社会上一些不良行为进行舆论曝光，营造了良好的社会氛围。二是突出抓好诚信教育，推进社会信用建设。针对当前社会上某些企业和个人诚信缺失的状况，在全市企事业单位特别是个体经营户中广泛开展"诚信立业、依法致富"的主题信用建设，通过开展创"消费者放心一条街""明码标价一条街""无假货商店""诚信企业（商店）"等活动，培育公民"信誉至上"的意识，在全社会营造"守信光荣、失信可耻"的道德氛围，涌现了大批诚信单位。三是深化职业道德建设，不断提高行业服务水平。在党政机关广泛开展从政道德建设，积极引导党政机关人员自觉学习《国家公务员行为规范》。在窗口服务行业推行优质规范服务，并不断创新服务形式，推出"首问责任制""服务承诺制"等优质服务措施,进一步提高了服务质量。2003 年,全市在市直单位广泛开展"机关作风评议"活动,通过敞开大门、发动群众、查摆问题、公开评议的方法,对 100 多个市直单位进行评议,有力地推进了机关作风的好转,提高了机关工作人员敬业、爱业、精业、创业的自觉性,优化了兴宁的社会环境,受到广大群众的好评。四是加强家庭美德建设,不断提高家庭道德素质。通过评选表彰"好母亲""优秀小公民""优秀书香家庭""十佳敬老文明家庭",开展"扶残助困""巾帼建功立业""资助贫困大学生"等活动,促进了家庭美德建设,提高了家庭成员思想道德水平。五是大力宣传公民道德建设中涌现的先进典型。号召全市党员干部向"人民好法官"石伟文学习,召开石伟文先进事迹报告会,在全市形成学先进赶先进的良好氛围。

(二)开展三大创建活动

围绕巩固深入、创新提高、延伸辐射工作思路,突出抓好创文明城市、文明村镇、文明行业三大创建活动,进一步提高了城乡文明程度。

(1) 扎实推进创建文明城市活动。提出了东文体、西工业、南行政住宅、北商贸的规划布局,重点抓好一批改造工程,加强绿化、美化、亮化工作,城市面貌有了较大变化。一是抓好城市基础设施建设,先后完成了兴南大道、宁江桥等改造工程,兴建了占地 9000 多平方米的北部商贸广场和一批标志性建筑,开通团结路,改造宝华园、河唇街等地段宁江河堤,完成了一批城市道路、供水、供电、通讯改造工程和住宅小区建设工程。二是抓好神光山旅游景区的开发,对神光山公园进行全面改造,修建一批观光游乐设施,使神光山环境更加优美,服务设施日趋完善。三是新修了一批休闲绿地,在兴南大道、明珠文化广场等地段安装公益广告灯箱，为兴城增添了亮丽的景色。进一步完善城市卫生管理制度，实施定时定点收集垃圾制度，做到垃圾不落地，兴城更洁净。四是积极开展以"文化、科技、法律、道德"四进社区为主要内容的创文明社区活动，全面提高市民素质，提高兴城文明程度。

（2）大力抓好创建文明村镇活动。把创建文明村镇活动和"卫生进村居，健康在家园"活动紧密结合在一起，坚持因地制宜、分类指导的原则，从创建文明户抓起，着力解决农村存在的环境脏乱、封建迷信、聚众赌博、乱埋乱葬、抢生超生等突出问题，引导农民更新观念，勤劳致富，养成科学文明的生活方式。全市470个村全面实现村村通公路、通电话、通广播电视，80%以上的村实现办公场所楼房化。同时，努力抓好文明示范村镇的建设，做到"四通五改六进村"，涌现了一批标准较高的文明示范村镇，福兴镇和宁中镇分别被省和梅州市评为"文明村镇"。

（3）深入开展创建文明行业活动。一是在窗口行业开展创"文明示范窗口"活动，在优化服务环境、提高服务质量上下功夫。二是在垄断性行业开展优质服务竞赛活动，进一步健全行业管理制度，提高服务水平，使创建活动逐步走向制度化、经常化。三是积极探索非公有制企业精神文明创建工作，在一些较大的民营企业建立了党团组织，积极开展各项创建文明活动，拓宽了精神文明建设的领域。

（三）抓好文化事业建设

认真贯彻省委和梅州市委建设文化大省、打造文化梅州的战略部署，以争创文化先进县为目标，着力抓好文化事业建设。一是进一步完善了明珠文化广场、图书馆、文化馆、博物馆及乡镇文化站服务功能，建设了一批标准较高的镇文化站。明珠文化广场申报第二届广东省"十佳文化广场"，顺利通过检查验收。新建了广播电视大厦，对城区有线电视网络进行高标准升级改造，并稳步推进城乡联网，建成了一批社区企业、校园文化阵地，初步形成了遍布城乡、多层次、多形式的公共文化设施网络。二是坚持精品战略，狠抓文艺创作。一大批文艺及新闻作品在省市评比中获奖，获奖数量和质量居梅州各县之首。三是积极开展群众文化活动。宣传文化部门经常组织各种美术展览、文艺演出、送戏下乡以及群众文化活动，满足了群众日益增长的文化需求。2002年，成功举办首届文化艺术节，连续10晚的文艺演出和各种文化活动，为广大市民献上了一顿丰盛的文化大餐。2010年又成功举办了第二届文化艺术节，丰富了群众的文化生活。四是坚持不懈地开展"扫黄打非"工作，文化市场迈入健康发展轨道。教育、科技、卫生体育等事业全面发展，全市人民现代文明素质不断提高。

（四）打造安居环境

认真执行基层"四长"接访制度，加强了社会治安管理和防范，较好地把矛盾解决在基层和萌芽状态；开展严打整治，严厉打击黑恶势力、"双抢"犯罪和"黄赌毒""六合彩"等社会丑恶现象，破获了一批大案要案，人民群众的安全感明显增强；整顿和规范市场经济秩序，坚决打击走私贩私、制售假冒伪劣产品等经济犯罪活动，有效地维护了市场经济秩序，维护了消费者权益，带动和促进了社会风气进一步好转。

第八章

砥砺奋进　再谱新篇

经济实力

党的十八大以来，兴宁市委、市政府在上级党政的坚强领导下，以习近平新时代中国特色社会主义思想为指引，团结带领百万兴宁人民，砥砺奋进，全力打造梅州副中心城市、粤东工贸重镇，开创了经济发展、社会进步、民生和谐、政治稳定的新局面。

经济保持平稳增长。2018 年，全市实现生产总值 171.94 亿元，比 2012 年增长 39.25%。其中：第一产业增加值 43.58 亿元，比 2012 年增长 28.55%；第二产业增加值 33.68 亿元，比 2012 年增长 - 14.82%；第三产业增加值 94.68 亿元，比 2012 年增长 89.24%。2018 年，贸易出口总额 8431 万美元，实际利用外资 423 万美元。三大产业结构比重由 2012 年的 27.5：32.0：40.5 转变为 25.3：19.6：55.1。2018 年，全市完成公共财政预算收入 10.1 亿元，比 2012 年增长 124.4%；公共财政预算支出 62.03 亿元，比 2012 年增长 122.97%。

农业生产稳定发展。深化农村综合改革，大力推进社会主义新农村和美丽乡村建设，不断完善农业基础设施，健全农村服务体系，促进农业增效、农民增收、农村稳定。2018 年，实现农业总产值 69.91 亿元，比 2012 年增长 29.92%；农业增加值 43.99 亿元，比 2012 年增长 29.76%。2018 年，畜牧业肉类总产 5.89 万吨，家禽 1760 万只。水产品产量 1.70 万吨，比 2012 年增长 26.32%。

　　工业经济发展平稳。2018 年，全市完成工业总产值 92.91 亿元，比 2012 年增长 – 10.59%，完成工业增加值 25.21 亿元，比 2012 年增长 – 20.8%。其中规模以上工业产值 42.31 亿元，比 2012 年增长 14.44%，增加值 11.45 亿元，比 2012 年增长 32.52%。

　　固定资产投资较快增长。2018 年，完成固定资产投资 53.26 亿元，比 2012 年增长 77.06%。其中：房地产投资 22.36 亿元，比 2012 年增长 218.97%；工业投资 11.42 亿元，比 2012 年增长 117.52%。

　　消费市场繁荣活跃。2018 年，实现社会消费品零售总额 116.13 亿元，比 2012 年增长 92.3%。其中：批发业实现销售额 24.57 亿元，零售业实现销售额 94.21 亿元，分别比 2012 年增长 41.04% 和 50.35%；住宿业实现营业额 2.4 亿元，餐饮业实现营业额 5.44 亿元，分别比 2012 年增长 233.33% 和 115.87%。

基础设施

交通区位优势日益凸显。围绕"发展大交通，促进大发展"，"对外快速联通，对内全面畅通"的工作思路，大力实施交通公路基础设施建设，交通建设成效明显，交通运输发展较快。至2018年，共完成投资 63.83 亿元，全市公路通车里程 2866 千米，每百平方千米公路密度为 138.1 千米，高速公路总通车里程 112 千米，全市公路通车里程和每百平方千米公路密度居全省山区县（市）前列。2018 年，完成公路旅客周转量 5.19 亿人千米，公路货物周转量 39.4 亿吨千米，比 2012 年增长 278.5%。

高速公路方面，围绕"一纵三横"高速公路主骨架网建设，2012—2015 年投入 45.08 亿元，建成济广高速、兴华高速。2017 年始主动服务高铁前期、高速公路规划建设，龙川至龙岩客专铁路（简称"双龙"高铁），项目进入征地拆迁及动工建设阶段；河源（连平）梅州（平远）福建（武平）高速公路（简称"连平武"高速兴宁段）途经兴宁北部，有效补齐北部乡镇交通短板。国省道方面，2012—2018 年投入 10.57 亿元，完成了国道 G205 线改造示范工程兴宁段 30.56 千米、国道 G205 线改造示范工程兴宁段洋里至茅塘段 10.82 千米、国道 G206 线兴宁松陂至梅县径义段 2.873 千米、省道 S226 线兴宁洋里圆盘至高速公路东出口段 1.08 千米、省道 S225 线兴宁火车站至高速公路西出口段 1.33 千米、国道 G205 线永和至洋里段 5.6 千米、国道 G205 至火车站段 6.16 千米、省道 S225 线兴宁樟树社至合水小桥段 10 千米、国道 G205 兴宁市径心兴梅交界至永和段、茅塘至五华齐乐段共 25.73 千米建设改造。加快推进国道 G205 线兴宁市洋里至茅塘段 13.92 千米、省道 S225 线兴宁市火车站至水口段公路 24.35 千米、省道 S225 线兴宁市叶塘北塘至新陂家庄段公路 5.96 千米、省道 S339 线兴宁市大坪圩至龙川回龙段路面 5.82 千米改建改造工程。全市基本形成了以兴宁城区为中心,以国省道为主骨架,县乡公路为支干线,连接珠三角、江西、潮汕地区的四通八达、配套完善的公路网络。县乡公路方面,2012—2018 年共投入交通基础设施建设资金 18.75 亿元,完成县乡三级公路新改建 189 千米;完成新农村公路建设 453 千米;完成水口横石渡改桥一座、福兴大道跨铁路桥一座、兴宁大道兴旺大桥一座;完成 X014 甘罗线、X015 岗汾线、X969 梅华线等破损路面挖补;完成 X012 水布线、X002 叶石线、X947 瑶石线、X948 罗渡线及 Y270、Y271 线等安全生命防护工程;完成 X017 兴将线、X002 叶石线、X969 梅华线、X016 合松线等绿化美化建设;完成一批县乡道危桥改造建设。同时,对县道 X011 径南至梅县荷泗公路、福兴大道、兴宁大道等共计 22 条公路实施改造建设。

城乡水利设施不断完善。认真贯彻落实科学发展观,积极实施可持续发展的治水思路,全面推进民生水利建设,全市水利基础设施保障能力得到提升,水利防灾减灾取得明显成效,水土保持生态建设取得新进展,水资源管理稳步推进,水利改革不断深化,行业能力得到增强,为经济社会可持续发展提供了有力保障。防洪减灾能力显著增强,2012—2018 年投资 1.2 亿元续建、加固城区防洪工程;投资 7308 万元开展 29 宗病险水库除险加固;投资 750 万元全面完成了山洪灾害非工程措施建设;投资 3.61 亿元实施的山区五市中小河流治理工程,总长 203 千米,至 2018 年底，已完成 180.7 千米，完成投资 3.219 亿元。水利建设成效显著，总投资 6030 万元的中央财政小型农田水利重点县工程全面完成；总投资 7.46 亿元的 24 宗省级水利建设示范县工程基本完工；投资 9328 万元的市自来水一厂迁建工程顺利完工，解决了兴宁城区长期以来的供水不足和水压低的问题；投资 1.01 亿元实施农村饮水安全工程，解决了列入国家规划的 23.9 万多农村人口饮水安全问题；规划总投资 5.17 亿元的村村通自来水工程，涉及全市 19 个镇街，至 2018 年底完成 3.07 亿元；规划总投资 1.55 亿元的中小河流治理重点县综合整治及水系连通试点工程，涉及 8 条河流，河道整治总长度 100.54 千米，至 2018 年 9 月全面完工；总投资 6019 万元的望江狮水闸重建工程，2016 年 12 月底开工建设，至 2018 年底完成工程建设任务 90%；总投资约 1.05 亿元的市污水处理厂扩容工程（5 万吨/日），于 2018 年 9 月动工。启动总投资约为 1.7 亿元的市自来水第二水厂扩建工程，新建日处理 5 万立方米自来水处理生产线、改造取水泵房和加压泵站的配电和机泵系统以及新建一条 DN1400 输水管道 14 千米。

农村电网、光纤建设扎实推进。2012—2018 年先后投入 4.48 亿元，完成 543 个农村电网升级改造项目，宁新 110 千伏、古塘 110 千伏变电站建成使用，新建（改造）电网线路 5340 千米，新增公用配电变压器 683 台。实施光纤到户、4G 网络建设、宽带普及和提速工程，建成公众移动通信基站 830 个、Wi-Fi 热点 54 个，城区及圩镇主要区域实现光纤全覆盖。邮电通信业务总量快速增长。2018 年，邮电业务总量 20.77 亿元，比 2012 年增长 378.57%。2018 年，移动电话用户达 74.98 万户，比 2012 年增长 21.72%。互联网用户达 21.12 万户，比 2012 年增长 176.44%。

2012—2018 年，新增光纤接入端口 12.1 万个，总量达到 15.8 万个，占宽带接入端口比重从 5% 上升到 78%，光纤覆盖面达到95%，新增光纤用户入户率占比达到89%。全面完成原中央苏区县农村超高速无线局域网端口建设和调试，实现兴宁459个行政村光纤覆盖率100%。推进"互联网＋政务"建设，建设办公OA，搭建"综治e通""智慧司法""护林e通""村级基层公共服务""阳光厨房"等信息服务应用平台，全力支撑开通政府网上办事大厅，打造了兴宁良好的信息应用生态圈，促进兴宁信息化经济发展。

城市建设

    坚持"产城联动、融合发展"思路，以重点项目建设为抓手，加快中心城区扩容提质步伐，城乡基础设施逐步完善，城乡环境质量不断提高。至 2018 年底，城市建成区面积扩大到 30.5 平方千米，比 2012 年底的 19.35 平方公里增加了 11.15 平方千米，城市化率比 2012 年底大大提高，产业和人口集聚效应初步显现，城市经济提速已粗见成效。

    城乡规划体系更加完善。修编《兴宁市城市总体规划（2010—2020）》《兴宁市南部新城控制性详细规划及城市设计》和《兴宁市老城控制性规划》，完成兴宁市生态控制线划定，全面完成了全市 17 个镇的总体规划及 459 个行政村的村庄整治规划。

    南部新城建设粗具规模。坚持基础设施先行，公共服务全面大配套的发展思路，2012—2018 年统筹推进总投资 200 多亿元的兴宁新城产业项目和服务配套设施建设。做强产业支撑项目，引进碧桂园、兴一广场、毅德商贸物流城、神光山皇家金煦国际度假村等一批城市产业项目，促进产城联动。完善交通畅通工程，建成福兴大道、兴宁大道、兴旺大桥、锦绣大道、北环大道，城区交通网络得到明显提升。完善市政设施工程，全力推进南部新城市政基础设施建设，神光山停车场、大型公交充电站、华润管道燃气、市政管线设施等工程建成投入使用，城市承载能力得到提升。加快公共服务配套工程，新城齐昌中学、齐昌小学、齐昌幼儿园三所学校建成使用，市民广场、民营三甲医院等公共服务配套设施建设有序有效推进，城市公共服务能力不断提高。

幸福安居工程扎实推进。2012年，规划建设安置房14089套、205万平方米，分为锦绣新城、文峰新城两个小区。其中，锦绣新城44栋6986套103万平方米：一期12栋1808套，约26万平方米；二期12栋2169套，约33万平方米；三期20栋3009套，约44万平方米。文峰新城44栋7103套102万平方米：A区11栋1324套，约18万平方米；B区共7栋875套，约14万平方米；C区26栋4904套，约70万平方米。两个安置区一期工程已于2015年建成交付使用。

城市管理更加精细。2017年，组建成立兴宁市城市综合管理局，将原市住房和城乡规划建设局的市政建设管理、燃气、城市管理执法、市容市貌、园林绿化等城市管理职能划入城综局，全面承担城市管理职责。党的十八大以来，兴宁的城市管理围绕"创卫""创文"目标，以城区环境综合整治为抓手，深入推进城市综合管理，城市管理效能得到稳步提高，城区服务管理不断精细，城市品位日益提升。2018年，城区公共绿地面积49.7万平方米，比2012年增加12.36万平方米；路灯供电线路约242千米，各种路灯8195盏，LED墙体亮化景观灯饰2.9万盏；城区清扫保洁面积272.79万平方米，比2012年增加63.79万平方米，公厕18座，合格规范的垃圾中转站9座，生活垃圾无害化Ⅱ级填埋场1座。实施锦绣大道（宁江新城段）、东城街心花园、官汕三路水沟建设改造等33项市政工程，完成永泰肉菜市场、高华路肉菜市场和城南市场的改造，新划定停车位5500多个。加快环卫基础设施建设，建立城区首个一类公厕；完成城区公厕的升级改造，改造后城区二类标准以上公厕比例达80%以上。大力推进城区美化亮化工程，亮灯率已达96%以上。

第四节 园区建设

工业园区建设以创新驱动为发展主线，以扩大有效投资为突破口，基础设施建设快速推进，园区经济持续快速发展，综合实力明显增强。

（一）东莞石碣（兴宁）产业转移工业园

园区分别在 2012 年省考核、2015 年梅州市考核中获评优秀，在 2015 年省园区考核获得"广东省优秀园区"称号。2015 年在梅州市考核中被评为优秀（第一名），2015 年度省产业园环境保护专项检查考核中获评优秀等次，获评 2015 年度广东省招商引资示范平台、2015 年广东省循环化改造试点园区，是梅州市小微企业创业基地。

园区经济快速发展。2012 年园区规上企业有 8 家，至 2018 年底园区规上企业达 29 家。2012 年工业总产值 13.97 亿元，税收 0.38 亿元；2017 年园区实现工业总产值 28.39 亿元，税收 2.33 亿元，分别是 2012 年的 2 倍、6.1 倍。带动就业人数从 2012 年的 3500 多人增加到 2018 年的 1 万多人，有效解决了本地就业需求。

招商引资取得显著成效。2012 年进园企业达 30 家，计划投资总额 81.6 亿元，22 家企业建成投、试产。至 2018 年底，园区共有进园企业 78 家，计划投资总额达 125 亿元。其中，已投（试）产企业 72 家、在建项目 9 家（含部分投产、续建、在建项目）、筹建 2 家。

园区用地有效保障。2014—2018 年，园区累计投入征地拆迁资金 6 亿多元，征收土地 333.33 公顷，平整 266.66 公顷，园区开发面积达 320 公顷，确保了进园项目的用地需求。

基础设施建设快速推进。园区累计投入基础设施建设资金 18 亿元，完成污水处理厂、安置区首期、园区外环路、自来水专管工程、两河合一桥梁工程、220KV 变电站等基础设施工程建设；园区内"六纵六横"市政道路全面动工建设，园区承载能力不断提升。

科技创新能力不断增强。2012 年园区有 3 家高新技术企业，至 2018 年底，园区共有 9 家高新技术企业，院士工作站 1 家，省市工程研发中心 6 家。

（二）水口工业园

2008 年，梅州市规划建设梅兴产业转移工业园，包括梅县畲江和兴宁水口两个工业园。水口工业园位于广东梅兴华丰产业集聚带核心区的中心位置，东邻广梅产业园，西靠五华河东工业区，距离兴宁市中心城区约 25 千米，是梅兴华丰产业集聚带核心区的重要组成部分，首期规划面积 826.66 公顷。已经完成征地 80 公顷，2017 年按照梅州市要求全部转交广梅产业园。至 2018 年，道路、供电、水利等基础设施建设扎实推进，水口卫生院、水口中学等公共服务设施升级改造已经完成，该产业园已成为兴宁经济发展的重要引擎。

第五节 农业发展

粮食生产稳步发展。2018 年全市粮食播种面积 4.3 万公顷，总产 29.41 万吨。全市 6.66 公顷（100 亩）以上规模的种粮专业合作社有 20 多个，3.33 公顷（50 亩）以上的种粮大户有 100 多户，创建水稻 6.66 公顷（100 亩）试验区 32 个，66.66 公顷（1000 亩）示范片 20 个。2016 年，袁隆平院士选育的超级稻新组合在兴宁种植实现双季超级稻 0.15 公顷年产 1537.78 千克，创双季稻产量世界纪录。

农业基础设施不断完善。"十二五"以来，每年投入资金 4000 万~5000 万元，整治中低产田和建设永久性水利工程，共完成高标准基本农田建设 145 万公顷。

现代农业快速发展。2012—2018 年建成精致高效农业基地 20 多个，广东兴宁柚果种植研究基地、龙田精致高效农业示范基地、广东明珠养生山城茶文化产业园、广东兴东生态农林发展、兴宁富荣、广东乡间农业发展、梅州长兴旅游生态园等成为兴宁现代农业名片。至 2018 年，全市有 14 个"广东省名牌产品"，14 家"广东省名特优新"企业，16 个广东省"菜篮子"基地，9 个农业标准化示范园区及 1 个广东省"菜篮子"培育基地。

"四大"（家庭农场、专业大户、农民合作社及农业产业化的经营组织）经营主体加快发展。至 2018 年有各级农业龙头企业 101 家，其中国家级 1 家，省级 22 家，梅州市级 30 家，兴宁市级

48 家。全市各类农民专业合作社达 716 家，其中国家级示范社 6 家，省级示范社 21 家，梅州市级示范社 16 家。家庭农场 56 家。

农业机械化水平不断提升。截至 2018 年，全市农机原值达 3.93 亿元，比 2012 年增长 0.6 亿元；农机总动力 32.66 万千瓦，水稻"耕、种、收"综合机械化水平达 71.3%，比 2013 年增长 10.83%，主要指标排在粤东各县区前列，水稻机收率为 92.8%，比 2013 年增长 22.4%；机耕率 96.8%，比 2012 年增长 13.3%；全市拖拉机 2164 台、联合收割机 536 台、烘干机 159 台。全市拥有插秧机 252 台，比 2012 年增加 70 台，机插秧苗面积 6277 公顷；引入专业服务公司的无人机社会化服务植保作业面积 400 公顷；原值 50 万元以上的农机作业服务组织 9 个。2012 年兴宁市被评为"全国粮食生产先进县（市）"，是广东省 40 个产粮大县之一。2014 年兴宁市被农业部、国家安全生产总局授予全国"平安农机"示范县称号，2017 年兴宁市被列为全省插秧社会化服务试点县。

第六节 生态建设

一、林业生态方面

深入践行绿水青山就是金山银山的理念，积极推进新一轮绿化广东大行动、绿满梅州大行动，大力实施林业重点生态工程，强化林业生态资源管护，取得良好成效。2012 年至 2018 年，累计投入 2.96 亿元，完成碳汇造林 49866.66 公顷（其中造林 29533.36 公顷，封山育林 20333.3 公顷），实现乡土阔叶树种全覆盖；建设提升高速公路沿线景观林带达 415.5 千米，景观效果显著；完成乡村绿化美化工程建设任务 175 个（其中省级示范点 16 个、市级示范点 9 个、县级示范点 21 个），形成村有景、路有树的乡村绿化环境；新建森林公园 15 个（其中市级森林公园 2 个，县级森林公园 2 个、湿地公园 1 个，镇级森林公园 10 个）；实施森林抚育 68305.73 公顷（其中中央森林抚育 38822.73 公顷，省级碳汇林抚育 29483 公顷）。截至 2018 年底，全市林业用地面积 13.6 万公顷，生态公益林面积 6.88 万公顷，活立木蓄积量 743 万立方米，森林覆盖率 67.65%，林地绿化率 98.83%；全市有 1 个省级自然保护区、6 个市级自然保护区、25 个森林公园。

二、水生态方面

2012 年以来以"三条红线"为主要内容的最严格水资源管理

制度纳入政府经济社会发展综合评价体系。2018 年万元 GDP 及工业增加值用水量、综合亩均灌溉定额、地表水功能区达标率等均符合"三条红线"控制指标。梅州对兴宁市进行最严格水资源管理考核，兴宁市连续获良好以上等次。2012 年以来加大对合水水库上游 5 镇水资源保护、环境综合整治，全面推行河长制，成立兴宁市全面推行河长制工作领导小组，出台全面推行河长制市级河长会议制度、信息公开与共享制度、工作督察制度、河长巡查制度、工作考核办法、验收制度等六项制度，镇级全面推行河长制镇级河长会议制度、工作督察制度和河长巡查制度。完成河湖名录的编制，制订兴宁市"智慧河长"河长制管理信息系统实施方案。2018 年全市饮用水水质达标率 100%，地表水水质达标率 100%。

三、环境治理方面

推进大气污染防治，2012—2018 年期间，华润电力（兴宁）有限公司停产，淘汰 97 台燃煤锅炉，全市 90 座加油站全部安装油气回收装备，对 36 家规模餐饮单位责令改用清洁燃料，全面落实机动车环保定期检测制度，开展禁止露天焚烧秸秆等废弃物工作；推进水污染防治，完成 16 个镇级集中式饮用水源地的设置界标、警示牌、宣传牌和隔离措施等保护工程；开展生猪养殖污染整治，取缔清理了 721 家场（点），整治生猪头数 7 万多头；城市生活污水处理厂二期工程顺利建成，完成叶塘、水口、坭陂、罗浮四个中心镇污水处理厂建设；完成黄陂镇学士村、虎留村农村环境综合整治工程，至 2018 年，城市生活污水处理率达到 95.88%。推进土壤污染防治，以矿山整治为重点，源头防止土壤污染，至 2018 年底完成铁山嶂铁矿区、径南建筑用石料矿区、白牙山建筑用石料矿区、柏矿塘瓷土矿区、华顺瓷土矿矿区等 5 个矿山环境保护与治理恢复。执行建设项目环评制度，根据建设项目分类管理和分级审批规定，做到不降级环评、不越级审批，从源头控制污染的产生。2012年以来，共审批新、改、扩、迁建设项目748个，完善备案项目346个。推进环境创优工作，充分发挥自然生态优势，积极开展生态镇村示范创建，石马、龙田、新圩、刁坊4镇被命名为省级生态示范镇；鸿源花园被省环保厅、省文明办命名为"广东省绿色社区"。从2012年至2018年，每年顺利通过国家重点生态功能区县域生态环境质量考核，累计获得生态转移支付资金11.16亿元，居全省之首。梅州对兴宁市的环保责任制考核，考核成绩连续多年排在各县（市、区）前列。2018年，空气质量优良率（AQI）97%，高于梅州市96%的控制指标要求。地表水水质优良率97.2%；无劣于Ⅴ类水体；宁江水口水样省考断面水质达到或优于Ⅲ类比例为91.7%；梅江干流畲江官埔断面水质达到Ⅱ类；全市20个集中式饮用水源保护区水质达标率100%；城市区域环境噪声、道路交通噪声强度均达到《声环境质量标准》（GB309 6 - 2008）中2类、4a类环境噪声限值的要求，为兴宁经济社会发展提供了良好的环境保障。

"创文"活动

2017 年 6 月，兴宁市委、市政府从加快振兴发展的大局出发，正式启动兴宁市创建省县级文明城市工作（简称"创文"活动），6 月 2 日召开全市创建广东省级文明城市动员大会，研究部署全市创建省县级文明城市工作，力争 2020 年把兴宁创建成省县级文明城市。2017 年 11 月，兴宁市被确定为"广东省县级文明城市提名城市"；2018 年在创建省文明城市测评成绩中，兴宁市综合得分为 84.68，未成年人思想道德建设得分 88.16，排名均靠前，群众满意度为 87.64%。"创文"取得阶段性成效，城市管理水平得到提升，市民的文明素质和幸福感得到增强。

一、全面谋划部署

省文明城市每三年评选表彰一次，依据《广东省县级文明城市测评体系》（以下简称《测评体系》）测评产生，评选"省县级文明城市"必先获得"省县级文明城市提名城市"。根据创建省文明城市的程序和要求，兴宁市"创文"分两步推进：一是创建"省县级文明城市提名城市"阶段（2017 年 1—12 月），全市对照《测评体系》制订实施方案，分解目标任务，宣传发动广大干部群众参与创建"省县级文明城市提名城市"活动，充分调动干部群众主动性和创造性。各责任单位、各街道制定具体的实施方案，确定工作重点，细化目标责任，建立健全相关机制。认真撰写创建"省县级文明城市提名城市"的申报材料，制订具体的迎检方案，全力争取进入"省县级文明城市提名城市"。二是创建"省县级文明城市"阶段（2018—2020年），兴宁市实现"省县级文明城市提名城市"目标后，从2018年起再经过3年艰苦奋斗，围绕《测评体系》高标准完成各项创建任务，力争2020年通过省文明办测评考核，实现"省县级文明城市"目标。

二、加强组织领导

2017年为加强对"创文"工作的组织领导，成立兴宁市创建省县级文明城市工作领导小组，由市委书记任组长，市长任第一副组长，负责统筹、协调推进创建工作。领导小组下设办公室，设综合组、创建组、宣传组、督查组4个工作组，具体负责创建工作的组织实施，抽调相关部门15人充实"创文"力量。根据《兴宁市创建省县级文明城市工作实施方案》的"统一规划、分类指导、分步实施、整体推进"的工作方针，制定《兴宁市创建省县级文明城市工作任务分解表》，将《测评体系》7大创建项目、63项测评内容、148条测评标准进一步细化、分解到26个牵头单位、64个责任单位，责任人由各责任单位一把手担任，创建任务层层落实，责任切实落实到单位、落实到人，确保创建工作事事有人管，件件有人抓，一级抓一级，层层抓落实。

三、广泛宣传发动

以培育和践行社会主义核心价值观作为文明城市创建的核心内容，加大宣传发动力度，力促创建文明城市全民参与、全民动手。一是充分发挥市广播电视台、《今日兴宁》报、人民政府网等宣传媒介的作用，采取新闻报道、网络互动等形式，运用微博、微信、微视频等方式，大力宣传市委、市政府的决策部署，引导群众支持和参与"创文"工作。定制创建省县级文明城市、国家卫生城市手机宣传等视频1万多份，印发《兴宁市创建省县级文明城市宣传手册》3万份、《兴宁市文明公约》6000份、《兴宁文明礼仪手册》1.2万本，以提高市民对"创文"的知晓率。二是以"我们的价值观""中国梦"为主题，创作推出一批富有特色的公益广告，在广场、公园、车站、街巷、集贸市场、交通要道、建筑围挡、中小学校、街道社区、城郊农村广泛刊播、张贴，推动城乡基层单位将24字社会主义核心价值观以生动活泼的形式印刷到日常生活用品上，把核心价值观嵌入百姓生活场景。建设神光山社会主义核心价值观主题公园和体育公园"家风家训"教育基地，在兴南大道、和山河堤、明星公园、沐彬中学等设置本地特色的"兴宁精神""版画＋谚语童谣"公益广告牌400多块、大型落地宣传造型5处。三是突出典型引领，积极开展"我推荐、我评议身边好人"活动，开展道德模范、最美少年、好媳妇、凡人善举等学习宣传活动。至2018年底，获评"广东好人"4人、"梅州好人"5人，评选出"兴宁好人"10人；6名学生被评为梅州市级"新时代好少年"。广泛开展文明单位、文明窗口、文明家庭、文明校园、文明交通、文明旅游等活动。深入推进文明镇（街）活动，到2017年底，全市20个镇街基本完成文明镇街创建任务。四是深入开展志愿服务活动，发挥全市注册人数已超过3万人志愿者作用，积极推进志愿服务制度化和志愿服务项目多样化，广泛发动志愿者走上街道，走进社区，走进乡村，宣传创文知识，宣传文明出行，劝导市民遵守交通规则，制止和纠正不文明交通行为，开展公共文明引导志愿服务活动。

四、整治城乡环境

大力抓好兴城社会环境建设，着力打造天蓝、地绿、水清、路畅、城美、和谐的宜居宜业兴城。一是加强市容环境整治。针对关系群众切身利益、有碍观瞻、影响城市形象的突出问题，开展集中整治活动。重点抓好社区、城中村、背街小巷的环境"脏乱差""牛皮癣"等问题的整治。加大拆除违章建筑、违法建筑的力度，把管理、教育、处罚有机结合起来，及时发现问题、解决问题。二是加强交通秩序整治。全面实施"文明交通工程"，大力整治机动车乱停乱放、违规变道抢道、随意掉头、逆行、闯红灯、斑马线前不礼让行人、超载运输和撒漏扬尘等问题，让文明出行在群众中蔚然成风。三是加强社会治安的整治。加强社会治安综合治理，深入开展反盗抢、禁赌禁毒、扫黄打非等专项治理，维护良好的社会秩序和人民群众生命财产安全。四是加强市场秩序的整治。采取整治与疏导相结合的方式，取缔市区主要街道乱设的摊点，整治乱摆乱卖现象，大力打击假冒伪劣违法行为，规范经营秩序。五是完善城市基础设施建设。铺设柏油路面、扩宽街道、排水疏通、排污治理等共投资 5.3 亿元。

五、加强文化建设

大力加强公共文化建设，全面实施"文化共享"工程。一是坚持以群众为中心的创作导向，组织文化部门创作生产更多体现客家文化精神，反映兴宁人审美追求，思想性、艺术性、观赏性有机统一的优秀作品，丰富兴城的文化内涵，塑造兴城的文化形象，擦亮兴城的文化特色。二是大力加强公共文化设施建设，促进基本公共文化服务标准化、均等化，保障城乡群众看电视、听广播、读书看报、参与公共文化活动等基本文化权益，让城乡群众共享文化发展成果。2017 年，全市所有村、社区、居委，除 19 个列入城市规划区以外，全部建成"一村一文化活动中心"。三是注重历史文脉的延续，加强对古建筑和各类非物质文化遗产的保护、传承和开发利用，注重文化与旅游相结合，推出一批具有客家文化特色的旅游项目，打造一批有影响力的文化项目；搞好基层群众文化活动，支持群众文化骨干、民间艺人发挥作用，广泛开展多姿多彩、雅俗共赏、富有特色的文化活动。以"我们的节日"为主题，利用春节、元宵、端午等民族传统节日，建党、建军、国庆等重要节庆日、纪念日，广泛开展群众性活动，把传统节日和重大节日办成爱国节、文化节、孝敬节、仁爱节。

教育强市

新的历史时期，兴宁市委、市政府更加重视教育事业的发展，以教育创新为灵魂，以群众满意为标尺，以创强督导为动力，以建设广东省教育现代化先进市为目标，实施教育均衡发展战略，加大教育基础设施投入，加强师资队伍建设，规范教育教学管理，不断开创兴宁教育发展新局面。

2014 年 12 月，兴宁市 20 个镇（街）全部通过广东省教育强镇督导验收，至此，提前一年实现了教育强镇全覆盖的目标。

2015 年，兴宁市"义务教育发展基本均衡市（县）"工作通过省级评估验收。

2017 年底，兴宁市实现教育强镇复评全覆盖。

2018 年，兴宁市争创"推进教育现代化先进市"工作通过省级评估验收，经省政府批准，被授予"广东省推进教育现代化先进市"称号。

办学条件全面改善。为适应城市化进程加快、兴宁城区人口快速增多的需要，对新城区的教育设施加大了建设力度。2012—2017 年先后共投入 7.55 亿元，在南部新城建设齐昌中学、齐昌小学、齐昌幼儿园三所学校，占地面积 22.1 公顷，建筑面积 11.15 万平方米，为城区新增 8700 个优质学位，2014 年下半年全面动工兴建，2017 年 9 月顺利招生，城区学校大班额现象开始得到缓解。投入 6 亿元，升级改造城区部分学校，2013 年完成了华侨中学（原兴宁二中）扩建，建成崭新的教学楼和标准运动场。2014 年完成进修附小迁建、第一幼儿园扩建、汉芬小学幼儿园教学楼兴建和特殊学校升级改造，基础教育办学条件得到全面改善。兴宁一中、田家炳中学、沐彬中学、市第一小学、实验学校等 5 所学校被命名为"广东省现代教育技术实验学校"。

至 2018 年底全市学校拥有独立的科学馆或综合楼 36 座、校园网 56 个、语言实验室 47 个、计算机室 214 个、电子阅览室 56 个、中小学标准实验室 368 个、多媒体电教平台 2204 个、录播室 36 个、计算机 9174 台，中心小学以上学校已全部实现"校校通"。

尊师重教氛围日益浓厚，社会各界热心支持教育蔚然成风，先后成立了"张庆华教育基金""范剑冰奖教基金"等，开展助学尊师活动。至 2017 年，2583 名贫困学子和优秀高考学生受到资助和奖励，241 名优秀校长老师获得奖励。

各类教育协调发展。学前教育快速发展，2018 年幼儿园学前一年儿童入园率99.8%，学前三年儿童入园率98.3%，拥有省一级幼儿园 1 所，梅州市一级幼儿园 19 所。义务教育均衡发展，义务教育阶段适龄儿童入学率、初中毛入学率均达到100%；"广东省义务教育标准化（规范化）学校"实现全覆盖；城乡义务教育阶段学生免费政策全面落实，全市 19.4 万人次中小学生免收书杂费。公平教育得到扎实推进，进城务工人员随迁子女义务教育入学难问题已得到全面解决。着力提升高中教育，高中阶段教育毛入学率达 97.5%，普通高中优质学位达100%。

高考成绩喜人，2012—2018 年高考重点本科录取人数 5 年累计达 2637 人，本科以上录取人数达 1 万多人，本科上线率保持在30%左右；为清华大学、北京大学输送新生共 6 人。

第九节 文化旅游

　　积极推动文化改革发展，激发文化创新创造活力，取得良好实效。公共文化基础设施不断完善。2014—2017年共投入2亿多元，建成村、社区文化活动中心，2017年7月，"一村一文化活动中心"项目获评首批"广东省公共文化服务体系示范项目"荣誉称号，成为山区县（市）建设基层公共文化服务体系的典范。安装开通卫星电视地面接收设备1.68万套，完成14个镇（街）1.68万户广播电视"户户通"工程。全市20个镇（街道）文化站设置率100%，其中评为省特级站有3个，省一级站10个，省二级站5个。全市495个行政村（居委、社区）实现文化室、农家书屋、电子阅览屋、广播电视全覆盖，形成市、镇、村三级公共文化设施网络服务体系。完成市人民公园升级改造和市文化馆群众文化活动中心建设。

　　群众文体活动异彩纷呈。2012—2018年共免费举办各类培训183期，艺术交流会、展览、创作采风137期；开展送书下乡活动15场、放映电影34528场、送戏下乡455场、送书到社区到军营40多场次。广场杯花舞《明月照山乡》获得CCTV2016全民健身暨全国舞蹈电视大奖赛广场舞组团体冠军。

　　保护文化遗产持续推进。至2018年底全市有省级文物保护单位9处、梅州市级文物保护单位14处、市（县级）文物保护单位37处。全市省级非遗项目5项，省级传承人4人；市级非遗项目

11 项，市级传承人 10 人；县级项目 19 项，县级传承人 21 人。落实第一次全国可移动文物普查工作，完成 5876 件（套）可移动文物数据库建设和登录上报。推进围龙屋申遗，完成 168 座围龙屋、8 处龙屋群落申遗材料的上报。保护修缮省级文物保护单位善述围、磐安围、棣华围等 9 个。2017 年，经省非物质文化遗产专家委员会评审确认，兴宁市文化馆被命名为广东省非物质文化遗产（杯花舞）传承基地。

旅游业快速发展。全市旅游经济保持平稳较快增长态势，全市旅游接待从 2013 年的 133.95 万人次增加到 2018 年的 502.55 万人次，比 2013 年增长 275.18%；旅游总收入从 2013 年的 9.91 亿元增加到 42.68 亿元，增长 330.68%。编制了《兴宁市旅游发展总体规划（2017—2030）》，创建了国家 4A 级旅游景区神光山国家森林公园和径南 3A 级旅游景区梅州月形山乡村旅游区，熙和湾客乡文化旅游产业园正在创建国家 4A 级旅游景区。全市现有星级饭店 5 家、旅行社 5 家、旅行社营业部 5 家，旅游接待水平和能力不断提升。2018 年，全市列入梅江韩江绿色健康文化旅游产业带推进项目的有 13 个。截至 2018 年底，累计完成投资 19.29 亿元。全力实施旅游"厕所革命"，完成了 3 年 35 座旅游厕所的建设任务。在主要景区、高速公路、城市主干道配套设置规范的旅游交通标识标牌，新增五星级农家乐 1 家，梅州市旅游推荐单位 11 家。每年组织旅游企业参加各种展会、宣传推介会等，与周边县市区 40 多家旅行社建立了合作关系。组织"荧光夜跑""磨房 200 公里骑行活动""李花节""李果节""火把节""关公出行"等节庆活动和"方圆杯"兴宁摄影大赛等活动，吸引游客来兴旅游。大力推进乡村旅游发展，升级改造乡村旅游公路，建设完善停车场、游客服务中心，完成径南宝兴村、坪宫村，石马马下村、郑塘村，合水中官村五个贫困村的旅游发展规划。加大对红色文化的抢救性保护，引导组织机关党员干部参观红色教育基地，学习红色文化，传承红色基因，留住红色记忆。

扶贫开发

深入贯彻落实上级扶贫开发、农村改革发展等工作部署，扎实开展扶贫"双到"、精准扶贫脱贫，群众幸福感不断提升。

扶贫"双到"方面。全面完成两轮（2010—2012 年，2013—2015 年）扶贫"双到"工作。143 个贫困村面貌明显改变，贫困村集体经济明显增收，两轮扶贫"双到"有 113 个村投入共 5370 万元，入股产业转移工业园，实现村级经济稳定收入。新增硬底化道路 448 千米，改善农田灌溉面积 3477 公顷。累计投入"双到"资金 8.73 亿元，实施村项目 3762 个，帮扶贫困户发展种养项目 28664 个，14172 户贫困户全部实现稳定脱贫。2013 年 3 月，全市 14 个市直单位被省授予"扶贫开发'规划到户、责任到人'工作优秀单位"或"扶贫开发工作优秀集体"，22 人被省授予"优秀驻村干部"或"优秀个人"。2016 年 3 月，有 4 个市直单位被省授予"2013—2015 年扶贫开发'双到'工作先进单位"，7 人被授予"优秀驻村干部"或"优秀个人"。

精准扶贫脱贫方面。2010—2015 年以来先后有 173 个省直、中直驻粤单位和广州市直（含萝岗区、天河区）、梅州市直单位派出驻村扶贫工作队，帮扶 201 个贫困村（目前有 56 个单位驻村帮扶 58 个村）。围绕实施"八项工程""五个一批"，狠抓精准扶贫帮扶项目的落实。全市共培育引进农业龙头企业 32 个，组建农民专业合作社 54 个，开展实施贫困户种养项目 2395 个，带动贫困户 6981 户 23783 人；开展贫困户小额信贷工作，落实风险担保金 1000 万元、贴息资金 500 万元，共为建档立卡贫困户 1349 户发放贷款 1471 万元。至 2018 年底，全市累计投入各类帮扶资金 28717 万元，实施帮扶项目 5.5 万个，共有 10978 户 26590 人实现脱贫，累计 92% 相对贫困人口实现脱贫。全市共完成贫困户危房改造 1250 户；4765 名贫困户子女得到助学补助；无劳力贫困户 6212 户 8994 人全部纳入最低生活保障，实现兜底脱贫；所有贫困人口纳入农村合作医疗；为全部 60 周岁以上贫困老人（9350 人）购买养老保险。全市共解决饮水安全项目 71 个，惠及贫困户 3155 户；实施 200 人以上自然村道路硬底化 344.4 千米；投入 2218 万元兴建文体休闲活动场所 143 个；开展人居环境美化亮化建设项目 1 万多个。

乡村振兴

坚持以改善城乡环境、提高人居环境质量为工作目标，大力推进城乡环境综合整治和新农村建设。

城乡环境综合整治方面。按城区、镇建成区和村域范围的不同环境因素，强力推进"六乱"整治、环境卫生保洁、绿化亮化等。2015年开展城乡环境综合整治以来，至2018年，城区共拆除乱拉乱挂招牌广告532宗，取缔占道经营856个，纠正乱摆卖行为8650多宗；整顿交通秩序共查扣涉牌涉证汽车425辆、摩托车3872辆、泥头车63辆；纠正违停5465宗及其他交通违法行为6328起。镇区共整治"六乱"行为9678宗；纠正农村生活垃圾乱丢倒行为1.37万宗。下拨农村生活垃圾收运处理专项资金857万元、环卫BOT承包项目费用655万元、其他城区生活垃圾收运处理专项资金1551万元。同时加快设施建设，进行垃圾填埋场升级扩容改造，完善城区垃圾收集点建设；投入150多万元购置城监执法车辆、伸缩警棍、防刺服等执法装备。狠抓农村人居环境综合整治，农村生活垃圾有效处理率达76%，村庄保洁率达100%，农村无害化卫生厕所普及率达100%，创建了165个省级卫生村，建设了6个乡村美化绿化示范点。

新农村建设方面。2017年投资1063万元，建成径南镇东升村幸福村居示范片；投入6900万元，以龙田、合水两镇的金星、龙盘、凉伞等八个村为重点，按照"两镇八村、农旅联动、绿道串联、一村一韵"的理念，打造"两镇八村"新农村连片示范建设，建成 43 个节点项目；推进 58 个省定贫困村创建新农村示范村建设，市财政专门安排 1100 万元，采取以奖代补的方式，全力推进"三清三拆三整治"工作，共拆除废旧房屋 7644 间、清理杂物等 8395 处、完成整治 808 处。至 2018 年底，全市 60% 以上自然村完成"三清三拆三整治"任务，58 个省定贫困村基本建成干净整洁村，30% 以上省定贫困村建成新农村示范村。实施了 200 人以上自然村道路硬底化 316.6 千米，建设了文体休闲广场 214 个，建成 598 个村卫生站、495 个基层综合政务服务平台。抓好村级集体经济发展试点工作，25 个扶持村级集体经济发展试点村中，有 18 个参与经营的各类经营主体，实施经济发展项目 61 个，涉及农户 857 户；完成补助资金 1656 万元，引导和撬动社会合作指标 2000 万元，取得了初步成效。至 2015 年，"两不具备"老区村庄搬迁工作实际完成 2554 户农户的搬迁安置，全面完成省下达的"两不具备"建设工作任务。2012 年至 2018 年完成农村低收入困难户住房改造建设任务近万户。

第十二节

健康兴宁

　　坚持新时代卫生与健康工作方针，提出建设健康兴宁的发展战略，启动实施卫生强市创建工作，全面推进医疗卫生服务网络建设和管理，全市医疗卫生服务水平不断提升。市人民医院医技水平、综合实力和辐射带动能力不断增强，市中医医院异地搬迁新建项目和120指挥中心急救体系标准化建设项目经市政府常务会议研究已同意先行实施，启动市第三人民医院和妇幼保健计划生育服务中心改扩建项目，第五人民医院（原水口镇中心卫生院）按照二级甲等医院标准升级建设（整体搬迁）项目，于2017年9月27日顺利开工。全市完成创建"基本医疗和基本公共卫生服务示范镇"工作，424间村级卫生站已投入使用。"镇院村站"逐步实现标准化建设和规范化管理。2013—2018年，医疗卫生服务功能得到全面提升，基层医疗卫生服务短板逐步补齐，为更好地保障群众健康权益打下了坚实基础。城市公立医院改革全面启动。推进县级公立医院综合改革工作，稳步实施医药卫生体制综合改革，推进健全医联体建设，加强家庭医生签约服务工作，不断完善分级诊疗制度。2018年，家庭医生签约服务35.75万人，签约率36.27%，其中，重点人群签约16.34万人，签约率达64.7%，全市健康档案建档率达76.2%，使用率52.24%，均超出国家和省、市有关指标要求。做好兴宁市人民医院与中心卫生院的紧密型医联体建设，积极推进医疗卫生机构同步建设医联体，让广大人民群众享受优质资源带来的实惠。实行网络化管理，制定和完善了医院内部决策、运行管理、资产管理、医疗风险预警、医院财务等管理制度，严格执行广东省统一收费标准，形成决策、执行、监督相互适应的运行管理机制。2013年以来，卫生事件应急、重大疫情防控、重大活动卫生保障等工作不断加强，连续多年未暴发重大传染病或流行疫情。2017年，顺利通过了省级卫生城市验收。至2018年，全市累计创建省级卫生村278个，梅州市级卫生村176个，省、梅州市级卫生村普及率92.65%。

依法启动实施全面两孩政策，计划生育逐步由"重管理"转向"重服务"。2018年，累计享受奖励扶助的对象7000多人，发放扶持金额14万多元，完成免费婚前医学检查1万多人、孕前优生健康检查7000多对，农村妇女宫颈癌检查近万人，计生服务水平不断提升。2013年以来，先后获得全国计划生育优质服务先进单位、全国计划生育协会工作先进单位、全省计划生育工作表扬单位、全省计划生育宣传创新成果奖、全省计划生育宣传示范基地等奖项。

将全民健身纳入国民经济和社会发展规划，体育事业蓬勃发展，赛事丰富多彩。每年举办"贺岁杯"乒乓球赛、足球赛、神光夜跑、冬泳、徒步、自行车骑行等20多项活动，"贺岁杯""足协杯""南丰杯"等成为具有特色的全民健身品牌赛事。2012—2018年统筹推进全市足球发展工作，大力加强校园足球建设，建设足球场233个，每年举办"市长杯""客都文化杯"和"热爱足球、快乐暑假"等校园足球赛事，200多支球队参赛，参赛人员达10000多人。2016年被确定为省"足球试点县"。积极推进体育惠民工程，建成镇级农民健身体育广场20个和新建足球场233个、标准老年人气排球场3个、老人门球场3个。围绕打造15分钟健身圈，体育健身设施正逐步向自然村延伸，所有行政村的文体活动广场配套相应的体育健身器材。投入 508 万元建成 11 人制和 5 人制低收费香港赛马会足球场。至 2018 年底，全市人均体育场地面积达到 2 平方米，比 2011 年末增加了近 0.5 平方米。加大青少年体育人才培养力度，2012 年以来，参加全国、省、市各类体育赛事都取得了优异成绩。2018 年广东省第十五届省运会，兴宁市蹦床、跆拳道分获团体总分第五名、第七名的好成绩。兴宁市培养输送的运动员陈清晨夺得 2016 年尤伯杯世界羽毛球锦标赛女双冠军和国际羽联超级系列总决赛女双和混双冠军。兴宁市业余体校被中国足球协会授予"青少年训练中心（梅州）兴宁市分中心"，兴宁市业余体校（蹦床项目）被评为省体育后备人才重点基地，兴宁市业余体校跆拳道班被评为省体育后备人才重点班。

第十三节 党的建设

加强党的建设，坚持把基层组织建设、干部队伍建设作为党建工作的重要抓手，努力实现党的建设、组织工作与经济社会事业协调发展。

加强干部队伍建设。2014 年，共选举村（社区）"两委"干部总数 2384 人，村（居）书记、主任"一肩挑"455 人，占 491个村（居）的 92.7%，实现新一届村（社区）"两委"班子 60岁以上干部全部退下来的目标。2016 年，17 个镇进行换届，选举产生乡镇领导班子成员 273 名，纪委领导班子成员 119 名，出席市党代会代表 189 名。2017 年，选举产生村（社区）"两委"班子成员 2295 人。书记、主任"一肩挑"441 人，占 90%；班子成员交叉任职 1372 人，占 87%。"两委"成员 35 岁左右年轻干部407 人，连续两届实现了 60 岁以上干部全部退下来的目标。全面推行党代会年会制，要求每年镇人大会议前召开一次镇党代会。据统计，全市 17 个镇 2005 名党代表共提出提案、意见建议 51件。大力推进驻点直联和"书记项目"，2015 年以来，共收集群众反映的问题 44500 件，问题办结率 95.3%，150 个列入县级"书记项目"库，有 20 个列入梅州市级"书记项目"库。

加强基层组织建设。2012—2018 年共投入 2000 多万元，建成 20 个镇级公共服务中心和 495 个村级公共服务站。2014 年以来，共排查出 180 个软弱涣散村（社区）党支部，选派 155 名优秀党员干部担任"第一书记",划拨工作经费,制订整顿方案和工作台账,做到"一村一策"。2015年实行市党员领导挂点包村整顿制度,投入整顿资金1850万元,解决软弱涣散突出问题363个,落实民生实事707件,发展集体经济项目110个。成立市非公组织党委、市社会组织党委、东莞石碣(兴宁)产业转移工业园党委,将原隶属的联康药业、江河电器、广东富农等3个党支部划归市工业园党委管理。新成立"两新"党组织18个,党的工作实现全覆盖。着力打造一批党建工作典型,市管弦乐协会党支部等4个党组织被评为梅州市党建工作示范点。

第十四节 苏区振兴

兴宁市委、市政府认真对接落实原中央苏区县有关政策，积极争取中央和省财政对中央苏区县的资金支持，制定《贯彻落实赣闽粤原中央苏区振兴发展规划实施方案》，细化对接项目，把政策蕴含的物力、财力释放出来，把项目变成增长点，全市共储备中央苏区振兴发展重大项目 250 个（2014—2020年），估算总投资 1132.13 亿元；2011 年至 2018 年，争取中央预算内投资项目 109 个，共 3.81 亿元。全力做好国家专项建设基金争取工作，至 2018 年底有 19 个基础设施重大项目申报前期工作经费，拟申请工作经费 1.087 亿元。

2011 年至 2018 年，积极争取中央和省财政对中央苏区县和革命老区的资金支持共计 4.66 亿元，用于支持民生、扶贫、城镇化、基础设施等建设。其中，获得中央财政下达的原中央苏区县一次性财政补助资金累计 1.2674 亿元；获得省财政从 2013 年起每年安排中央苏区县转移支付补助 1000 万元，累计 5000 万元；获得革命老区转移支付资金累计 9005 万元；获得中央财政扶贫资金累计 798 万元；获得原中央苏区县国省道项目省追加补助 1.91亿元；获得中央彩票公益金支持革命老区扶贫开发创新试点专项资金累计 1715 万元；获得 2015 年原中央苏区县和民族自治县教育发展资金 5000 万元；获得 2015—2017 年少数民族及原中央苏区农村危房改造指标补助资金 1772.35 万元；组织发放革原命烈士后裔助学金 17.07 万元，资助 105 位革命烈士后裔学生完成学业；组织发放雁洋公益基金 14.4 万元，资助 55 位烈士后裔特困学生和 17 户烈士后裔特困户。

第十五节 民生民利

　　社会保障体系进一步完善。坚持实施就业优先发展战略，全面落实各项就业政策，大力推进大众创业、万众创新。市、镇、村三级公共服务平台建设进一步完善，全市 491 个村居人力资源社会保障公共服务平台全面实现业务管理信息系统互联互通，群众"足不出村"就能享受优质便捷服务。2012—2018 年，全市城镇新增就业 3.59 万人，劳动力新增转移就业 10.38 万人，劳动力技能培训 2.81 万人，城镇登记失业率始终控制在 2.5% 以内，为全市就业局势稳定作出积极贡献。社会保险体系不断健全，社保待遇水平稳步提高，职工养老保险实现省级统筹，失业、工伤、生育、职工医疗保险实现梅州市级统筹。城乡居民社会养老保险、居民医疗保险实现城乡一体化，城乡居民大病保险制度全面实施。2013—2018 年，"五大险种"综合参保人数达 190.38 万人次，社保基金累计总收入 89.27 亿元（含各级财政补助），支付各项社保待遇 102.34 亿元。办理征地农民养老保险 2 万多人。社保卡累计持卡人数 94 万人。企业退休人员养老保险待遇逐年提高，月人均基本养老金达 1560 多元，比 2012 年增长 20%。底线民生保障水平进一步提高，城乡居民社会养老保险基础养老金标准逐年提高，从 2012 年的每人每月 55 元提高至 148 元。按照精准扶贫工作的要求，60 周岁以上建档立卡贫困对象 100% 享受城乡居民养老待遇。重度残疾人、精神和智力残疾人等特殊人群由财政按

120 元/年标准缴纳城乡居民养老保险费。全面推进省内市外异地就医直接结算工作，省内市外异地就医直接结算定点医疗机构达到 880 家。职务与职级并行制度全面入轨，全面实施事业单位绩效工资，机关事业单位养老保险制度改革稳步推进。全市公务员与教师月人均收入均比 2012 年有大幅度提高。

社会救助体系进一步完善。城乡低保保障水平分别由 2013 年每人每月 300 元、210 元提高到 2018 年每人每月 638 元、440 元，保障标准分别提高了 112.7%、109.5%；累计保障城乡低保 23.29 万人次，累计发放城乡低保金 5.64 亿元。农村五保供养标准由 2013 年每人每月 500 元提高到 2018 年每人每月 780 元，提高了 56%，累计保障农村五保对象 1.87 万人次；城市特困人员供养标准从 2013 年每人每月 300 元提高至 2018 年按城市低保标准的 1.6 倍，即提高至每人每月 1021 元，提高了 240%。建立城乡特困居民医疗救助"一站式"结算机制和大病救助制度，建立"一门受理、协同办理"社会救助综合服务窗口，医疗救助累计 35.4 万人次，发放医疗救助资金 1.37 亿元。认真开展"5·12 防灾减灾日"活动，完善救灾物资储备，做好受灾群众应急救助，2013—2018 年紧急转移安置受灾群众 32.6 万人次，累计下拨救灾款物折合 1768.5 万元，投入 1330 万元为全市农户购买农房保险和自然灾害责任保险，帮助因灾房屋受损的 1785 户理赔了 557.1 万元，完成 238 户因灾"全倒户"重建家园任务。累计投入 1607.76 万元及时解决重点优抚对象"三难"问题，2016 年，兴宁市荣获省级双拥模范市"七连冠"。孤儿养育保障实现应保尽保，孤儿每人每月基本生活保障水平从 2013 年的集中供养 1050 元、分散供养 630 元分别提高至 1560 元、950 元。养老服务工作扎实推进，积极落实民办养老机构床位本级财政一次性建设资金补贴，至 2018 年底，兴宁市每千名老人床位数 31.23 张；加大农村幸福院建设力度，全市农村幸福院增至 253 个，覆盖率 56%，2014 年以来增加床位 1000 多张，为农村居家老年人提供了良好的"就近养老"服务。积极开展"银龄安康行动"，为户籍 60 周岁以上的老人"全覆盖"购买人身意外伤害保险。

居民收入稳步增长。居民收入保持稳定增长，据住户抽样调查，2018 年全体常住居民年人均可支配收入 21519 元，比 2012 年有较大增长，其中：城镇常住居民年人均可支配收入 26377 元，比 2012 年增长 80.52%；农村常住居民年人均可支配收入 17441 元，比 2012 年增长 76.81%。2018 年末，全市金融机构各项存款余额 337.1 亿元，比 2012 年增长 92.63%，其中城乡居民储蓄存款余额 243.4 亿元，比 2012 年增长 73.86%。金融机构各项贷款余额 173.1 亿元，比 2012 年增长 168%。

第十六节

平安兴宁

政法系统紧紧围绕社会经济发展大局和"平安兴宁"建设，以提高群众安全感为目标，坚持以打开路，打防并举，不断加强和改进各项工作措施，全面提升维护社会治安"打防管控"和服务群众的能力和水平，为全市经济社会发展创造和谐稳定的社会环境、公平正义的法治环境和优质高效的服务环境。

治安整治持续强势。政法各部门紧紧围绕群众反映强烈的治安突出问题，坚持扬法治精神、树法治威严，坚持以推进司法体制改革为动力，以开展省市公安机关统一部署的各个专项打击整治行动为抓手，着力保持对各类突出违法犯罪的持续高压态势，不断提升社会平安度和群众满意度。2013—2018年，市公安机关共侦破各类刑事案件6643宗，刑拘犯罪嫌疑人1796人，追回逃犯2545人；检察机关共审查批准逮捕犯罪嫌疑人2382人，起诉3424人；人民法院共审理各类刑事案件2599件，结案2597件，判处被告人3454人，切实保持依法从严打击各类突出犯罪的高压态势。同时，坚持打防结合，以防为主，扎实推进社会治安立体化防控体系建设，有效排除公共安全隐患和挤压违法犯罪空间。党的十八大以来，全市刑事立案逐年下降，从2013年立案2469宗至2018年立案1422宗，累计下降达42.4%，治安局势持续向好，社会平安度持续提升。

社会矛盾有效化解。认真贯彻落实梅州市委关于进一步加强社会稳定形势分析研判工作的要求，坚持市委书记每季度一次、市委副书记或政法委书记每月一次、各镇（街道）党委书记或分管政法维稳工作的副书记每周一次，主持召开社会稳定形势分析研判会，及时抓好责任落实。2017年，组建信访维稳工作专门班子，着力加强信访维稳突出问题处置和化解工作，全年共汇总研判涉稳信息505条，发出预警信息385条，转办督办上级指令351条，稳控对象955人，落实包案领导521人次，依法查处并对13名非访人员作出行政拘留处罚，成功化解到省进京非访苗头27起，组织协调有关镇（街）、部门成功劝返到省非访9批17人、进京非访38批92人，确保在党的十九大防护期间越级进京非访事件持续保持为零。

法治建设稳步推进。市人民法院坚持司法为民，积极践行能动司法理念，全面优化诉讼服务，全力推进司法公开，司法公信力明显提升。2013—2018年，共收案27668宗，结案27417宗，结案率达99.1%；受执行案件6146宗，执结6029宗，执结率达98.1%。市人民法院被确定为梅州市行政案件集中管辖法院，从2017年1月1日起受理梅州全市所有原由其他基层法院管辖的一审行政案件。市检察院坚持深耕主业，强化检察监督，司法监督职能作用进一步提升。2013—2018年，共不批捕467人、不起诉129人，对无继续羁押必要的犯罪嫌疑人提出变更强制措施建议，被采纳104人，督促行政机关移送公安机关处理案件并向检察院备案129件，以严密高效的检察监督有效促进严格执法和公正司法。"七五"普法全面推进，积极推动"宣传教育责任清单"制度化，"谁执法谁普法"成为新常态，市镇村三级法治创建活动深入推进，民主法治示范村、"无诉讼村居"、"一村一检察官"、"一村一法律顾问"等工作机制更加健全，法律服务深入基层，赢得民心。

综治基础升级增效。以推进"中心＋网格化＋信息化"为抓手，积极打造升级版综治信访维稳中心，完成划分网格 2527 个，网格员 4274 人。积极整合资源，统筹协调推进重大敏感期维稳安保、社会稳定形势定期分析研判、治安立体化防控体系建设等各项工作，充分发挥"中心＋网格化＋信息化"优势，在防控违法犯罪、调处矛盾纠纷和消除安全隐患方面取得良好成效。2018 年，通过"中心＋网格化＋信息化"工作体系上传网格事件 24653 件，办结 24644 件，其中防控违法犯罪 1030 件，化解矛盾纠纷 7187 件，排除安全隐患 16427 件，有效维护全市社会大局稳定。

第十七节 砥砺前行　齐心筑梦

党的十九大以后，兴宁市以习近平新时代中国特色社会主义思想为指引，抢抓国家促进原中央苏区和省委、省政府促进粤东西北地区振兴发展的战略机遇，不断加快苏区发展，努力把兴宁打造为梅州副中心城市、粤东工贸重镇。

一、坚持高质量发展，建设生态富民强市

立足兴宁国家重点生态功能区的定位，坚持生态优先、绿色发展，着力构建"一城一廊一带"发展新格局，推动兴宁实现生态富民强市。

一城：打造"梅州副中心城市"。推动中心城区适度扩容、重在提质，大力推进南部新城建设，完善城市基础设施和公共配套服务，提升城市品位和功能，推动人口、产业集聚，增强作为梅州副中心城市的虹吸力、辐射力。

一廊：打造"创新创业发展长廊"。以广州天河（兴宁）产业转移工业园和水口工业园为引擎、新中心城区和各专业镇为节点、省道 S225 线为引线，聚焦产业要素，推进产城联动，创新盘活土地，整合资源，精准招商，推动工业园区向生态产业园区转型，各专业镇向特色小镇转变，加快绿色低碳新型工业、商贸物流、电子商务、工艺纺织和互联网产业发展。

一带：打造"生态涵养发展带"。重点做好水源涵养、林地

保护等生态建设，打造生态宜居家园；充分发挥生态资源效益，以现代农业产业园和特色小镇建设为抓手，着重发展环境友好型的现代农业、乡村旅游、采摘体验、健康养生、文化创意等产业，大力发展林下经济，加强农产品精加工和农业优质特色品牌建设，推动一二三产业融合发展。

二、创新驱动引领，做大做强实体经济

主动适应经济发展新常态，以实施创新驱动为抓手，大力推进供给侧结构性改革，推动产业转型升级，做大做强实体经济。

推动产业企业创新升级。实施工业转型升级攻坚战三年行动计划，推动机电、电气、纺织、工艺等传统产业优化升级，培育发展战略性新兴产业，支持重点骨干企业增资扩产、技术改造、股份合作和上市融资。深入实施知识产权战略，鼓励企业增强自主创新和技术研发能力，培育一批创新型企业。加强对中小微企业的扶持，充分发挥信贷风险补偿基金作用，打造"小微企业上规模、规模企业进亿元、亿元企业做龙头"的梯度发展格局。力争至2018年新培育产值超10亿元的企业8家以上，至2020年，培育一批产值20亿元至50亿元的企业。全面落实扶持实体经济发展的若干措施，出台实施招商引资重点项目联席会议制度，及时破解企业发展难题，扶持企业做大做强。

强化产业集聚联动。围绕建设梅兴华丰产业集聚带重要工业基地的目标，突出以华润电力分布式能源、中牧冷链储藏、广东富农、三丰禽业、珍珠红酒厂、凯闻食品等为龙头，带动相关食品产业集聚发展，打造新能源发展基地和绿色食品生产基地。突出以鸿源机电、金雁电工、南丰电气、立讯精密等企业为龙头，大力发展机电制造和电子信息产业，打造先进制造业基地。推动云山汽车进行战略性合作，打造新能源汽车整车研发、生产基地。

升级改造工艺品加工业，充分发挥新圩、坭陂、水口工艺专业镇的辐射带动作用，建设南部工艺长廊，做强工艺产业集群。大力实施招商引资，择优引进拉动力强、辐射面广、成长性好的企业和项目，培育新的主导产业和支柱产业。

推动商贸物流提档升级。充分利用兴宁作为粤闽赣边区域性交通枢纽和传统商贸集散地的优势，以毅德商贸物流城、欧尚购物中心、兴一广场为重点，大力发展现代物流、商贸会展、电子商务、金融、文化创意等产业，打造南部新城新型商业圈。加快物流产业园区建设，构建以毅德商贸物流城为中心的城南物流园区，形成以建材、电子、食品加工、药材、机电设备等物流配送和仓储体系，推进物流企业集中化、规模化、产业化经营。

发展绿色高效农业。充分发挥兴宁独特的农业资源禀赋，坚持质量兴农、科技兴农、绿色兴农，加大培育发展"四大经营主体"，推动创建优质水稻、高山油茶、特色蔬菜、优质水果等现代农业产业园、农业示范区建设，积极申报省级现代农业产业园，推动与旅游、食品、康养、体验等产业深度融合发展，擦亮"全国粮食生产先进县""中国油茶之乡"名片。各镇（街）要立足自身现有农业基础和气候条件，选准一至两个农业品种大力培育，连片推广种植，打造各具特色、错位化发展的农业产业聚集带，并与科研团队合作拉长产业链，提高产品附加值。全市规划打造油茶、茶叶、沙田柚、水稻、龙眼等种植加工产业带，打造肉鸡、肉鸽产业集聚发展区，抓好新陂万亩优质稻示范基地、龙田精致高效农业示范基地建设。完善现代农业科技创新推广体系和仓储、冷库等冷链物流设施建设，推进"互联网＋现代农业"模式，鼓励发展订单农业，与大型农电商合作，建立电商平台或专属营销渠道，加大优势品牌培育，提升农产品知名度和美誉度，推进农业信息化、数字化、智能化发展。各镇（街）推动引进龙头企业集约土地规模化种植，着力解决农民丢荒弃耕问题，大力推进水田垦造工作。

三、坚守环保底线，加快美丽城乡建设

立足生态资源，打造绿色生态，建设秀美宜居的美丽兴宁。

提升城市品位和形象。以创建国家卫生城市、省文明城市、省园林城市"三城联创"为契机，理顺城市管理体制，加强城乡"六乱"整治，大力倡导生态文明理念和价值观；以切实改善市容村貌促进城乡人居环境质量显著提升；以增强城镇管理能力促进城镇形象品位显著提升；以巩固人民公德意识促进市民文明素质显著提升。

建设美丽镇村。以新型农村社区为突破口，结合名镇名村和幸福村居建设，把对口帮扶与建设美丽乡村相结合，规划建设一批美丽镇村，引导农民向小城镇和新型农村社区集中。以城乡一体化为核心，统筹推进城乡基础设施建设，做好乡村道路规划和居民点规划，大力推进乡村绿化美化亮化工程，加强农村环境综合整治，切实改善人居环境。

加强生态保护。按照新一轮"绿化广东"大行动的部署，深入开展"绿满梅州"行动，加快推进碳汇林改造、森林资源保护等重点生态工程，突出河堤、圩堤、滩涂、道路、园区、村庄及城区绿化建设，加强罗浮等北部五镇生态建设和保护，积极构建生态屏障。高度重视产业发展区域的大气、水体、土壤污染防治工作，加快推进城市黑臭水体的治理、污水处理、固体废弃物处理、节能减排等基础设施建设。推进废弃矿区环境综合整治、采煤沉陷区综合整治和重大地质灾害隐患综合治理，严厉打击非法开采稀土、瓷土、砂石行为。全面加强水质保护，积极推进合水

水库等水库水源保护林工程和水库内源污染控制工程，严格执行饮用水源保护区政策。

加快老区发展。要加大对红色资源的保护、活化、利用和开发，将红色文化和人文资源与新农村建设、美丽乡村建设和产业发展等相融合，弘扬老区精神，传承红色文化，挖掘苏区政策的潜力，抓好红色政策的落实，争取更多政策红利推动苏区振兴发展。

四、完善基础设施，优化经济发展环境

加快构筑以交通、水利、信息为重点的适度超前、功能配套、安全高效的现代化基础设施体系，进一步改善苏区发展环境。

构建内畅外联的交通网络。加快谋划建设"一纵三横"的高速公路骨架网络，加快汕昆高速畲江至兴宁北延线和龙岩到龙川高铁的规划建设，全面构筑立体交通网络。大力提升优化路网，加快总投资20多亿元的国道G205线穿城段迁移改建、省道S225线至叶塘互通口建设、省道S225线兴宁火车站至水口段改建、熙和湾大桥及引道工程、甘罗公路梯子岭段改造等公路建设，实现城区、园区、景区联动发展。谋划推进一批县乡村道改造和一批县道升省道工作，至2020年底完成农村公路硬底化300千米。积极谋划一批新城区域道路、旅游景区公路、农业经济公路及公交站亭建设项目，争取列入国家和省项目库、苏区项目库，包括15个项目，其中高速公路1条、城市主干道1条、桥梁1座、客货运站场1个、县乡道新建改造项目32个，实施一批县乡公路生命防护工程；积极利用好原中央苏区在资金、用地指标等方面优惠政策，努力争取各方支持，增强交通持续发展后劲。

完善水利基础设施体系。全面完成省级水利示范县项目和中小河流治理重点县综合整治及水系连通试点建设任务，加快推进

省山区五市中小河流治理、宁江三潭堤加固、望江狮水闸重建、韩江梅江兴宁段治理等水利项目建设，加快城市供水管网、城乡排洪排涝工程建设和村村通自来水、崩岗治理、节水减排、新城雨污分流、水资源保护、水土保持科技示范园等一批重点水利工程建设，改善水利环境。

加强公共信息服务网络建设。加快智慧城市建设，完善综合信息基础设施建设，努力实现网络、终端和业务层面的三网融合。稳步实施"一门式、一站式"政务服务模式改革，努力构建智能化电子政府，实现政府信息网上公开，实现市、镇（街）、村（居委）三级网络和政府各部门网络互联互通。加快推进城乡管理信息化，全方位构建"数字城市"系统，实现城市网格化管理，提高各种市政设施建设和管理信息化水平。扎实推进原中央苏区农村超高速无线局域网应用试点工作，建立农业综合数据库，建设农业生产管理信息系统和农产品监测预警系统，共建共用农业综合信息服务平台。

五、持续改善民生，提升共享发展水平

坚持把改善民生福祉、提高人民生活水平作为出发点和落脚点，促进公共服务资源在城乡间逐步实现均等化配置。

提升公共服务水平。推进义务教育均衡发展，争创省推进教育现代化先进县。加快推进新城三所学校的功能场馆建设，大力扶持发展职业教育和民办学校。全面落实计划生育新政策，深化医药卫生体制改革，加快基层卫生院规范化建设，促进基本公共卫生服务覆盖城乡居民。开展医疗卫生"强基创优"和"两基服务示范镇"创建活动，加快市人民医院、鸿惠医院创建三级甲等医院建设。大力发展文化体育产业，继续推进足球综合改革，打响兴宁足球品牌；推进公共文化信息资源共享和省级公共文化服

务体系示范项目建设，提升社会公共服务消费层次。

提高社会保障水平。健全"普惠型"社会保障体系，进一步完善城乡居民最低生活保障动态管理机制。建立覆盖城乡的社会救助综合体系，提升社会救助水平。保障弱势群体和低收入人群的收入来源，促进城乡居民收入稳定增长。完善城市户籍改革制度和流动人口管理办法，建立农民进城的服务体系，增强农民职业转换能力。加快保障性住房建设，推进棚户区和农村危房改造工程。推进自然村道路硬底化和行政村公共交通工程、文化惠民工程、农村数字电视工程和农村金融改革普惠金融体系建设，让群众更多地分享改革发展的成果。

打好精准脱贫攻坚战。选好"脱贫路"，坚持因人因贫施策，做到精准滴灌、靶向治疗，突出在思想、产业、就业、智力、保障等措施上做到精准帮扶。要找准"突破口"，在基础设施建设、富民产业培育、群众教育培训、体制机制创新和基层组织建设等方面合力攻坚。要明确"时间表"，紧盯目标节点，认真算好时间账、任务账、进度账，全力以赴抓好落实。要切实加强领导，落实责任，凝聚各方力量，强力推进脱贫攻坚，确保所有贫困户如期实现全面脱贫。

扎实推进平安兴宁建设。深入开展矛盾纠纷和信访突出问题的排查化解，及时有效回应特殊群体、弱势群体、维权群体反映的合理诉求。要引导群众依法理性维权，加强司法救助和法律援助服务，完善劳动保护机制，让群众更加有尊严地劳动和生活。加大平安兴宁建设力度，构建立体化治安防控体系，抓好安全生产，确保群众生命财产安全，不断增强人民群众的获得感、安全感和幸福感。

附　录

附录一 革命先烈

为了中华民族的解放，兴宁共产党人和革命志士前赴后继，奋斗不息。他们面对白色恐怖无所畏惧，面对枪林弹雨奋不顾身，面对严刑拷打坚贞不屈，面对带血屠刀大义凛然，视死如归。在大革命到解放战争期间，蓝胜青、刘光夏、陈锦华、罗屏汉、蔡梅祥等有史册记载的 455 位烈士以及所有为革命献身的无名先烈，以他们的血肉之躯铸就了兴宁历史的丰碑。革命先辈的崇高品德和英雄业绩，与日月同辉，与天地共存。

蓝胜青

蓝胜青（1906—1928），原名蓝少辉，1906 年 2 月生于广东省兴宁县叶塘的一个农民家庭。小学读书时改名胜青。他中学读书时是一名出色的学生运动带头人。1925 年 5 月，在梅县广益中学与刘裕光成立了反基督教学生同盟会，同年 12 月中旬，他与古柏、萧向荣等 10 多人同时加入中国共产党。1926 年春，中共兴宁小组成立，蓝胜青任党小组长；同年 12 月，中共兴宁特支成立，蓝胜青任特支书记。1927 年，蓝胜青与刘光夏、卢惊涛等发动了兴城"九三"暴动，次日，在永和湖尾成立了广东工农讨逆军第十五团（后为广东工农革命军第十二团），蓝胜青任党代表。同年 12 月，第一届中共兴宁县委员会成立，蓝胜青任书记。下设 4 个区委和 2 个特支，有党员 120 多人。1928 年 4 月，在龙川霍山大乙岩召开五兴龙党员代表大会,成立了五兴龙临时工作委员会,叶卓任书记,蓝胜青等 3 人为委员;同年 10 月 21 日,蓝胜青参加在福兴梅子坑胡屋召开的 5 县(兴宁、龙川、五华、梅县、丰顺)联席会议时,被反动武装包围,与敌人激战时,身负重伤。翌晨,为掩护各县代表转移,再次与敌军激战,不幸身中数弹,壮烈牺牲,年仅 22 岁。

刘光夏

刘光夏(1904—1930),别名刘质文、刘培基、刘国君,1904 年,出生在广东省兴宁县下堡的一个农民家庭。1920 年,考进梅州中学。1923 年,考进厦门大学。1926 年,秘密投考黄埔军校潮州分校,后考入黄埔军校第六期,并在学校加入中国共产党。1927 年,八一南昌起义前,从武汉回兴宁,组织农民武装斗争,9 月 3 日,组织兴城暴动,随后任广东工农革命军第十二团团长;同年冬任兴宁县委委员。1928 年夏,任兴梅五丰埔五县暴动委员会委员,同年冬任兴宁县委书记。1929 年春,亲自建立了兴宁县水口区苏维埃政府。1929 年 10 月,与毛泽东、朱德、古大存、朱子干、陈魁亚、陈海云联合署名的《东江革命委员会关于公布执行土地政纲的布告(第 177 号)》,有力地推动了东江地区的土地革命斗争。1930 年,任东江红军第五十团团长。1930 年 3 月 25 日,奉命攻打江西澄江圩时,身负重伤,壮烈牺牲,时年 26 岁。

陈锦华

陈锦华(1906—1935),字侃,又名济民,1906 年,出生于广东省兴宁县城镇西郊的一个贫苦农民家庭。1925 年,进入广东农民运动讲习所学习,不久,被安排在国民革命军政治部工作,并加入了中国共产党;同年 10 月,随国民革命军第二次东征回兴宁，留下领导兴宁农民运动。1926 年春，为中共兴宁党小组成员。1929 年春，任中共兴宁县委书记；6 月，任龙川县委书记；8 月，任中共兴宁县委书记；10 月，调东江特委工作。1930 年 5 月，任东江工农兵代表政府执行委员。1931 年春，以特派员身份到新村苏区指导工作。1931 年 5 月，任中共五兴龙县委书记。1932 年 3 月，任中共安远县委书记。1934 年 7 月，调到瑞金中央军区政治部工作。1935 年 3 月，任粤赣边区军政委员会委员。1935 年 6 月在寻邬、兴宁一带白区从事革命工作时，在战斗中身负重伤而被捕，10 多天后在狱中被折磨致死，时年 29 岁。

罗屏汉

罗屏汉（1907—1935），原名罗庆良，别名罗志鸿，1907 年 3 月，生于广东省兴宁县大坪白云村。1924 年，考入兴宁县立中学。1926 年春，加入共青团，同年 10 月成为中共党员。1927 年春，在广州参加革命活动；4 月 15 日，返回兴宁，开展革命活动。1927 年与蓝胜青等人组织了兴城"五一八"和"九三"暴动，后任广东工农革命军第十二团北部支队负责人。1928 年初，任广东省工农革命军第十二团第三营营长。1929 年 3 月，任五兴龙县苏维埃政府委员，负责农运工作，并任东江红军独立营党代表；5 月，他带领红军独立营和五兴龙县大队解放了罗浮，使兴宁、平远、寻邬、龙川革命根据地连成一片；1929 年秋，兴宁革命委员会成立，罗屏汉任县革委主任兼中共兴宁县委书记。1930 年 11 月，任红十一军独立营政委。1931 年 8 月，任寻邬独立团政委。1932 年初，偕同妻子张瑾瑜调会昌县委，任组织部长；同年 7 月，中共会昌中心县委成立，邓小平任中心县委书记，罗屏汉任组织部长兼会昌县委书记；8 月，兼任江西省军区第三作战分区政治部主任。1933 年 4 月，接任会昌中心县委书记；8 月，粤赣省成立，罗屏汉当选省苏维埃执行委员；11 月，中央军委任命罗屏汉为闽粤赣边区游击纵队司令员，坚持开展艰苦卓绝的游击战。1935 年夏，任粤赣边区军政委员会主席。1935 年 7 月 9 日，在转战龙川径口时，被敌军包围，身负重伤，撤退到大坪鸭池村一个坟地里，把最后一颗子弹，射入自己的胸膛而壮烈牺牲，时年 28 岁。

蔡梅祥

蔡梅祥（1907—1934），广东省兴宁县大坪镇吴田村人。1907 年出生，1927 年 8 月，加入中国共产党，并在黄坑、吴田、黄沙塘等地从事农运工作和建党活动。五兴龙县苏维埃政府成立后，任中共岗马龙坪（罗岗、石马、龙田、大坪）区委书记。次年 10 月，被选为中共兴宁县委委员、县革委委员。1930 年 12 月，任中共五兴龙县委常委。1932 年 4 月，陈锦华调任安远县委书记后，蔡梅祥主持五兴龙县委工作，其时由于苏区"肃反"扩大化，许多同志被当作"AB 团"分子杀害。在极其困难的条件下，蔡梅祥与罗义妹等恢复了党和革命群众团体组织，吸收了一批游击队员，并于 6 月主持成立中共兴龙县委员会和兴龙县革命委员会。蔡梅祥任县委书记兼县革委主席。1934 年 8 月 3 日，蔡梅祥在大坪南蛇坑村工作时，被敌围捕。后押至兴城，惨遭杀害，时年 27 岁。

赖颂祺

赖颂祺（1893—1927），原名赖丙麟，1893 年出生于刁坊区土围里（今属福兴街道）一个贫苦农民家庭。因生活困难，15 岁时被卖给福兴下赖屋赖坤贤为子。1912 年，考入兴宁县立中学读书，1921 年，经人介绍到粤军总司令陈炯明部任中校军医，但赖颂祺对陈炯明的行径和扼杀农民运动的罪行，极为气愤，毅然投身于伟大的农民革命运动。1924 年，加入中国共产党。同年 10 月，被彭湃委派为潮梅农运特派员。1924 年冬，赖颂祺回兴宁与卢惊涛一起致力于农民运动，成立了兴宁县农民运动筹备委员会，举办了农运讲习班，培训了农运骨干。1925 年 2 月，组织成立了兴宁县第一个乡农会——小洋乡农民协会。1926 年春，中共兴宁小组成立，赖颂祺为党小组成员。同年 8 月，成立中共兴宁特别支部，赖颂祺为特支成员。1927 年四一二反革命政变后，国民党反动派大肆搜捕屠杀共产党人；4 月 24 日，赖颂祺遭国民党特务围捕，28 日被杀害，时年 34 岁。

曾不凡

曾不凡（1905—1934），原名曾南昆，又名曾青、曾波、曾白水。1905 年出生于兴宁县叶南陂丰村（今属叶塘镇）。1924 年 7 月，进入广州农民运动讲习所学习，8 月，被派往汕头岭东总工会筹委会工作，并加入了中国共产党。1925 年 4 月，被委任为岭东工运特派员回兴宁，领导兴宁工人运动。1926 年春，中共兴宁县小组成立，曾不凡是党小组成员之一。1927 年"九三"暴动后，任广东工农革命军第十二团政治部主任，同年 12 月，任中共兴宁县委委员。1928 年冬，调任东江特委交通局长。1929 年 3 月，五兴龙县苏维埃政府成立，曾不凡当选为主席。1930 年 12 月，曾不凡调任龙川县委书记。接着，成立中共五兴龙县委和改组五兴龙县苏维埃政府，曾不凡担任县委委员和县苏维埃政府委员。1931 年任蕉、平、寻县委机关刊物《支部生活》编辑主任。1932 年调中央红军某师部工作。1934 年 10 月，在会昌掩护中央红军撤退的战斗中，不幸牺牲，时年 29 岁。

张瑾瑜

张瑾瑜（1912—1935），原名张瑾珍，1912 年出生于兴宁县永和大成村。是罗屏汉的妻子和战友。她在读中学时，就积极参加革命。1928 年 3 月后，到大坪、大信一带开展革命活动，举办妇女识学班，组织儿童团，利用唱山歌等形式宣传发动群众起来革命，并介绍钟亚庆等人加入共产党。1929 年 9 月，当选为县革命委员会委员。1930 年春，任中共第三区委委员，同年 12 月，五兴龙县苏维埃政府改组后，任县苏维埃政府妇女部长。1931 年11 月，任红十一军独立营营部党支部书记兼营宣传队长。1932 年初，随罗屏汉调往江西会昌县委工作，任妇委书记；同年 7 月，以邓小平为书记的会昌中心县委成立后，任会昌中心县委妇委书记；9 月 6 日，当选为粤赣省临时苏维埃执行委员会执委委员，11 月 4 日；又当选为中共粤赣省执行委员，任省白区工作部部长。1934 年 8 月，中央苏区在江西于都成立赣南省，任中共赣南省委委员，省白区工作部部长。红军长征后，张瑾瑜留在兴龙寻南一带开展游击战争。1935 年春，中央分局项英、陈毅率部向粤赣边突围，在信丰、安远之间，遭敌军重兵包围；5 月，当部队突围到安远高云山芦村茶坑时，又遭敌人四面包围，她身怀六甲行动不便。在危急关头，她命令同志们突出重围，自己担任掩护，同敌人战斗到最后，面对扑上来的敌人，饮弹自尽，时年 23 岁。

唐　震

唐震（1904—1928），原名唐清镜，广东省兴宁县城镇人。1904 年出生。自幼品学兼优，手脚勤快。1920 年，因家中经济困难而中途辍学，到佛山、广州纱厂做工。1923 年 3 月，经人介绍担任大元帅府大本营兵站总监站员。1924 年 5 月，考入黄埔军校第一期学习。在周恩来关怀下，于 1924 年秋加入中国共产党，同年 12 月，在军校毕业后，编入第二教导团任少尉排长。1925 年 2 月，唐震应召，参加第一次东征，其间，先后提升为连长、校本部参谋处上尉参谋。随东征军总部驻兴宁 20 多天。1925 年 7 月，任国民革命军第一军第一师、第二师政治部中校秘书，同年 10 月，参加第二次东征。1926 年 2 月，调任海军江巩舰党代表。1926 年 7 月，调任第六军二十一师政治部主任，随国民革命军北伐，转战粤、赣、浙、苏等地。四一二反革命政变后，唐震随周恩来等到武汉参加倒蒋工作，被派往叶挺部二十四师七十二团任中校团副，参加了八一南昌起义，后随军撤离南昌向广东进发，其间，唐震升任为该团上校团长兼党代表。后经党组织介绍打入国民党新编教导第一师任党代表，从事秘密工作，准备广州起义。1927 年 12 月 11 日广州起义后，唐震被叛徒告密而被捕。1928 年 6 月 24 日，在广州红花岗英勇就义，时年 24 岁。

黄佐才

黄佐才（1905—1931），原名黄道华，1905 年出生，兴宁县坭陂湖坊村人。14 岁到香港做童工。1925 年 6 月，积极参加省港大罢工。四一二反革命政变后，黄佐才回到家乡，坚持斗争。1927 年，黄佐才参加了兴城"九三"暴动。后任广东工农革命军第十二团第一中队副队长。1928 年，按省委指示，中共兴宁县委在中共潮梅特委领导下进行了组织整顿，省委指定黄佐才为中共兴宁县委委员。此后，黄佐才主要做好党的交通站工作。后任县委武装巡视员兼县武工队长。1929 年 8 月，黄佐才出席了在九龙嶂召开的党代表会议，被任命为中共兴宁县委组织部长。1930 年，黄佐才奉命调中共广东省委机关工作。1931 年 3 月化名彭振华与黎风翔一起到北江开展革命活动，因叛徒出卖，而遭被捕杀害，时年 26 岁。

蓝亚梅

蓝亚梅（1907—1930），又名蓝竹梅，1907 年出生于兴宁县下堡（今属水口镇）布头村。1922 年与刘光夏结为夫妻。1927 年，投身革命，在水口、宋声一带利用山歌等形式开展革命宣传发动工作。1928 年初，跟随刘光夏到梅兴丰华边开辟革命据点。1929 年初，把刚出生 3 个月的孩子留下，自己北上大坪、大信一带开展革命工作。1929 年 8 月，当选为中共兴宁县委委员，负责妇女运动。1930 年 3 月，县委派她到大坪双头山开展妇女工作。同年 9 月，在大坪双头山遭国民党反动派围捕，押送兴城监狱。在狱中，受尽各种酷刑，但始终坚贞不屈，革命信念不改。她曾大义凛然地用山歌驳斥审问者："白狗讲事系（真）还差，开口骂偓（我）共产嫲，红白盲田（还未）分胜负，江山始终都系伢（我们的）。"国民党反动派尽管对蓝亚梅施用各种酷刑或诱惑，但始终一无所获，便对她下了毒手，党的优秀女儿蓝亚梅英勇地就义了，年仅 23 岁。

冯宪章

冯宪章（1908—1931），别名冯斌、张蔓蔓。1908 年 7 月出生，兴宁县新圩鸭子桥人。1923 年 12 月考入梅县东山中学，结识了蓝胜青等进步学生，成立了兴宁留梅学会，创办进步刊物《宁江青年》。1925 年成立进步团体新学生社。第二次东征后，加入共青团。1926 年 5 月，任梅县团委机关杂志《少年旗帜》《半月刊》主编。1927 年，参加了梅城"五一二"暴动。兴宁"九三"暴动后，冯宪章任广东工农革命军第十二团团部宣传员。同年 12 月，到达广州加入工人赤卫队，参加了广州起义。1928 年初，转移到上海，考进上海艺术大学，参加了太阳社。1928 年加入中国共产党。同年东渡日本留学，从事无产阶级文学活动。1929 年被日本当局捕获强制遣送回国。1930 年 3 月 2 日下午与鲁迅、冯雪峰等出席了左翼作家联盟成立大会。同年 5 月冯宪章被捕入狱。于 1931 年 8 月在上海曾河泾狱中病饿而死，时年 23 岁。

刘子超

刘子超（1906—1941），原名刘起亚，又名苏华，笔名梦非、王夫、辛民、漆雕华。广东兴宁县新圩镇鲤湖村人。山东省战工会委员、抗日烈士。1926 年入兴宁县立初级中学学习，同年加入该校由中国共产党兴宁县小组领导的读书会，8 月加入中国共产党。1927 年初，刘子超以"煽动学潮，破坏教学"的罪名被学校当局开除。此后，一度进梅县东山中学读书，因有人告密被捕，后越狱再回兴宁，受兴宁党组织的委派，在新圩、水口一带进行党的工作，并兼任新圩党支部宣传委员。此后，兴宁党组织遭破坏，转移到上海，更名刘苏华，入上海艺术大学学习，与创造社的成员来往密切，成为学校的活动分子。1929 年，到华南大学工作，先后任中共沪西区委宣传部长、闸北区委书记。先后发表了《胡适中国哲学史大纲的批判》《唯物辩证法与严灵峰》等文章。1933 年，刘子超在上海再次被捕，次年期满出狱。此后与党组织失去联系。

1936 年去太原讲学。全面抗战爆发后，到第一战区政训处工作，适值中共中央北方局组织部长朱瑞作为第十八集团军的代表在那里任联络主任，在朱瑞的帮助下，恢复了党的组织关系。1937 年 9 月开始，刘子超相继担任由朱瑞主持创立的华北军政干部训练所党组成员兼所长、华北军政干部学校校长。

1938 年 4 月，以华北军政干校为基础，建立抗日新军太行南区游击司令部，刘子超为司令员。1939 年 2 月，该部被编为晋冀豫军区第五军分区，刘子超为副司令；5 月，第十八集团军总部决定在山东建立第一纵队，任命徐向前为司令员，朱瑞为政治委员，刘子超被任命为政治部宣传部长，6 月到山东抗日根据地；10 月，第一纵队和山东纵队机关合并，刘子超仍任宣传部长。

1940 年 2 月，当选为山东省宪政促进会常务委员；4 月组织成立山东省文化界救亡协会，为协会领导人之一；7 月，出席山东省各界人民代表联合大会，当选为山东省战工会委员。

1941 年冬，刘子超随部队进行反"扫荡"，12 月 11 日，在沂南县上高湖附近牺牲。

黄文杰

黄文杰（1902—1940），原名黄祥庆，家名观妹。1902 年出生，兴宁县大坪上大塘人。黄文杰自幼诚实纯朴，聪慧好学，追求进步。1920 年考入县立中学就读。1925 年春，考入黄埔军校第六期，不久，加入中国共产党；同年 10 月留学苏联到莫斯科中山大学就读，直至 1929 年毕业。1930 年，黄文杰被分配到苏联的伯力、海参崴一带从事党的工作。1931 年回国，在上海从事党的秘密工作。1933 年 1 月，任中共上海中央执行局职工部长。1934年 9 月，任上海中央局代理书记，直至 1935 年 2 月。1935 年 2 月19 日被捕。先后关押于上海、南京。1937 年 7 月，黄文杰被保释出狱，留在八路军南京办事处工作。10 月办事处迁至武汉，改名为第十八集团军办事处。黄文杰先后任中共长江局组织部副部长、秘书长。① 1938 年初，黄文杰以驻广东特派员身份到达广州，成立了八路军广州办事处。1940 年秋，因病在重庆不幸逝世，终年38 岁。

陈穆民

陈穆民（1915—1943），原名陈其文，兴宁县龙田碧园凹上屋人。1915 年 8 月出生。16 岁考入龙蟠中学读书。1935 年在竞文、秀光小学教书。在他的倡议下办起了妇女识字班。七七卢沟桥事变后，陈穆民积极参加兴宁青抗会工作。1939 年初，中共兴宁组织恢复后，陈穆民加入了中国共产党。同时任抗战书报社经理。他想方设法，介绍推销进步书籍、报刊。同年冬，陈穆民积极支持中共兴宁中心区委开办竞新布厂，把家里两斗种赎契款300 元全部捐给竞新布厂。同年冬，青抗会和抗战书报社同时被国民党当局强行查封。陈穆民回到家乡，建立了中共龙田支部。1943 年 5 月，陈穆民被军统特务邓平波诱骗去交田赋而被捕，他在狱中宁死不屈，受尽酷刑，折磨致病，仍整天痛骂国民党反动派。同年 7 月 6 日含恨死去，时年 28 岁。

廖浩民

廖浩民（1919—1949），别名新伦，1919 年出生，兴宁县新圩石崖人。1938 年冬在梅县军训时加入中国共产党。同年底回兴宁一中建立和发展党组织。1940 年春，负责新圩区党支部领导工作。1941 年初，任中共兴宁县工委宣传委员。同年秋，因被敌人追捕，转移到梅县继续开展革命活动。1942 年，"南委事件"后，

---

① 参见中共党史人物研究会编：《中共党史人物传》第 60 卷，陕西人民出版社 1996 年版。

廖浩民根据党组织指示，转移外地。是年冬由韶关转到桂林南天出版社。1943 年下期，廖浩民考进大厦大学。半年后，到云南华宁县铸民中学教书，组织了"四四"读书会。1945 年初，恢复了党组织关系。1946 年下半年，调到昆明建民中学，担任地下党支部书记。1947 年任昆明城东区委委员，组织了云南民主青年同盟、工读团、歌咏队等进步社团，广泛开展爱国民主运动。1948 年 9 月，调任滇西工委委员。1948 年底，主持滇西工委工作。1949 年 4 月 26 日，不幸在云南祥云县下庄街病逝，时年 30 岁。

朱振汉

朱振汉（1932—1948），1932 年出生，兴宁县宁中古塘村人。1948 年 1 月参加东江游击队，在和平青州参加中共九边工委举办的第二期青干班学习，结业后分配到珠江队任文化教员。11 月初，粤赣边支队司令部决定歼灭太湖驻敌——国民党广东省保安第一团三营，以切断敌人在连平、和平和河源三县之间的联系。按照三团的部署，朱振汉所在的珠江队担任正面攻击。珠江队接受任务后，朱振汉立即写了决心书和入党申请书给指导员，带头参加珠江队的钢铁决死队，并在全连的大会上朗读了写给他母亲的遗书。15 日天亮前战斗打响，朱振汉一马当先，勇敢地与敌人战斗，虽身负重伤，仍坚持战斗，一枪击倒敌人，后因流血过多光荣牺牲，年仅 16 岁。

同年 11 月 17 日，一万多军民在船塘隆重举行祝捷和公祭大会，朱振汉被誉为"少年英雄"和被评为"支队战斗模范"，并追认为中共党员。

附录二 革命遗址

据 2010 年革命遗址普查，兴宁市比较有价值的革命遗址 60 处，其中重要历史事件和重要机构旧址 18 处，重要历史事件及人物活动纪念地 12 处，革命领导人故居 16 处，烈士墓 3 个，纪念设施 11 处。省级文物保护单位 2 处，县级文物保护单位 1 处，梅州市党史教育基地 3 处，县级爱国主义教育基地 5 处。

东征军追悼孙中山及阵亡将士大会遗址

位于兴城大坝里，现在体育场内的影剧院前。1925 年 3 月 12 日，孙中山在北京逝世。1925 年 3 月 30 日，驻在兴城的东征军及兴宁县各界人士在兴城大坝里隆重举行追悼孙中山及阵亡将士大会。大会由何应钦主持，蒋介石宣读誓词，周恩来宣读祭文。东征军政治部主任周恩来，在宣读祭文时沉痛地追忆孙中山先生和缅怀他生前的光辉历程，悲壮地号召全体军民"继承孙中山遗志，将革命进行到底"。该旧址保存完好。该遗址现改建为足球场，是兴宁市体育训练基地。

兴宁县农民运动筹备委员会旧址

两海会馆，又名潮州会馆，位于兴城宁江西岸，是在兴宁经商的潮州人于清嘉庆十一年（1806 年）所建。

会馆坐西向东，占地 1000 多平方米。是具有潮州建筑风格、精美的古建筑文物。从正门进去，庭院纵向排列，正殿左右翼与回廊形成对称四合院布局，综合运用绘画、雕刻、文字做墙壁、跳水、柱梁、斗拱、托檐等构件的装饰，均是精雕细描，栩栩如生。1925 年 3 月，东征军政治部主任周恩来曾在此接见农民运动领导人，成立兴宁农民运动筹备委员会。该旧址被列为广东省重点文物保护单位、梅州市党史教育基地，是一处比较具有纪念意义的革命遗址。

2009 年，兴宁市政府投入 300 万元，按原貌重新修复。目前，已免费对外开放。

东征军作战指挥部旧址

该旧址位于兴宁福兴五里亭黄粤兴屋，建于清道光年间，建筑占地面积 800 平方米，目前保存较为完好。

1925 年 3 月，蒋介石、何应钦、周恩来率领的东征军，在该屋设立作战指挥部，组织部队在神光山打败了军阀陈炯明部属林虎，取得兴宁大捷，俘虏叛军陈炯明部 3000 多人，缴获枪支弹药一大批。

东征时期周恩来居住地和中共兴宁县第一个党小组成立遗址——宜楼

宜楼位于兴宁城兴宁市人民政府大院内。原为一幢两层、砖木瓦结构的小楼，原建筑面积约为 300 平方米，20 世纪 80 年代已拆毁。现为兴宁市金融工作局。

1925 年三、四月间，随军东征的黄埔军校政治部主任周恩来，在取得"兴宁大捷"后，在宜楼居住了 23 天。其间，周恩来认真宣传革命，提高人民思想觉悟，关心支持农民协会工作，使兴宁农工运动迅速发展起来；帮助兴宁建立了以国共合作为基础的统一战线组织，成立了国民党县党部筹备处，后改组国民党，正式成立国民党兴宁县党部，中山大学留省同乡会共产党员张允庄当选为书记，兴宁早期革命领导人蓝胜青、卢惊涛、赖颂祺、曾不凡为委员。

1925年冬，蓝胜青受中共梅县特别支部委派回兴宁，积极开展革命活动。同时，中共梅县特别支部派古柏、萧向荣为联络员，做好党组织发展工作。1926年春，中共兴宁县第一个党小组在宜楼成立，组长蓝胜青，成员有赖颂祺、卢惊涛、陈锦华、曾不凡。后改为中共兴宁支部，隶属中共梅县特支领导，后又改称为兴宁特别支部。1927年12月发展为中共兴宁县委。

"九三"武装暴动、誓师大会、"五县联合暴动"会议遗址

位于兴宁市福兴街道（神光山西南麓）梅子坑胡屋。胡燧良屋始建于1881年，砖、木、瓦单层结构。该屋于1928年被国民党反动派烧毁，只剩墙基。目前建筑是胡屋后人在原址的基础上，按原貌修建并多次修缮而成。建筑占地面积200平方米，多次修缮后保存完好，周边已完成道路硬底化建设。

1927年9月2日晚，兴宁党组织领导人蓝胜青、刘光夏等人召集了湖尾乡、小洋乡、茅塘乡和墨池乡等地农民义勇队员100多人，在梅子坑胡屋誓师攻城。当晚12时，刘光夏、蓝胜青率领农民义勇队分三路冲锋攻城，很快占领了县警察局，敌军仓皇逃命，县长廖森圃从县政府后面越墙逃命。至3日拂晓，农民暴动队伍占领全城。这次暴动缴获长短枪200支，子弹1000多发，县政府铜印一枚，并开监释放囚犯100多人。中午12时，在县政府西花厅，由刘光夏宣布成立了兴宁县苏维埃政府，主席蓝胜青，并贴出布告、标语、安民告示。下午4时，为保存实力，暴动队伍主动撤出县城，转移至永和湖尾乡，成立了兴宁第一支革命武

装——广东工农讨逆军第十五团队，后改称为广东工农革命军东路第十二团。

1928 年 10 月 21 日（重阳节）晚上，在梅子坑胡屋召开有地委联络员萧向荣和兴宁、龙川、五华、梅县、丰顺等县革命领导人参加的联席会议，商议五县暴动问题。会议被敌人发觉，参会人员遭到 100 多名敌人的围捕。当即，县委书记蓝胜青决定由胡燧良兄弟带领各位代表从后山突围出击，自己留下作掩护，与敌人激战多时，身负重伤，壮烈牺牲。

兴宁第一个乡苏维埃政府（永和湖尾乡苏维埃政府）成立遗址

位于兴宁市永和镇湖尾乡荷树岗。

1924 年 10 月，彭湃委派赖颂祺为潮梅农运特派员回兴宁领导农民斗争，在永和开展农民革命运动。1925 年 8 月间，在湖尾乡荷树岗湖洞小学成立湖尾乡农民协会。1926 年春，潘英出席了彭湃在汕头主持召开的潮汕农民代表大会，回来后，扩大农运组织，会员发展到 980 余人，占当时永和总人口的四分之一。1927 年四一二反革命政变后，中共兴宁特支领导机关被迫转入山区活动。湖尾乡的板塘、黄石乡的盘古庵成为县革命斗争的指挥中心和重要的革命据点。1927 年 12 月，第一届中共兴宁县委员会在湖尾乡成立。1928 年 1 月又在此成立兴宁县第一个苏维埃政权——湖尾乡工农兵政府（即苏维埃政府）。潘英任主席，潘火昌任副主席兼管财粮，潘新辉任武装部委员，丘友招（潘英妻）任妇女委员，潘焕荣负责民政。苏维埃政府成立后，制定了有关政策和实施细节。为兴宁县乃至粤东北地区建立人民政权，开展土地革命斗争起到了示范作用。

1928 年春，红十二团撤离湖尾后，国民党反动派视湖尾为眼中钉，集结敌军一个连，伙同商团治安队 100 多兵力袭击，实行血腥镇压，其中潘火昌全家 9 人被杀 6 人，房屋全部被烧毁。

该旧址暂未重建。

兴宁县革命委员会旧址

位于兴宁市罗浮镇新南村案山。

兴宁县革命委员会旧址是客家地区常见的民居，土砖瓦木构筑。建于 1929 年，坐东向西，为二堂二横屋，面宽 27.3 米，进深 15.8 米，房 18 间，建筑面积 431.3 平方米。1929 年秋，兴宁革命形势好转，兴宁县委机关从九龙嶂转移至罗浮镇新南村，在这里正式成立了兴宁县革命委员会，罗屏汉为主席，潘火昌为副主席。同年 10 月，中共兴宁县委在大信北坑里召开了党代表会议，改选了县委，县委书记由罗屏汉兼任。罗屏汉、陈锦华、潘火昌等革命先烈曾经在这片土地上组织了轰轰烈烈的土地革命运动，这里的革命烽火与江西寻邬、瑞金、井冈山连成一片，抒写了可歌可泣的革命赞歌，为中国革命的发展作出了贡献。该遗址对研究兴宁土地革命有较高历史价值。

该旧址暂未修缮。

五兴龙县委、五兴龙县苏维埃政府旧址

位于兴宁市黄槐镇新村南扒。

1929 年 3 月，东江特委巡视员刘琴西在龙川大塘肚主持成立闽粤赣边五兴龙县苏维埃政府，主席曾不凡、副主席潘火昌。全县划为赤龙铁区、龙老鹤区、岗马龙坪区、浮黄区。1931 年 1 月，闽粤赣特委西北分委书记刘琴西亲临黄槐镇新村南扒主持召开了五华、兴宁、龙川三县党团代表大会。由三县县委合并成立中共五兴龙县委，书记古清海，县委常委潘火昌、蔡梅祥，委员有曾不凡、罗柏松、刘汉、胡坚、郑美、曾庆禄、曾九华等。组

织部长胡坚，宣传部长郑美，县委秘书曾庆禄。会议同时决定改组五兴龙县苏维埃政府，主席潘火昌，委员有蔡梅祥、罗柏松、曾九华、刘汉等。接着成立团五兴龙县委，书记伍晋南，妇女主任张瑾瑜。县委委员直到春末才到齐。县委还决定将三县原有武装合并成立五兴龙县游击总队，总队长罗柏松，政委潘火昌（兼）。全队有200多人。下设3个中队，第一中队长钟琪，第二中队长曾林荣，第三中队长郑强。会议开了7天，与会者认真学习了党代表大会文件，武装了思想，增强了信心，圆满完成了会议各项任务。鉴于古清海因事未能到职，刘琴西指定罗屏汉暂时负责五兴龙县委工作。县委、县苏维埃机关设在南扒村，县总队设在新村温屋。五兴龙县苏维埃政府下设11个联区：上贝浮区、五岭潭区、龙安区、兴永坭区、河水区、川鹤隆区、赤龙铁区、岗马龙坪区、八乡区、东都楼区、横水区。

该旧址已经部分修复。

红五十团团部旧址

位于兴宁市罗浮镇瑶兴村古田葆光厦。

1930年农历正月十三，奉东江特委的指示，县委召开了紧急会议，宣布决定成立东江红军五十团，全团约500人，团长刘光夏，政委陈俊。红五十团成立后，在刘光夏等人的带领下，多次粉碎了敌人的"会剿"，沉重地打击了敌人，保卫了土地革命的胜利果实，大大地鼓舞了根据地人民的信心。团长刘光夏在战斗中身先士卒，英勇杀敌，使国民党反动派十分仇恨、惧怕，设重金悬赏缉捕。1930年3月下旬，刘光夏率部攻打反动武装据点澄江圩，战斗中壮烈牺牲，时年26岁。

红五十团团部旧址修缮工作于2016年5月开始动工，至2018年年底已投入120多万元资金。主要对已倒塌的房屋进行恢复重建，更换破损屋瓦、木质柱梁及门窗，加固修复破损墙体，装修内外墙体，绿化、美化周边环境等。

中共兴龙县委、兴龙革命委员会成立遗址

位于兴宁市黄槐镇黄沙溪。

1932年6月，中共兴龙县委员会在黄陂镇（现黄槐镇）黄沙溪成立，县委书记蔡梅祥，县委委员陈禄先、罗义妹、曾九华、梅贯华、罗亚彬，县委秘书罗宝良。次年增补古汉中、曾佳昌为县委委员，曾佳昌任团县委书记。同时在新村成立兴龙县革命委员会，主席蔡梅祥，副主席罗义妹、曾九华，并将原赤色游击队改为兴龙县游击大队，罗义妹任大队长，廖志标任政委，古汉中、黄赤古任驳壳队长。县委决定把主要精力放在恢复和健全原有区乡政权组织上。于是新村根据地的红色政权又与敌人展开了激烈的斗争。蔡梅祥、梅贯华等率领的兴龙县游击队在新村、南扒、石正等地活动频繁，神出鬼没地攻炮楼、烧桥梁、剪电线、打团防、捉土豪、发传单，给敌人以沉痛的打击。

1933年2月，粤赣省军区政治部主任罗屏汉率领赣南第一挺进队（队长李大添、政委万寿）七八十人到达苗畲村，配合兴龙县委和兴龙游击队开展活动。6月，罗屏汉在寻邬南扒主持召开有蔡梅祥等人参加的战地会议，决定在兴宁、龙川广泛开展游击战争。由于指挥得当，游击队连连获胜，极大地鼓舞了兴龙根据地人民的革命士气，有力地遏止了粤敌进犯中央苏区。

该遗址原建筑已倒塌灭失，现为当地一户群众的住宅。

中共兴宁县中心区委机关办公遗址

位于兴城西河背的竞新布厂（原兴宁市毛巾厂）。

1940年1月，中共兴宁县区委员会改为中共兴宁县中心区委

员会，书记陈季钦、组织委员罗宝崇、宣传委员李焕文、工运委员刘亚云、青年委员朱逸谦，仍隶属梅县中心县委领导，区委机关迁至兴城西河背竞新布厂内。下辖四个基层总支：城东党总支部，书记张卓良，后为罗仕彦；城南党总支部，书记郑清兰（罗柏年）；城西党总支部，书记张达群；一中党总支部，书记何捷芳。

中心区委领导分工如下：陈季钦、罗宝崇、朱逸谦、李焕文分别负责城东、城南、城西、一中各片党组织领导工作。各总支下设培英、新陂、植基、龙中、水口、一中、竞新布厂等党支部近 10 个，全县共有党员 60 多人。

该址原建筑已拆除重新修建，现为兴宁毛巾厂。

蓝胜青故居

蓝胜青故居位于现兴宁市叶塘镇胜青村。蓝胜青故居始建于清朝，现状较为破旧，部分损毁坍塌，保存现状差。鉴于蓝胜青对革命的重大贡献，1952 年由广东省人民政府批准，将烈士家乡叶西乡更名为胜青村。

刘光夏故居

刘光夏故居位于现兴宁市水口镇光夏村（原名柏树下村），建筑面积 400 多平方米，混合土墙、瓦木结构。1927 年被国民党反动派放火烧毁，现已在原址修建刘光夏烈士纪念馆。鉴于刘光夏对革命的重大贡献，1952 年由广东省人民政府批准，将烈士家乡更名为光夏村。

陈锦华故居

陈锦华故居位于现兴宁市福兴街道锦华村。其本人曾居住的房间残破不堪，后因修路，现已损毁，只剩乱石。其祖居地（大屋）始建于明朝，经修缮保存完好。鉴于陈锦华对革命作出的重大贡献，1952 年，由广东省人民政府批准，将烈士家乡福兴矮岗乡更名为锦华村。

罗屏汉故居

罗屏汉故居位于现广东省兴宁市大坪镇屏汉村。

该址为二层木棚楼房，砖墙结构，分上下堂二横屋，占地面积 650 平方米，保护面积 1200 平方米。由于年久失修和 2005 年的一场火灾，故居内部已基本倒塌，只剩下外围主墙。该旧址的修复工作于 2016 年 5 月开始动工，已投入 140 多万元，于 2017 年 8 月份全面完成故居主体工程的修缮工作。鉴于罗屏汉对革命的重大贡献，1952 年由广东省人民政府批准，将罗屏汉家乡白云乡更名为屏汉村。

蔡梅祥故居

蔡梅祥故居位于兴宁市大坪镇吴田村。蔡梅祥故居分出生地和成长地，出生地由于年久失修，已全部倒塌。此处为蔡梅祥成长地，始建于清朝，建筑面积约 350 平方米，砖瓦结构的客家民房。正门保存较为完整，后围房屋因年久失修，大部分倒塌，墙体剥落，破败不堪，现已无人居住，保存现状差。

张瑾瑜故居

张瑾瑜故居位于兴宁市永和镇大成村上杠屋。张瑾瑜故居始建于清朝，属于大型围龙屋中的房间，建筑面积约 3000 平方米，分为上堂、下堂、门坪、鱼塘。2017 年政府出资修缮后，目前故居现状保存完好。

兴宁革命烈士纪念碑

位于兴宁市合水镇合水水库主坝西岸山岭。1959年兴宁县人民政府为纪念和缅怀新民主主义革命时期和社会主义革命时期为兴宁革命、建设事业牺牲的革命烈士而建。纪念碑坐北向南，碑身用混凝土和石块砌成，碑高30余米，碑身四方形，基座边长20米，建筑占地面积436.3平方米。四周设置护栏杆，苍松翠柏环绕，庄严肃穆，气势宏伟，令人景仰。

1980年9月，该纪念碑被兴宁县人民政府公布为第一批文物保护单位。

水口镇革命烈士纪念碑

位于兴宁市水口镇宋声狮子岩。2002年10月，广东省老促会在狮子岩山麓海拔600米处，建立水口镇革命烈士纪念碑。在高1米左右之四方基台之上，革命烈士纪念碑高高矗立，主体碑高为12米，碑台及广场四周，松柏围护，挺拔庄严。建筑占地面积500平方米，保护面积800平方米。

兴宁市历史纪念馆

该馆与兴宁市博物馆、解放纪念碑"三位一体"，是一座半圆形具有客家围龙屋特色建筑。楼高三层，建筑面积1600多平方米。纪念馆内设8个展厅，以今详古略、图文并茂、注重实物的形式展现了兴宁建县（公元331年）以来1689年的历史。全馆共展出图片3200余幅，实物1300多件。

附录三 **档案文献**

在革命战争年代，兴宁县苏区与赣南的革命根据地连成一片，成为中央苏区的重要组成部分。20世纪80年代起，以中共兴宁县（市）委党史研究室为主体，搜集了大量兴宁县革命历史资料。2010年1月至2011年4月，申报中央苏区县领导小组及其办公室成员对兴宁苏区的历史资料进行广泛的搜集与整理，许多重要的鲜为人知的档案文献史料不断地被发现和被公布，党史、军史、革命史、根据地史研究也不断发展，取得了大量成果，为推动兴宁苏区县认定工作打下了坚实的基础。

中共中央政治报告（节选）
（一九二七年）

广东：——广东农民是中国农民最早起来奋斗的，他们与民团已经血战多年，所以李济琛公开反动之后（四月十四日），东江各县的农民立刻武装暴动反抗李济琛，其他各地也有起落的斗争，四月至八月五个月之间，广东各县农民的苦斗是非常之困难的，东江各县曾经被反动政府镇压下去。但是到八月底，叶、贺的军队接近广东，农民又起来奋斗，海陆丰的农军占领县城（海丰城后被反动派夺去，然而四邻仍是农民的），梅县、兴宁、松口等处据报载也有农民暴动的兴起。广东南路高雷一带农民暴动占领许多县份，海南岛的农民军已经占领全岛，所剩只有港口一隅还在反动军队之手。全省农民仍在跃跃欲试。

总之，从四月到十月，全中国差不多都在农民暴动的过程中。我们的政策，自从七月十三日宣告共产党员退出国民政府之后，便决然的反对反革命的武汉国民党中央，和反对蒋介石、李济琛一样。不久，我们便更进一步，抛弃以前的机会主义，决定坚固领导民众起来武装暴动，发展工农的革命斗争——这是今后革命胜利的唯一道路。

注：此件说明，兴宁具有光荣的革命传统，1927年四一二反革命事件后，兴宁是较早举行农民暴动的地方。

【资料来源】中央档案馆编：《中共中央政治报告选辑》（一九二七——一九三三年），中共中央党校出版社1983年版，第16～17页。

中共东江特委给省委的报告
——东委组织系统与组织工作状况（节选）
（一九二九年八月二日）

2. 兴宁：县委委员九人、候补委员二人、常委五人、书记一人；区委正式九个，未成立者四个，全县十七个区；支部七十七个，计同志七百二十九人，其成份工人百分之十二，农民百分之七十四，士兵百分之五，知识分子百分之九，短枪驳壳十五支，洋枪六十支，武装组织二千三百三十。群众组织：农民六千三百九十六人，工人四百人。

3. 丰顺：县委委员十一人、候补委员一人、常委五人、书记一人；区委四个，即一、二、三、四区，一、三区较健全；支部六十五个，同志六百人，武装三千五百，农会会员三万二千人，工人四十人。

4. 大埔：县委委员七人、常委三人、书记一人；区委四个，即埔化、高陂、大麻、三河；支部共二十个，计工支三个，农支十七个；同志三百四十九人，其成份工人九十五人，农民二百人，知识分子百分之五；赤卫队三百人，驳壳枪六支，洋枪二十五支。

注：此件说明，1. 兴宁工农运动领导机构较健全，武装规模较大；2. 兴宁此时隶属东江特委领导。

【资料来源】中央档案馆、广东省档案馆编：《广东革命历史文件汇集》一九二九年（一），内部资料，1984年8月印，第175页。

关于赣南、闽西、粤东江情况的报告（节选）

陈　毅

（一九二九年九月一日）

3. 东江情况

党的近况：

A. 现有十五县成立了县委，沿海一带没有发展，汕头一个支部，潮州县委薄弱，潮□铁路听说没有打入，梅、潮、汕一带海员只有少许数量。

B. 统计农会会员有十万人左右，枪械约有七千支。

C. 政权机关仍为农民协会，党代替了群众组织，农协不过是党的交通机关，不能起领导作用。

丰顺、梅县、五华、兴宁、大埔、饶平、普宁各县群众大部分归我们领导。

在几个特委比较，东江特委健全，各县干部较多。

注：此件说明，兴宁工农革命运动在东江特委领导下，队伍不断发展壮大，农会干部会员多，得到陈毅的充分肯定。

【资料来源】孙伟编：《土地革命战争时期陈毅史料选编》，解放军出版社2013年版，第25页。

赣西南的报告（节选）
（一九三〇年）

赣西南是一个有联系的一百六七十万群众的苏维埃区域，它正在突飞猛进的向前发展，它的现象是这样：

4. 赤色区域——目前我们有组织有政权彻底的分配了土地的地区，是吉安全县（除县城）、吉水全县（除县城及其附近和东乡之一部）、永丰南半县、乐安南半县、南丰高乡一大块、广昌西边一支〔只〕角，宁都北半县及西乡一大块，于都北半县及西乡一大块（现四军三纵队在此工作准备赤色全县），兴国全县，太〔泰〕和赣江之东岸全部，万安东北角，永新、宁冈、莲花、安福四个县城以及全县，袁州、分宜、新喻、峡江之一部分（靠吉安、安福边境）。上面写的是一个整片的大块，这一块正在向四周发展，尤其是向北之袁州、分宜、新喻、峡江一带，在客观上都易发展，目前在五军帮助之下，毫无疑义的大大的发展了吉水、永丰一带，因有重兵，有红枪会，又有比较强硬的靖卫团，发展上稍感困难一些，安义、南丰、宜黄是豪〔毫〕无疑义的发展，只是反动势力稍大一些，兴国、太〔泰〕和、万安，也是很快的可以发展，遂川就有些困难了，现在虽然积极注意，也是有许多困难。这是赣西南的周围及其发展形势。

在这一大块人〔内〕吉水之八都及新淦之一部分，群众很好，有武装，惜乎尚未与这大块联系起。在一大块之西南，有一小块，即南康、信丰、崇义之间的赤色区域，是此次四军游击新创的，这一块是毫无疑义的是发展扩大，这一小块的中心区域是南康之龙回、赤土两处。在一大块之东南有寻邬全县（除县城外），及安远之一部分赤色区域，他的南部与兴宁接着的，这一块也是非常发展（意为发展快——编者注），四军此次便是去巡视。

8. 武装问题——赣西南的武装除六军（即三军）外，散布在各县的还有二千枝〔支〕上下，这些武装都是有组织的。他正在热烈的〔地〕同靖卫团斗争，他们的组织除二十一、二十五、二十六三个纵队是红军的组织外，其余都是游击队、赤卫队的组织。现在先讲二十一纵队。二十一纵队是寻邬的红军，它的来历是四军寻邬打败仗时一个营党代表带上一枝〔支〕驳壳，十多枝〔支〕步枪在那里找到党正式组织起来，斗争了一年，发展了一个寻邬半县的工作，枪枝〔支〕扩大到八十多枝〔支〕，四军由梅县退回又送他数十枝〔支〕（好多支我记不起了）。四军的伤病官兵，有两百多人，差不多三百人留在那里，支队长也有，政治委员好多个，下级官长也是十多个，士兵都是很好的。这一大批人好了，对于二十一纵队的补充和组织，是有很大的帮助。二十一纵队是□□同□□二人领导，四军走后，他们解决了素不能解决的土匪（越子卡的土匪是当地民众的死敌），他们发展到寻邬城附近，他们与兴宁之四十六团第三营有联络，子弹有补充，他们的根据地是寻邬大田、×（兴宁）大塘肚。

注：此件说明，1. 兴宁此时革命形势好，上级十分关注；

2. 兴宁在革命斗争中与毗邻的赣西南赤色区域连成一片，联系紧密。

【资料来源】中央档案馆、江西省档案馆编：《江西革命历史文件汇集》一九三〇年（二），中央档案馆、江西省档案馆1988年版，第176～196页。

前委通告第三号
——分兵争取群众的意义及工作路线（节选）
（1930年3月18日发于赣州城郊楼梯岭）

（一）环境分析和行动计划

吉安、吉水、永丰一带现有成光耀、朱耀华、邓英三旅及唐云山残部，蒋系因对阎作战虽不能分兵到江西，但即此三旅以上兵力，使四军暂时不能走北进的路。

金汉鼎师向福建开，目的在与刘和鼎夹击卢部进占福州。赣南、闽西空虚，给我们以争取群众，打通三省联系的好机会。闽西只张贞部队，稍远的将来我们可取得漳州，使红色区域直通海口。同时两广战争益趋激烈，东江驻军只有一旅内外，东江西北七县的红色区域有扩大之可能。赣州虽未攻下，然给赣州群众的影响仍然是不小的，对全国也有相当的影响。新的军队到赣州接防短时期没有可能。新的军队未到赣州以前，全部七十团是无法离开赣州的。

在上述环境之下，红军第四军的行动应该以三个月为期分路游击。其游击区域是：赣南之赣县、雩都、瑞金、会昌、南康、信丰、安远、寻邬各县，东江之五华、兴宁、丰顺、梅县、平远、蕉岭、大埔各县，闽西之上杭、武平、长汀、宁化、连城各县。六军二纵队的游击区域三个月内应该是万安、赣县东乡、雩都北乡、兴国东乡、宁都南乡和广昌石城各县。

注：此件说明，红四军在探索创建中央根据地初期已将兴宁纳入其开辟范围。

【资料来源】中共江西省委党史研究室编：《中央革命根据地历史资料文库军事系统9》，中央文献出版社2015年版，第252~256页。

中共东江特委报告
——目前东江斗争形势和各种运动概括（节选）
（一九三〇年五月十八日）

4. 农民的组织状况：……目前潮梅各县俱〔具〕有农会的组织，会员群众数目，除三十万人已经健〔建〕立苏维埃政权另计外，农会会员有七万人以上（寻邬、龙川在内，海陆丰、紫金、惠阳等县在外，海陆丰建立了苏维埃的群众约有二十万人），七万〈多〉会员中，大多数是每人代表一家的，县农会的组织除惠来、五华、梅县、丰顺、兴宁、龙川、寻邬、大埔、潮安等县已转变为革命委员会外（惠来已是苏维埃），只有普宁、潮阳二县（最近也准备转变成革命委员会），揭阳、澄海、饶平、平远、蕉岭等县尚未能建立县农会的组织，区农会则大多数的区纷纷建立起来，不过在赤色区域的，大部分转变区苏维埃或区革命委员会。

（四）苏维埃概况：

1. ……目前统计东委所管理的十六个县份中，（南粤算下去共十七县）已有县革命委员会八个（寻邬、龙川、梅县、兴宁、五华、丰顺、大埔、潮安），县苏维埃一个，区苏维埃二十个，区革命委员会十多个。

中共东江特委

注：此件说明，兴宁革命基础好，发展快，是东江区域最早建立县革命委员会的地方之一。

【资料来源】广东省档案馆保存的复制件，卷号为163-51。原件保存于中央档案馆。

全国苏维埃区域第一次代表大会上
红军第十一军（东江）报告（节选）
（一九三〇年五月十八日）

说　明

一、这份报告的内容是着重于最近几个月来（即自年关斗争以来）的一般情形的叙述，在年关斗争以前的情形，只能说明个概要，因我那时是在东江的一个县份中工作，对于整个的东江的情形不能详细知道，因之，不能一一写出来。

二、这份报告的范围，只限于潮梅及龙川、寻邬等县，关于海陆丰、紫金、惠阳等处的工作，除红军方面以外，其他各方面的情形，不能说及，因那边的工作，是直接受广东省委指挥的，与潮梅工作，只发生横的兄弟关系，故一切情形，我无法详细知道。

1. 目前东江政治斗争的总形势

一九二八〈年〉年关斗争前后，自发的或我们领导的抗捐抗税、反治安警兵、保甲等斗争，已普遍了（意为遍布——编者注）东江各县的城市和乡村，一九二九年开始便在五华、丰顺、兴宁等县，爆发武装冲突，在四月蒋桂战争时，更进一步的爆发了丰顺暴动，而给敌人以一个有力的打击。

自丰顺暴动之后，不独在西北之五华、丰顺、兴宁、梅县等地继续发动游击战争，在西南的惠来、潮阳、普宁等处也相继爆发了武装冲突，与西北的武装冲突遥相呼应与配合。至夏收斗争时，在五华、丰顺、兴宁、惠来、潮阳等处，已取得部分的抗租的胜利，造成广大的赤色区域。四十六团的红军，也在此时成立，而成为群众斗争的一种动力。

夏收斗争后接着就是秋收斗争，在秋斗中斗争形势更加快度〔速〕的深入，斗争范围也快度〔速〕的扩大。在五华、兴宁、丰顺、梅县、惠来、潮阳、饶平等处的乡村斗争，已由抗租而进到没收分配土地，推翻国民党豪绅地主政权，建立苏维埃的阶段。东江革命委员会及西北之丰顺、五华、兴宁、梅县革命委员会，便在这一斗争形势的进展中产生出来。工人斗争，同样很急激〔积极地〕开展。汕头印务工人在秋斗与年关期间，正跑上罢工斗争道路。在东江驻防的蒋光鼐部队，因受工农斗争的影响，在秋斗期间，开始在饶平叛变，投降红军，红军四七团、四八团，也就在此相继成立（四八团是蒋光鼐变兵组织的）。斗争形势的确是在更扩大更深入的过程中进展着。

B. 赤卫队——除一部分集中的赤卫模范队外，各县之乡苏维埃、乡农会多数有赤卫队的组织。以丰顺、五华为最多，次为兴宁、惠来及梅县，澄海、潮安、平远、蕉岭为最少，各县统计约16000人（海陆丰在外，也有三四千人），枪枝〔支〕约7000枝〔支〕，极大部分是土枪、粉枪，好枪较少。

五、苏维埃概况

1. 苏维埃政权斗争经过及目前组织状况：……以丰顺、梅县、兴宁、五华、寻邬、惠来等县最先产生苏维埃组织，经过年斗直到现在继续发展，现在区乡苏维埃区域，已将普遍（意为遍布——编者注）了全东江各县份。除澄海、潮安、揭阳、平远、蕉岭五县未曾有苏维埃的组织外，其他各县俱已先后建设了区乡苏维埃的组织。目前统计东委所管理的十六个县份中（南澳算下去共十七县），已有县革命委员会八个：寻邬、龙川、梅县、兴宁、五华、丰顺、大埔、潮安。县苏维埃一个——惠来（这个县苏维埃，不是夺取了全县政权后组织的，而是二年前保存下来的）。区苏维埃二十个，区革命委员会二十多个，乡苏维埃278个，人口约三十万（这些数字的统计，是三月份的情形，现在形势继续发展，或不只这些数目，至于海陆丰苏维埃的组织，是没有统计在这个数目之内的）。建立了苏维埃的人口，最多者为寻邬，共八万余人，惠来五六万人，其次为梅县、丰顺、五华各数万人。在建立苏维埃的过程中，发生了组织上指挥上的错误。有的县份，以县苏维埃指挥区农会，区农会指挥乡农会；有的县份，乡苏维埃受区农会指挥，区苏维埃受县农会指挥，弄得一塌糊涂，至此次东委扩大会议，才弄清楚。

　　注：会议指出这次报告范围仅限潮梅、龙川、寻邬等县，其余受广东省委领导，兴宁属潮梅（粤东北）。此件说明，兴宁已被划入全国苏维埃区域，此时不属于广东省委领导。

　　【资料来源】中央档案馆、广东省档案馆编：《广东革命历史文件汇集》（一九二七—一九三四年），甲33，内部资料，1984年11月印，第55～59、107～109页。

闽粤赣特区苏维埃筹备委员会开成立宣言会（节选）
（1930年12月7日）

　　全苏大会中央准备会决定闽西、赣南、东江苏维埃区域为一特区，于最近召集〔开〕闽粤赣特区工农兵代表大会，产生闽粤赣特区苏维埃政府，闽〈西〉政府接此决定，乃召集〔开〕东江、赣南代表组织闽粤赣特区苏维埃大会筹备委员会，于本日□□在闽西政府大礼堂开成立会。到会代表有闽西代表林一株、陈正、罗寿春，东江代表李明光等三人，参加者有龙岩城关各团体代表三百余人，济济一堂，备极庄严。鸣炮开后，依开会程序奏军乐、奏乐，推举林一株为主席，当由主席报告开会理由，次由中共南方局代表陈舜仪发表意见，报告目前中国政治形势及当前任务。继有李明光、罗寿春演说。演说毕，开始讨论，通过成立宣言、反对军阀进攻苏维埃区域纪念广州暴动告群众书、拥护全苏大会通电、拥护中国共产党通电、拥护红旗报通电。当提出选举条例通过时，罗寿春提议，选举条例系根据中央颁发的全苏大会选举及斟酌闽西、东江、赣南各地情形拟定的，无须逐条讨论，现在只须讨论：一、代表人数及分配；二、代表成份。李明光提议选举及被选举问题也要提出讨论，各代表俱同意。讨论结果，决定代表总人数二百人，闽西九十人，东江七十人，赣南四十人。代表成份：工人百分之四十，农民百分之四十，红军百分之十，贫民、学生、教职员等百分之十；凡赤色区域的工人、雇农、贫农、红军、学生、教职员、新闻记者、著作家等皆有选举权及被选举权，牧师、吸鸦片者、雇佣劳动力的商业资本家、土豪劣绅、反革命的官僚、经革命团体开除及苏维埃剥夺其公权的俱无选举权及被选择权。选举日期，十二月十四日以前初选，十二月二十一日复选，明年一月五日三选；并决定于列宁逝世纪念日（一月二十一日）成立闽粤赣特区苏维埃政府，并选举筹备员十一人，闽西四人、赣南三人、东江三人、红军一人。选举结果，闽西为张鼎丞、罗寿春、陈正、李世弟当选，东江为陈魁亚、丘中海、李占春当选，红军为施简当选，赣南因本日代表未到，通知赣南政府，请其从速选出三人。讨论及选举完毕，乃唱＜国际歌＞，高呼口号散会。

注：此件说明，全苏大会决定将闽西、赣南、东江苏维埃合并为闽粤赣特委，隶属东江特委的兴宁从此受闽粤赣特委领导。

【资料来源】中共龙岩地委党史资料征集研究委员会、龙岩地区行政公署文物管理委员会编：《闽西革命史文献资料》第4辑，内部资料，1983年，第437页。

中共苏区中央局通告第一号（节选）
——苏维埃区域中央局的成立及其任务

（三）党对于苏区工作布置和计划

中央根据三全会议的决议，对于苏维埃区域的工作，决定对于建立全国苏维埃根据地，在这三个条件之下：1. 土地革命的发展，加上已有广大群众基础或是已有这个条件能很快的发展起来的区域；2. 这个地方有强大＜的＞红军组织；3. 这个区域便利向一个或几个中心城市发展。决定全国苏维埃区域，划分五〔为〕六个：

1. 赣西南特区与湘鄂赣边特区为苏维埃中心区，中央临时政府建立在此区。2. 湘鄂边苏维埃特区，包括鄂西、湘西北。3. 鄂豫皖边特区，包括鄂东北、豫东南、皖西。4. 赣闽皖边特区，包括赣东、闽北、皖赣边。5. 闽粤赣特区，包括闽西、广东东北、赣东南一部分。6. 广西左右江苏维埃特区。

中央苏区中央局一九三一年一月十五日

注：此件说明，中央苏区划定的闽粤赣实际控制区域，包括广东东北部，兴宁县此时是闽粤赣实际控制区域。

【资料来源】中国人民解放军政治学院党史教研室编：《中共党史教学参考资料》第 14 册，内部资料，1985 年，第 620 ~ 622 页。

中央给闽粤赣特委信（节选）
——闽粤赣目前形势和任务
（1931 年 4 月 4 日）

闽粤赣特委：

最近没有得到你们的正式报告，仅据闽省委的来信、闽西交通的传述和敌方的报载，知道了闽西目前走到了非常严重的时期。

闽粤赣是整个中央区的一部分，他〔它〕应当巩固这一根据地打通中央区的联系，但在今天闽西这一严重情况之下，闽西首先应当保持这一根据地。如果企图先将闽西的红军与中央区会合，必然要放弃了闽西根据地，便是中央区失掉了一部分后防，使闽西的敌人更容易的打击闽西的革命势力，更容易与中央区的敌人联系向中央区进攻。因此，保持与巩固闽西根据地，即是巩固中央区的后防，保障中央区的胜利。中央指示你们必须要在保持与巩固闽西的任务之下，执行以下的决定……

注：信中指出，闽粤赣是中央苏区的一部分。此件说明，隶属闽粤赣领导的兴宁是中央苏区的一部分，兴宁进入中央苏区版图。

【资料来源】中共龙岩地委党史资料征集研究委员会、龙岩地区行政公署文物管理委员会编：《闽西革命史文献资料》第 5 辑，内部资料，1984 年印，第 133 ~ 135 页。

中央苏区——寻邬
一个半月动员工作总结报告（节选）
（1933 年 3 月 4 日）

3. 游击队的行动比较积极了，各区武装大部能够动员出击敌人，特别最近挺进游击队与兴龙驳壳队在兴龙寻南一带行动，焚毁寻南炮楼二个，消灭竹芳〔牙〕寮南扒新村（罗岗附近）团防数处，缴枪三十多支。击破兴宁大坪等处团匪数次，更给留车、兴宁敌人很大的威胁及牵制。最近由兴宁调一营白军到大坪，一营到大龙田驻守，由留车调一营到罗浮、峰岭一带驻守，由罗岗调二连到竹芳〔牙〕寮驻守，兴北寻南一带豪绅地主更恐慌得要命。

兴龙工作有部分开展，在挺进队的积极活动之下，已把大坪、罗岗、罗浮（兴宁）、龙母（龙川）等处，党与群众组织逐渐建立起来了。

注：此件说明，兴龙苏区（兴宁黄槐新村）对保卫中央苏区南大门，牵制阻击敌人进犯中央苏区作用很大。

【资料来源】中央档案馆，中央文件 318 号。

粤赣省苏维埃政府布告（第一号）
——宣布成立临时省苏（节选）
（1933 年 9 月 15 日）

为粉碎帝国主义国民党的五次"围剿"，争取一省数省首先胜利这一历史任务严重地摆在我们面前。为着有力地发展群众斗争，消灭了广东敌人，胜利地向着南方与西方发展，以配合北方与东方战线的胜利进攻，中央政府特决定：划会昌、于都、西江、门岭、寻邬、安远、信康等县为粤赣省，业于九月六日召集〔开〕了各县的临时代表会议，成立了临时省苏政府，选出钟世斌、刘晓、张鹤龄、罗屏汉、张云逸、洪道深、黄家承、王孚善、欧阳崇庭、李世森、刘敏强、艾良盛、胡魁元、陈桂标、赵寿华、许承芬、肖连登、王星辉、钟桂新、曾（或曹）兴茂、邓学林、刘显新、汪昌有、蔡梅祥、康金堂、肖厚禄、刘燕春、马德明、郭隆有、张老三、熊仙壁、梁裕春、钟东、杜石养等三十七人为□□苏执委，并推定钟世斌、刘晓、张鹤龄、张云逸、王孚善、欧阳崇庭、李世森、艾良盛、刘敏强、胡魁元、陈桂标等为主席团，推定钟世斌为省苏主席。

粤赣省临时省苏的责任在于：（一）领导广大群众进行充分的战争动员，扩大□□广大□□武装，与侵入寻邬、安远□□来一带敌人……（二）开展全省的查田运动，动员所有农村中的群众，清查地主富农，消灭封建残余势力。在查田运动中，要普遍发展贫农团，坚固地联合中农，不许有任何侵犯中农利益的行为发生。查田运动中要进行苏维埃的检举运动，要坚决肃清反革命，要跟着查田运动的发展，去发展群众的文化教育，要从地主罚款富农捐款进行有力的筹款工作。（三）进行各种必要的经济建设工作。要注意推销经济建设公债，发展合作社，调剂粮食，巩固金融，进行冬耕，准备春耕，开发钨矿，发展出口入口贸易。在推销公债发展合作社的工作上，要严格禁止一切平均摊派强迫命令的错误方法。（四）普遍的完全的实行劳动法，以保护工人群众的利益。（五）实行乡区县省各级苏维埃的选举。□本省出席第二次全国苏维埃代表大会的代表的选举，造成以加强有力的苏维埃政权。

粤赣省苏所担负的责任，即是粤赣省全体工农群众的责任，粤赣省苏在中央政府的领导之下，为了上述各个重要任务的〔而〕斗争，我粤赣省工农群众都必须在临时省苏与县区乡各级政府领导之下，一致团结起来，为了实现上述任务的〔而〕斗争，特此布告。

主席：钟世斌

注：中央政府决定成立粤赣省，兴龙县委书记蔡梅祥当选为省执委。此件说明，此时兴宁划归粤赣省，但仍隶属中央苏区领导。

【资料来源】中共江西省委党史资料征集委员会、中共江西省委党史研究室编：《江西党史资料　第 11 辑　中央苏区江西省》，内部资料，1989 年，第 29～30 页。原件保存于会昌县小密乡小密村岭下。

中央革命军事委员会训令（司字第十八号）
——关于划分军区分区及其目前的任务（节选）
（1934 年 5 月 17 日）

第三，粤赣军区除划出原属一分区归赣南军区管辖外，其司令部设会昌，指挥下列两个分区：

1. 第一分区：应领导地方部队活动于天心河东岸及寻邬、门岭、站圹之线以西的地域，发展游击战争，并联系寻安、兴龙的远殖游击区域，以威胁和钳制粤敌北进的翼侧后方。

2. 第二分区：应率领地方部队活动于武北，其行动中心在肃清武北匪团，向粤敌发展游击战争，以钳制杭武敌人，对武西及项山游击运动，应联系和加强之。

3. 军区以会昌及门岭北部为直接管辖地域，负责扩大和加强独五团及独十团，使之能成为两个分区的基干部队，并协助红军基干兵团作战。对寻安、兴龙的远殖游击区域，军区应通过一分区取得直接领导，使其发展能经常的破坏寻邬、留车、兴宁间及安远、鹤子圩、龙川间的敌人交通，并联接寻南及安南两游击区域，以便有力的深入粤敌后方。

主　席：朱　德

副主席：周恩来　王稼蔷

注：此件说明，中央十分关注寻安、兴龙游击区域战争，已将其纳入整个中央苏区的战略部署中。

【资料来源】中共江西省委党史资料征集委员会、中共江西省委党史研究室编：《江西党史资料　第11辑　中央苏区江西省》，内部资料，1989年，第197~202页。原件保存于会昌县小密乡小密村岭下。

中共中央给中央分局的指示（节选）
（一九三五年二月十三日）

中央分局各同志：

（甲）放在你们及中央区全党面前的任务是坚持游击战争，是动员广大群众用游击战争坚忍（的、）顽强地〔的〕反对敌人的堡垒主义与"清剿"政策。应该承认中区目前环境的严重性（意为严峻——编者注），但应该认识中区的斗争对于全国仍然有极大的意义。应该坚信如果我们能够坚持群众的游击战争，其效果将使国民党无法顺利统治曾经得到解放的数百万群众，将使蒋介石许多部队受牵制。最后各地红军胜利，全国群众斗争与中区的斗争配合起来，将必然恢复苏区，粉碎敌人的堡垒主义与"围剿"。目前形势是国民党的统治进（一步）动摇与破产，蒋介石在五次战争中是削（弱）了，军阀间的冲突正在发展。全国革命斗争是继续增（长）（意为形势一片大好——编者注），不是低落。部分的苏区与红军虽受到暂时的损失，但红军主义〔力〕存在，新的胜利在我们面前。中区党内存在着对时局与当前环境的悲观认识是不对的，震骇于一时的困难是不应该的，对游击战争从〔的〕坚持性（认识）不足是最大危险。因此必须首先把（对）这一斗争胜利前途的坚信放在你们及全体同志心目中，并向广大群众解释明白。

（乙）立即改变你们的组织方式与斗争方式，使（之与）游击战争的环境相适合。

（一）一连人左右的游击队，应是基干队的普通方式，这种基干队在中区及其附近，应有数百支。较大地区设置精干的独立营，仅在几个更好的地区设置更精干的独立团。依此部署之后，把那些多余的独立团营，都以小游击队的形式有计划地分散行动。环境有利则集合起来，不利又分散下去，短小精干是目前的原则。同时普遍发展群众的游击组，把多余枪弹药分给群众，最好的干部到游击队去。

（二）游击队应紧密地联系群众，为群众切身利益斗争。给养依靠群众及部队自己解决。

（三）在边境及敌后有计划地部署游击战争。上犹、崇义、南山、北山、兴（宁）、龙（川）、饶（平）、（平）和、（漳）浦等处要加派精干部队及好的领导去。在这些地方开展游击战斗，将给中央的斗争以极大的帮助。湘南游击区也应由你们去加强它，但不应以庞大部队远出，而应以相当部队依傍着中区配合发展。依野战军及红十军的经验，如你们以大部队远出，是没有胜利保障的。

（四）彻底改变斗争方式，一般都应由苏区方式转变为游击区的方式。

要加强秘密工作，使与游击战争联系起来，占领山地，灵活机动，伏击袭击，出奇制胜是游击战争的基本原则。蛮打硬干，过份〔分〕损伤自己是错误的。分兵抵御是没有结果的。突击运动及勉强使用纸币目前都不适宜了。

（五）极大的〔地〕给以地方党及游击部队以独立领导权，并培养他们这种能力，即使长期隔断，也要能独立存在。庞大的机关立即缩小或取消，负责人随游击队行动，得力干部分配到地方去。分局手里应有一独立团，利用蒋粤接邻，在赣南、闽西一带活动，最忌胶着一地。地方领导机关亦然。

（六）确切地进行瓦解白军工作，把这一工作放在支部及游击队工作的头等地位。

（七）选派许多适宜的干部到白区去，汕头、厦门、香港、上海及其他地方的工作，你们都应该设法去建立。

同志们！目前正是困难与胜利的分水岭，我们相信你们一定能够坚持到底，争取党的路线的胜利。希望你们讨论这一指示。

中央

注：指示指出，在兴龙这些地方开展游击战争，将给中央的斗争极大的帮助。此件说明兴龙游击战对保护中央苏区的重要作用。

【资料来源】中共江西省委党史资料征集委员会、中共江西省党史资料研究室编：《江西党史资料　第2辑　中共中央分局资料专辑》，内部资料，1987 年，第 117—119 页。

关于转发中共中央党史研究室《关于申请确认
广东省兴宁市为中央苏区范围事的回复》的通知
粤党史〔2011〕38 号

中共兴宁市委、兴宁市人民政府：

　　你们要求确认"兴宁市为中央苏区范围"的请示，经报中共中央党史研究室审定，确认兴宁市（原兴宁县）在土地革命战争时期属于中央苏区的范围，并以中共中央党史研究室中史函〔2011〕23 号文正式批复。

　　兴宁市被确认为"属于中央苏区的范围"，恢复了兴宁市在土地革命战争时期的历史地位，使兴宁市成为全国中央苏区县之一。这是广东党史研究工作和老区建设工作的又一新成果、新成就，对进一步加强革命传统教育和爱国主义教育，弘扬艰苦奋斗的精神，推动我省革命老区经济社会协调发展，具有重大的现实意义和深远的历史意义。

　　现将中共中央党史研究室中史函〔2011〕23 号文转发给你们，请认真做好有关后续工作。

中共广东省委党史研究室

广东省老区建设办公室

2011 年 9 月 7 日

关于申请确认广东省兴宁市为中央苏区范围事的回复
中史函〔2011〕23 号

广东省委党史研究室、广东省老区建设办公室：

粤党史〔2011〕13 号文件收悉。

我们对兴宁市（原兴宁县）在土地革命战争时期是否属于中央苏区范围一事进行了认真研究，对《赣西南的报告》《中央革命军事委员会训令》和中共兴龙县委有关文件以及有关老同志回忆材料和国民党方面的档案资料进行了审阅、查考。根据民政部、财政部《关于免征革命老根据地社队企业工商所得税问题的通知》（民发〔1979〕30 号，〔1979〕财税 85 号）关于第二次国内革命战争（即土地革命战争）根据地的划定标准，我们认为，现有资料可以证明兴宁市的一部分或大部分地区在 20 世纪 30 年代初期曾先后属于中央苏区粤赣省和赣南省管辖区域。据此，可以认定兴宁市在土地革命战争时期属于中央苏区范围。

此复

中共中央党史研究室

2011 年 8 月 23 日

革命歌谣

　　客家山歌是中国民歌体裁中山歌类的一种，被称为有《诗经》遗风的天籁之音，自唐代始，已有一千多年的历史。用客家方言演唱，故称"客家山歌"。兴宁客家山歌最先是民众中间口头创作、口头传唱的口头文学。辛亥革命后，革命志士创作了独具一格的革命歌谣。这是广大群众适应革命形势的需要即时创作出来的，既是宣传革命的工具，亦描绘出革命战争年代群众对敌斗争的坚毅果敢。活跃在兴宁境内的革命领导罗屏汉、刘光夏、蓝亚梅等，都曾编写民歌或运用传统民歌曲调填上新词，宣传革命道理，动员群众参加革命斗争，这些民歌有的至今还在流传。为此我们节选了部分在老区群众中流传的革命歌谣以飨读者。

　　蓝胜青创作的革命歌谣：

　　　　正月里来是新春，发财富贵太唔匀；
　　　　有钱人家鱼酒肉，冇钱人家吃菜根。
　　　　土地革命要实行，解放以后分地平；
　　　　个个都有田耕种，衣食平均心占甘。

　　刘光夏创作的革命歌谣：

　　　　荆棘当途敢远游，每怀正义度春秋；
　　　　此间疑是桃源洞，天地容我几出头。

黄佛鼎劝说其父母的歌谣：

> 嘱偓爷来嘱偓哀（母），饱食加餐心放开，
>
> 为国为民谋幸福，打平世界占归来，
>
> 问问偓哀该唔该？

母亲听了儿子言简意深的革命道理，随即答道："应该！应该！"

1929 年 3 月，闽粤赣边五兴龙苏维埃政府成立，在一片欢腾声中，罗屏汉充满豪情地高举红旗，唱出一首出自胸臆的山歌：

> 红旗树立大塘红，
>
> 三县群英集在中；
>
> 白犬猖狂施虎势，
>
> 梭镖打出五兴龙！

张瑾瑜创作的革命歌谣：

> 正月里来是新年，变了妇女真可怜，
>
> 爷娘家产都有份，还当"猪仔"去卖钱，
>
> 封建社会暗无天。

蓝亚梅创作的革命山歌：

> 大家姐妹要认真，杀了地主杀豪绅，
>
> 豪绅地主杀呀得（净），大家安乐享太平。

> 紧缩紧真紧痛肠，因为冇食占借粮，
>
> 借人三升还一斗，谁知雪上又加霜。

> 自己冤来自己知，今来觉悟也唔迟，

大家穷人联合起，番豆脉壳还有衣（医）。

土地革命爱实行，田地重新分配平，
家家都有田耕种，衣食平均心就甘。

共产主义话你知，只有共产唔共妻，
只有两人心甘愿，唔使媒人也可以。

白狗讲事系（真）还差，开口骂偃（我）共产嫲，
红白盲田（还未）分胜负，江山始终都系伢（我们的）。

嘱偃夫来嘱偃哀，百万家财心放宽，
救济穷人救济国，打平世界占归来，
细声问你该唔该？

朝就西来暮就东，穿州过省去进攻，
妹妹青春年纪少，心雄胆壮打先锋，
到处欢迎到处同。

土豪收谷冇人情，又要十足又要精，
又要酒菜包送到，又喊调田畀别人，
土豪唔杀冇冤伸。

人人喊偃铁姑娘，铁石心肝铁心肠，
铁石心肝来革命，主持铁舌振纲常，
偃今来做生阎王。

剪发卡枪女学生，现行宗旨讲你听。

𠊎望人人有饭食，𠊎望个个有田耕，

高低上下一般平。

为民立志上战场，手提武器五尺长，

埋骨不需桑梓地，捐躯为国永留芳，

共产主义放光芒。

蓝再韩创作的革命歌谣：

万户少我钱，千户无牵连，

百户入农会，穷人掌大权。

注：歌谣中，分别以"万户""千户"和"百户"比喻土豪劣绅、中等农户和贫苦农民。

1932 年 2 月，罗文彩与罗屏汉、张瑾瑜奉命调往江西会昌县工作。临行时，罗文彩与妻子运姐唱山歌互相抚慰鼓励：

潘洞启程去会昌，郎点蜡烛妹烧香，

两人跪下发过誓，革命永不变心肠。

今朝革命去江西，牵着妻手教我妻，

缅𠊎请多缅日后，日后自有出路时。

运姐听了，自然心胸开朗，也随口念了一首：

东边烧火西边烟，两人虽别心相牵，

我劝我郎多放心，放心打仗粤赣边。

罗义妹创作的革命山歌：

三月莳田雨霏霏，笠麻都有背蓑衣，

衫裤淋湿还过得，受到大病有钱医。

六月早禾才收拢，田主催租势头凶，
穷人样般惯辛苦，辛辛苦苦两手空。

罗义妹就义前大义凛然，用最后一口气向群众宣传，打击敌人：

兄弟姐妹莫悲哀，义妹虽死心里安，
生为革命除劣绅，死变鬼雄杀狗官！

黎汉英创作的革命歌谣：
有钱人家，欺压穷侪，有吃有着（穿），享尽荣华，
勾结官僚，剥削农家。
告诉大家，快快觉醒，参加农会，斗争豪绅恶霸。
大家团结，就是有差，同心协力，唔愁斗（他）唔垮。

𠊎今住在第三营，拿支驳壳到省城，
去到省城打胜仗，打到高低一样平。

喂！喂！喂！兄弟们！赤卫队，我们在一起，都是穷苦人！
起来！起来！起来！打土豪分田地，穷人翻身做主人！做主人！

群众创作的儿歌：
月光哗哗，冤枉穷侪，常年到暗，做牛做马，
受尽压迫，真是冤枉又造孽。

罗根深创作的革命歌谣：

> 看了孙子真惨凄，三日无乳到肚里，
>
> 亚爸挑盐江西去，亚妈卖柴还未回，
>
> 家里耕种一斗种，铁租铁利量完里，
>
> 剩下亚婆一把骨，有气无力来带你，
>
> 紧看紧缅紧惨凄。

群众赞颂刘光夏、蓝胜青的歌谣：

> 崎路过哩路会平，阴天久哩天会晴，
>
> 高山倒水流岗下（刘光夏），日头一出蓝胜青。

> 光夏部队到我乡，土豪劣绅望风逃；
>
> 我军有了刘勇士，翻身从此有保障。

附录五

大事记

1919 年

5 月 5 日，兴宁学生积极响应五四爱国运动，县立中学、兴民中学等学生纷纷举行集会游行，并组织宣传队，向城镇居民和城郊农民进行宣传，激发了兴宁人民反帝爱国热情。

1923 年

是年，彭湃领导的海陆丰农民运动声势浩大，震撼全国。驻防海陆丰的粤军总司令陈炯明部军医赖颂祺思想受到很大影响，放弃军中优厚待遇，毅然投身于伟大的农民革命运动。在彭湃的培养下于 1924 年加入中国共产党。

1924 年

5 月，在苏联和中国共产党的帮助下，孙中山在广州黄埔设立陆军军官学校，即黄埔军校。兴宁考入第 1～4 期的学员共有 34 人，唐震（兴宁城镇人）是黄埔军校第一期学员，在该校政治部主任周恩来的关怀下，是年秋，加入中国共产党。

7 月 3 日，广州农民运动讲习所第一届开学。卢惊涛参加第一届学习，并加入中国共产党。

10 月初，被国民党中央党部农民部委派为兴宁农运特派员，回到兴宁领导农民工作。

1925 年

3 月，彭湃在汕头获悉兴宁农运兴起的消息，特委托特派员曾汉屏到兴宁协助工作。在曾汉屏帮助下，在刁屋坝召开了兴宁农民代表大会，并成立了兴宁农民协会，会议选举卢惊涛为县农民协会主席，委员赖颂祺（兼秘书）、曾汉屏、曾笃民、曾铎君、赖怀秋（赖志尧）。会址设在兴宁县政府侧文昌祠楼（今政协大院）上（后迁至潘家祠）。

3 月 20 日，东征军攻打兴宁县城，直到深夜才攻进城内。林虎率残部出东门向龙田方向溃逃，林虎老巢倾覆，被俘者众。21 日东征军攻克兴宁全城。

3 月 21 日至 4 月 12 日，随军东征的黄埔军校政治部主任周恩来，率部队在兴宁战斗和生活了 20 多天，住在县政府内宜楼。3 月 26 日，周恩来在兴民中学召开国民党新旧党员大会，到会百余人，发表演说，宣传打倒列强、除军阀及东征的重要意义。周恩来对兴宁革命运动的直接领导，对兴宁革命斗争的兴起和发展起了极其重要的作用。

3 月 30 日，驻兴宁的东征军及兴宁各界人士在县城大坝里举行追悼孙中山及东征军阵亡将士大会。蒋介石宣读了誓词。周恩来在会上宣读祭文，他悲壮地号召广大民众继承孙中山遗志，将革命进行到底。

10 月，广东革命政府举行第二次东征，10 月 31 日下午，占领兴城。第二次东征胜利，推动了兴宁农民革命运动的发展。兴宁农会在卢惊涛、赖颂祺的领导下，又恢复了活动。在国民革命军政治部工作的共产党员陈锦华留在兴宁，直接领导农民运动。

11 月，临时主持东江各属工作的周恩来，多次指示兴宁县共产党员要积极开展农运、工运、学运和统战工作，并亲笔致信兴宁县长罗师杨："至兴宁、五华之农会及党务，亦希与温同志设法办理，俾臻完善……"

是年冬，蓝胜青回兴宁从事建党活动，中共梅县特别支部派古柏、萧向荣为联络员到兴宁进行革命活动。

1926 年

1926 年春，在上级党组织帮助下，中共兴宁第一个党小组在县政府宜楼成立，组长蓝胜青，成员赖颂祺、卢惊涛、陈锦华、曾不凡。

8 月，成立中共兴宁支部，隶属中共梅县特支领导，书记蓝胜青，委员卢惊涛、赖颂祺、陈锦华、曾不凡。

12 月，成立中共兴宁特别支部。

1927 年

5 月 18 日，蓝胜青、卢惊涛、曾不凡率领事先集结在小洋下（现洋里村德新小学）的各路农民自卫军，高举犁头大旗，手持枪械、长矛、大刀向县城进发，举行武装暴动，暴动未能成功。

9 月 2 日晚，刘光夏、蓝胜青、卢惊涛、潘英集合湖尾乡、小洋乡、大成乡和茅塘乡、墨池乡等地农民义勇队 200 多人，在梅子坑胡燧良屋中誓师攻城。3 日拂晓，农民暴动队伍占领全城。后来为了保存实力，避免与敌硬拼，刘光夏、蓝胜青率领队伍撤出县城，转移到永和湖尾乡。

9 月 4 日，起义队伍在湖尾乡召开庆功大会。会上，蓝胜青、刘光夏按上级指示精神整编队伍，宣布成立广东工农讨逆军第十五团（同年 11 月改为广东工农革命军第十二团）。刘光夏任团长，蓝胜青任党代表，卢惊涛任参谋长，曾不凡任政治部主任

（后罗坤泉代）。

1928 年

1月，兴宁首个乡苏维埃政府——永和湖尾乡苏维埃政府成立。主席潘英，副主席潘火昌（兼管财粮），武装委员潘新辉，民政委员潘焕昌，妇女委员丘友招。

4月，五华、兴宁、龙川共产党员代表在霍山大乙岩开会，成立中共五兴龙临时工作委员会，书记叶卓，委员蓝胜青、刘光夏、古清海。

是年夏，刘光夏率领原第十二团的部分官兵到九龙嶂与古大存、郑天保部队会合，并在此成立了五（华）兴（宁）丰（顺）梅（县）大（埔）五县暴动委员会，主席古大存，李明光、郑天保（梅县）、刘光夏（兴宁）、黎凤翔（丰顺）、张家骥（大埔）为委员。暴动委员会，在九龙嶂、八乡山等地领导五县工作，发动农民组织农会，恢复据点，准备暴动。

是年夏，东江特委将兴宁第十二团、五华第七团及梅县第十团各抽一部分力量与红四军留下的一个连合编为红军四十六团，团长李明光。红四军进入东江，对东江地区（包括兴宁）的革命斗争起到了积极的宣传和促进作用。

10月下旬，中共兴宁县委在畲坑九龙嶂召开县委（扩大）会议。会议由刘光夏主持，选出了新的县委领导班子，县委书记刘光夏，县委委员有陈锦华、罗屏汉、潘火昌、黄佐才、沙伟文、胡凡尘、曾不凡、蓝亚梅等。下设10个区委。

1929 年

3月，东江特委巡视员刘琴西在大坪大塘肚村主持召开五华、兴宁、龙川三县工农兵代表大会，农会、赤卫队代表300多人参加，正式成立闽粤赣边五兴龙县苏维埃政府，同时成立五兴龙游击大队。

10月，中共兴宁县委在大信北坑里召开党代表会议，会议由罗屏汉主持。会议开了3天，改选了县委。县委书记由县革委主席罗屏汉兼任（此时陈锦华、刘光夏已调东江特委工作）。委员有蓝再韩、蓝亚梅、曾不凡、胡凡尘、蔡梅祥、张国标、刘卓中等。

10月20日至11月2日，朱德率领的红四军3个纵队6000多人在东江活动。10月下旬，古大存、刘光夏在梅县梅南向朱德汇报了东江革命斗争和红军发展情况，共同研究了发展东江武装斗争问题，同时又发布了毛泽东、朱德、古大存、刘光夏、朱子干、陈魁亚、陈海云署名的《东江革命委员会关于公布执行土地政纲的布告（第177号）》，有力地推动了东江各县的土地革命。

1930 年

3月下旬，刘光夏率领的红五十团，为了实验粤赣根据地连成一片的战略目标，攻打寻邬澄江圩。25日拂晓，大雾弥漫，红五十团进攻澄江圩，经过数小时的激战，敌人退出澄江圩，据守在澄江圩西北角围屋内顽抗。后来，敌人援军和当地红枪会匪徒赶到，反包围了红五十团。刘光夏率领队伍突围，撤到竹子凹时，几乎全团覆灭。团长刘光夏、政委陈俊在战斗中壮烈牺牲，参谋长邝才诚被捕杀害。

1931 年

1月，西北分委派刘琴西到新村南扒主持召开五兴龙三县党团代表大会，时间7天。会议决定成立中共五兴龙中心县委，书记古清海，县委常委古清海、潘火昌、蔡梅祥，委员古清海、潘火昌、蔡梅祥、曾不凡、罗柏松、刘汉、胡坚、郑美、曾庆禄、曾九华等。县委秘书曾庆禄。会议同时决定改组五兴龙县苏维埃政府，主席潘火昌，委员有蔡梅祥、罗柏松、曾九华、刘汉等。县委、县苏维埃机关设在南扒村，县游击总队设在新村温屋。

1932 年

5 月，江西省赣西南特委命令蔡梅祥等返回兴宁开展革命活动。

6 月，中共兴龙县委在黄陂黄沙溪（现黄槐镇）成立，书记蔡梅祥。

1933 年

是年秋，中央军委任命罗屏汉为粤赣边区游击纵队司令员，回师兴宁、平远、寻邬、龙川边境，恢复根据地，坚持游击战争，牵制广东军阀陈济棠武装，使之不至于北上江西夹击中央红军。后来，罗屏汉又组织了赣南游击队 120 多人，在粤赣边区开展游击战争，成绩卓著。

1934 年

7 月，毛泽东在粤赣省委扩大会议上作了"要扩大发展游击区，向安远、寻邬发展，向兴宁一带创建游击区"的指示。

7 月下旬，罗屏汉率领赣南挺进队100 多人回到兴龙革命根据地发动游击战争，使罗岗、罗浮、大坪、赤岗、黄陂等地的游击战争又活跃起来。游击队频频出击，引来军阀陈济棠派重兵"围剿"新村，罗屏汉机智地避开重兵，率领挺进队退回赣南，为中央红军长征，实现战略转移赢得时间和空间。

11 月底，兴（宁）龙（川）寻（邬）安（远）县革命委员会在江西于都黎桥圩成立。主席黄孚善。1935 年 2 月 1 日发布《兴龙寻安县革命委员会布告》。同时计划到罗浮阳天嶂建立苏区根据地，途中被敌人袭击，计划未能实现。

1935 年

6 月下旬，中央分局调罗屏汉到东江主持白区工作，路过兴龙县委机关寻邬丹竹楼堰塘村时，突然接到红二十四师师长周建屏写给罗屏汉的信，要他去接收这支红军队伍。于是，罗屏汉率领队伍北上，在寻邬西南与兴宁交界山上（留车与中和之间）接到了这支有 200 人的红军队伍。罗屏汉、周建屏、李天柱、张凯、陈正人商量后成立了粤赣边区军政委员会，罗屏汉任军政委员会主席，周建屏为副主席，委员有李天柱、张凯、陈铁生、蔡梅祥、杜慕南、陈侃（陈锦华）等。

6 月下旬，中共兴龙寻安县委书记陈锦华突围至寻邬虾蟆窟时，被敌军击伤腿部，退到山上。翌日，因部下两名武装人员背叛投敌，遭到驻苗畲敌军包围而被捕。后被抬至兴宁监狱，在狱中陈锦华坚贞不屈，被敌人折磨致死。

7 月间，罗屏汉率部队进入龙川后被国民党军包围，罗屏汉带领罗亚彬等 10 多人冲出重围，退到龙川径口村，因叛徒告密，遭到大坪、东坑等地敌军围攻。当退到大坪白鸽池牛屎甲时，仅剩罗屏汉一人，身负重伤的罗屏汉无法再走，只得坐在坟地里，坚持与敌搏斗，直至弹尽援绝而壮烈牺牲。

8 月 3 日，蔡梅祥、曾佳昌、曹兆凤 3 人在大坪南蛇坑因被人出卖，遭到敌人围捕，被押往兴城，均惨遭杀害。至此，粤赣苏区兴龙革命根据地武装受到极大创伤，土地革命陷入低潮。

1937 年

8 月 9 日，兴宁县成立兴宁各界民众抗敌后援会，各界代表 17 人参会。罗亚辉、何捷芳被选为委员，负责宣传工作，组织爱国青年走上街头演讲、写标语、发传单，宣传抗日。

1938 年

是年春，廖立民、罗亚辉、马添荣等组织成立乡村服务团，团长廖立民，团员黄顷波等深入到全县乡村开展抗日救亡宣传。

7 月 18 日，兴宁县抗敌后援会在兴宁一中（北院）举办兴宁各界民众抗敌后援会干部训练班，历时一个月，参加学习的有各区救亡团体骨干和进步青年 200 人。

是年夏，兴宁县抗日自卫队成立，有队员 300 余人，枪支由罗翼群、罗梓材提供，并脱产集训 3 个月。

1939 年

2 月，中共兴宁县支部成立，书记陈季钦，组织委员李焕文，宣传委员何田昌，共有党员 30 余人，机关驻地在兴城东门城脚抗战书报社，隶属中共梅县中心县委领导。

是年夏，潮汕沦陷后，日本飞机经常轰炸兴宁，城内的机关、学校搬到农村。

1940 年

1 月，中共兴宁县区委员会改为中共兴宁县中心区委员会，仍隶属梅县中心县委领导，中心区委机关迁至兴城西河背竞新布厂内。

1942 年

3 月，何香凝女士从香港脱险后到兴宁，在兴宁开展抗日宣传，极大地鼓舞了广大师生群众，提高了大家对时局的认识。

6 月，在大埔县境内的中共南方工作委员会遭到破坏，南委兴宁交通站被查封，兴宁党组织开始疏散党员。9 月，执行上级党组织"隐蔽精干，长期埋伏，积蓄力量，以待时机"的十六字方针，兴宁有党员 40 多人转移到云南、广西等地。

1945 年

9 月，中共兴宁支部改为中共兴宁中心支部，书记温华，下设 5 个支部。

1946 年

8 月，中共梅县工委派罗妙为兴宁县特派员，到兴宁农村开展工作。

1948 年

1 月，闽粤赣梅县党组织派范添泉回兴宁工作，并成立中共兴宁支部。书记范添泉，先后有党员 17 人。

1949 年

5 月 17 日，第九区行政督察专员兼保安司令李洁之请兴宁县县长陈郁萍在县政府约集兴宁县各界代表，由陈郁萍代表李洁之宣布命令所属各部起义，接受中国共产党领导。

5 月 18 日，兴宁县县长陈郁萍代表国民党军政人员宣布起义，并贴出布告，宣告兴宁解放。

5月20日，兴宁县临时工作委员会成立，主任李戈伦。

5月30日，中共兴宁县委成立，书记姚安。

6月1日，兴宁县军事管制委员会成立，主任李戈伦。

6月19日，兴宁县人民民主政府成立，县长李戈伦。

7月13日，国民党胡琏、谢海筹残部窜扰兴宁，14日占领兴城，中共兴宁县委、县政府转移到山区开展斗争。

10月1日，中华人民共和国成立。兴宁县党政机关从山区迁回兴城办公。县委领导成员分别是：县委书记姚安、副书记肖刚，组织部长温华，宣传部长姚明，县人民政府县长李戈伦、副县长马添荣。

　　《兴宁市革命老区发展史》在市委、市政府的高度重视和大力支持下，在各编撰单位的共同努力下，经过编撰人员的辛勤努力，终于顺利编纂完成，这是兴宁重温革命先烈丰功伟绩、展示革命老区发展成就和弘扬老区精神、传承红色基因的又一部爱国主义教材。

　　市委、市政府对编纂工作非常重视，市委、市政府主要领导经常听取编纂工作情况汇报，及时解决编纂工作中遇到的问题。编辑部的同志怀着高度的使命感和责任感，反复琢磨、多次研讨写作提纲，多方查找、深入阅读、认真研究编纂工作相关的档案、史志、历史资料、文史资料。在此基础上，合理分工，落实责任，精心撰写，力求通过《兴宁市革命老区发展史》科学准确地再现兴宁老区艰苦卓绝的奋斗历史，真实生动地反映新时代革命老区发展的辉煌篇章，让广大读者在兴宁革命老区的发展历程中，感受到没有共产党就没有新中国，没有共产党就没有革命老区生机勃勃的今天。

　　全书坚持以习近平总书记关于革命老区的系列讲话精神为指导，坚持以党史、军史、中国革命史为依据，坚持以兴宁革命老区和老区人民的奋斗史为重点，坚持以党的十八大以来革命老区取得的巨大成就和发展变化为亮点，集中体现兴宁革命斗争的光辉历程，注重突出弘扬和宣传老区革命精神和光荣传统，促进老区红色文化资源的挖掘整理。内容贴近实际，忠于史实，重点突出，详略得当，图文并茂，通俗易懂，做到历史的真实性、事件的准确性与内容的可读性相统一，对推动兴宁脱贫攻坚、振兴发展具有实用性和参考价值。

本书各章节编写人员分工：第一章千年客邑、革命老区由郑桂元执笔；第二章农工运动、高潮迭起，第三章土地革命、暴风骤雨，第四章抗日救亡、风起云涌，第五章积极斗争、谋求解放由陈作新执笔；第六章翻身作主、探索发展，第七章改革开放、迸发活力，第八章砥砺奋进、再谱新篇由刘思中、林巧赟执笔；附录由曾远红执笔。陈辉文、曾庆华、刘乐群、朱伟杰、何苑庭参加了全书的修改并补充了部分材料。部分离退休老同志提供了宝贵的修改意见，全书由张群洁统稿。

本书编纂过程中，得到相关部门的大力支持，并参考了《兴宁县志》《兴宁市志》《兴宁年鉴》《中国共产党兴宁地方史》《梭镖打出五兴龙》等历史文献资料。市委办公室、市政府办公室、市委党史研究室、市地方志办公室、市历史纪念馆、兴宁市档案馆、兴宁市人民政府网提供了大量珍贵的历史照片。可以说，《兴宁市革命老区发展史》得以顺利完成，是市委、市政府关心支持的结果，是各部门团结合作的结果，是参加编撰工作的同志共同努力的结果。在此谨向所有为编撰工作作出贡献的单位和同志表示诚挚的感谢！并对在编纂工作中提出宝贵意见的同志们表示衷心感谢！

由于时间紧，水平有限，疏漏和不当之处在所难免，恳请各位领导、专家学者、广大读者朋友批评指正。

《兴宁市革命老区发展史》编纂委员会

2021 年 1 月